LA
BOURGOGNE

Direction éditoriale : Alexandre Grenier - **Direction de collection :** Estelle Ditta
Mise en forme et textes additionnels : Anne Sladovic et Estelle Ditta
Conception graphique : bsd - **Réalisation graphique :** Compotext et bsd

© Éditions Atlas 2007 - 1 186, rue de Cocherel - 27000 Evreux - Imprimé en Chine - Dépôt légal 2ᵉ semestre 2007 - ISBN : 978-2-7312-3892-1
© Textes et cartographie Michelin et Cie (hors plans de villes), propriétaires-éditeurs - Ouvrage réalisé à partir des données appartenant à MICHELIN® et concédées en licence.

MES LIVRES VOYAGES

LA
BOURGOGNE

4

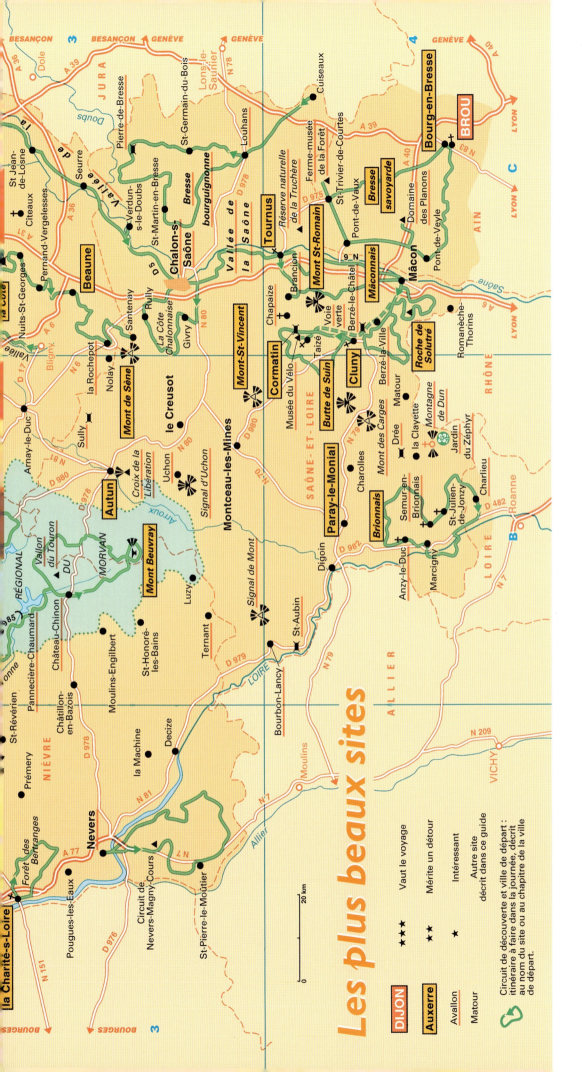

Exquise Bourgogne

Pays charnière entre le Bassin parisien, le Massif central et le val de Saône, la Bourgogne bénéficie d'un statut prestigieux depuis l'Antiquité. Le puissant duché de Bourgogne devient un bastion de la chrétienté sous les ducs capétiens, avec la fondation des célèbres abbayes de Cluny, de Cîteaux et de Clairvaux. Le rayonnement de Cluny, baptisé « seconde Rome » en raison de sa vitalité, est tel que les règles de vie bénédictines influencent l'ensemble de l'Église d'Occident. Jaloux de cette rivale encombrante, le roi Louis XI s'empresse d'annexer la Bourgogne à la mort de Charles le Téméraire en 1477. Ce pays si riche en histoire fut convoité autant pour ses terres fertiles et propices à la culture de la vigne que pour sa position stratégique. La renommée des vignobles bourguignons, implantés sur des coteaux lumineux dès la conquête romaine, s'étend au monde entier : qui n'a pas dégusté avec ravissement un superbe nuits-st-georges, pommard, chassagne-montrachet ou pouilly-fuissé, issu de cette terre bénie des dieux ?

Des villes comme Beaune et ses célèbres Hospices, Dijon et son somptueux palais des Ducs, Auxerre et sa fameuse cathédrale Saint-Étienne, Nevers et ses illustres faïences, et Vézelay et son imposante basilique Sainte-Marie-Madeleine contribuent aussi largement au prestige de la région.

La patrie de Lamartine et de Colette est enfin une destination prisée des amoureux de la nature : le massif du Morvan et ses majestueuses forêts, la plaine bressane baignée par de multiples ruisseaux, les pittoresques villages du Mâconnais et de Côte d'Or et les limpides canaux de Bourgogne, bordés de sublimes paysages, attirent chaque année des milliers de visiteurs. Un voyage à travers ce pays opulent est aussi l'occasion rêvée de découvrir les sympathiques Bourguignons, chaleureux bons vivants connus pour leur vif goût de la fête…

L'Éditeur

Les beaux paysages du Morvan, où alternent forêts et bocages, sont hérités d'une histoire mouvementée.

VOYAGE EN BOURGOGNE

Une mosaïque de paysages

■ Lieu de contact entre le Bassin parisien, le Massif central et le val de Saône, avec une histoire géologique mouvementée, la Bourgogne offre sur 31 000 km² une mosaïque de paysages particulièrement variés. Ce patrimoine naturel autorise une économie diversifiée, prise entre les influences du bassin du Rhône et de Paris, dans laquelle élevage et viticulture se voient reconnaître d'incontestables domaines d'excellence.

Les monts et bordures encaissées du Morvan

Au centre de la Bourgogne, le Morvan est la seule entité géographique que la Bourgogne ne partage pas avec d'autres régions. Ses sommets arrondis et ses vallées aux versants escarpés en font un pays de moyenne montagne. Ses beaux paysages, où alternent vastes forêts et bocages, sont hérités d'une histoire mouvementée. Lorsqu'il fut formé à l'ère primaire, le Morvan alternait de hauts sommets avec des dépressions profondes : le bassin d'Autun était alors un lac. Puis, les hauts pics du Morvan ayant été aplanis par l'érosion, la mer les submergea au secondaire et y déposa des sédiments. Surélevé au tertiaire lors du soulèvement alpin, le massif se fractura. Vallées encaissées et blocs granitiques sont les témoins contemporains de cette ère de turbulences.
L'altitude moyenne du Morvan est modeste : 450 m. Les altitudes maximales se situent en son centre, tout particulièrement au Haut-Folin (901 m). Limité nettement à l'est par une ligne de faille abrupte, le Morvan s'incline peu à peu au nord pour se confondre avec les plateaux bourguignons. Il est irrigué par un dense réseau hydrographique qui alimente surtout le bassin de la Seine. Le climat montagnard et les sols peu fertiles expliquent, au moins en partie, l'extension de la forêt (la plus grande de Bourgogne, plantée aujourd'hui surtout de résineux) et la prépondérance de l'élevage sur les cultures.
L'Auxois, la Terre plaine et le Bazois sont des dépressions (fossés) qui bordent le Morvan à l'est, au nord et à l'ouest. À l'ère secondaire, ces espaces étaient recouverts de sédiments calcaires. Au tertiaire, lors du soulèvement alpin, si certaines régions comme le Morvan ont été exhaussées, d'autres comme l'Auxois, le Bazois et la Terre plaine se sont affaissées. Recouvertes de calcaire, elles ont ensuite été érodées, le plateau calcaire a reculé et laissé sa place à des terrains marneux. Les falaises qui surplombent ces plaines sont des cuestas et des buttes témoins (telles que celle d'Alésia) du Bassin parisien.

Les sols peu fertiles du Morvan expliquent en partie la prépondérance de l'élevage sur les cultures.

VOYAGE...

Les cuestas et plateaux du Bassin parisien

Les régions du nord et de l'est de la Bourgogne appartiennent au vaste ensemble du Bassin parisien qui s'appuie sur le Morvan. Ce bassin résulte de l'empilement en auréoles concentriques de couches sédimentaires tantôt dures (calcaires), tantôt tendres (marnes et argiles). Cela se traduit par une succession de plaines et de plateaux. Les couches sont relevées sur les bords. Cette inclinaison et cette alternance de roches dures et tendres expliquent les gradins, visibles dans le paysage. Ces cuestas, reliefs typiques des bassins sédimentaires, sont issus de l'érosion progressive des roches. Avec le temps, le plateau est rongé et la cuesta recule. Des buttes témoins, anciennement rattachées au plateau, marquent cette régression. C'est le cas du mont Lassois, dans le Châtillonnais. Les paysages de cette extrémité du Bassin parisien ne sont pas uniformes. Au nord, le Châtillonnais apparaît comme une suite de vastes plateaux couverts par la plus grande forêt de feuillus de Bourgogne et creusés de vallées sèches. Le Sénonais et ses plateaux de grandes cultures de céréales et de betteraves rappellent la Brie. L'agriculture intensive s'explique par la fertilité des sols constitués de craie recouverte de limons. À l'inverse, le Gâtinais de sable et d'argile, synonyme de « mauvaise terre », se consacre à l'élevage dans un bocage morcelé. La Puisaye jouxte le Gâtinais au sud-est. Ses collines sont issues de l'action érosive des cours d'eau qui ont creusé les plateaux. La région est parsemée de nombreux étangs. Les vastes forêts alternent avec la culture de plantes fourragères et l'élevage dans un paysage bocager. Personne n'a mieux su en révéler la beauté que Colette, qui y est née : « *Le charme, le délice de ce pays fait de collines et de vallées si étroites que quelques-unes sont des ravins, c'est les bois, les bois profonds et envahisseurs, qui moutonnent et ondulent jusqu'à là-bas aussi loin qu'on peut voir.* » (*Claudine à l'école*). En Nivernais, le bocage couvre les plateaux découpés en collines qui s'inclinent en pente douce vers la vallée de la Loire. Dans les régions de collines et de plateaux du Charolais et du Brionnais, les marnes donnent d'excellents prés « d'embouche » pour la race charolaise, la fierté et la richesse de la région.

Les plaines et côtes de la Saône

Le fossé de la Saône résulte d'un effondrement contemporain du soulèvement alpin. Les plaines du val de Saône sont une voie de passage de premier ordre entre l'Europe du Nord et l'Europe du Sud, la vallée du Rhin au nord et le sillon rhodanien au sud. Les terrasses alluviales de la Saône et de ses affluents, l'Ouche et la Tille, sont recouvertes de prairies et de terres de cultures. Ces plaines s'étendent au pied de plateaux calcaires. Entre les vallées de l'Ouche et de la Dheune, le haut plateau calcaire de la Montagne s'abaisse progressivement vers l'est par une série de gradins. Le plus à l'est forme la célèbre Côte d'Or. Cet escarpement est dû aux cassures qui ont accompagné l'effondrement de la plaine alluviale de la Saône. La côte, de direction nord-sud, se caractérise par son tracé rectiligne, qui montre qu'elle est d'origine tectonique et non issue de l'érosion, et par des dénivellations qui atteignent parfois 200 m. Alors que les plateaux sont occupés par la culture, les bois et les pâtures, le talus est couvert de vignes. L'écrivain bourguignon Gaston Roupnel écrit à propos du vignoble qu'il « *se cantonne sur les pentes basses et faciles. Il appuie son bord supérieur sur les premiers bancs calcaires. Il finit en bas dès que cesse toute pente et que la plaine commence sa lourde terre. Cette étroite et lente montée de pierrailles, c'est le vrai territoire du vignoble* ». La rive gauche de la Saône est bordée par le Mâconnais, qui prolonge la Côte-d'Or au sud. C'est une série de blocs basculés au tertiaire qui tournent leurs côtes abruptes (telles que les roches de Solutré et de Vergisson) vers le massif du

La région de La Puisaye est parsemée de nombreux étangs.

Terre rouge, vigne verte et villages pittoresques parent le Mâconnais.

Morvan. Ancienne région de polyculture, le Mâconnais est aujourd'hui spécialisé dans la viticulture. Son vignoble sert de frontière méridionale à la Bourgogne. Vallonnée et sillonnée de nombreux ruisseaux, les « caunes », la plaine de la Bresse s'étend de la Saône au Revermont jurassien. Les sols lourds sont difficiles à travailler, c'est pourquoi la région s'est essentiellement tournée vers l'élevage, particulièrement avicole.

Le seuil de Bourgogne

Le seuil de Bourgogne est, au sens strict, la ligne de partage des eaux entre le bassin de la Seine et celui de la Saône. Il marque la frontière entre les cours d'eau qui alimentent la Seine et ceux qui regagnent la Saône, entre les plateaux du Bassin parisien (Auxerrois, Châtillonnais, Tonnerrois) et ceux inclinés vers le val de Saône. S'abaissant lentement vers le nord-ouest, il est constitué de plateaux secs contrastant avec les vallées verdoyantes de l'Yonne, de la Seine, de l'Armançon et du Serein. Carrefour naturel important, il relie le Bassin parisien au sillon rhodanien, la France du Sud-Est à celle du Nord-Ouest, par diverses voies de communication.

Au pied de la roche de Vergisson, le vignoble s'épanouit.

La faune

■ **Dans les terroirs de bocages, constitués depuis le Moyen Âge et présents surtout dans le sud de la région, les haies vives hébergent de nombreux oiseaux, insectes, mammifères et reptiles, qui y trouvent à la fois le gîte et le couvert.**

Campagnols, musaraignes, hérissons et même renards s'y rencontrent communément ; des prédateurs ailés, tels que pie-grièches, huppes fasciées ou buses variables profitent de la richesse du milieu. La tombée du jour marque le début du ballet des chauves-souris : vous aurez peut-être la chance d'apercevoir le petit rhinolophe dans sa quête nocturne de moustiques, de papillons et d'araignées. Ne le dérangez pas dans la journée : son espèce est en régression. Dans les zones de culture, les perdrix grises, les cailles des blés, les grives, les alouettes, les busards cendrés, les lapins de garenne et les lièvres sont encore visibles, même s'ils souffrent tous de la mécanisation agricole. Dans les forêts du Châtillonnais, du Tonnerrois ou des Bertranges, dans la Nièvre, les cervidés sont très nombreux. On vient les entendre au moment du brame au début de l'automne. S'il est exceptionnel de croiser un cerf et des biches, il est en revanche courant d'apercevoir des chevreuils. Renards, sangliers et chats sauvages sont les hôtes de ces bois, tout comme les mésanges, sitelles, troglodytes, et autres grimpereaux. De la Loire à la Saône et ses plaines inondables, des étangs de la Bresse à ceux de la Puisaye et aux sources de la Seine, les milieux humides sont le lieu de rassemblement de milliers d'oiseaux migrateurs. Ces espaces naturels, fragiles, sensibles aux intrusions humaines, méritent d'être

Les castors peuplent principalement les berges de la Loire.

Un ambassadeur fameux

L'Helix Pomatia, ou escargot de Bourgogne, est le plus célèbre des gastéropodes de France. Et ce mollusque appartient à une espèce sauvage difficile à élever. Sa coquille est spiralée et de couleur brun jaune, sa chair est brun clair, ferme et élastique. On le trouvait autrefois le long des chemins. Depuis 1979, son ramassage en Bourgogne est réglementé et limité dans le temps, du 1er avril au 30 juin, car il est en voie de disparition, victime de notre voracité. De nos jours, l'escargot que l'on consomme est une espèce proche, venue généralement d'Europe centrale. Toutefois, sur les bords de l'Yonne, le véritable escargot de Bourgogne a droit lui aussi à son festival, à Bassou, où on le cuisine au beurre fin.

respectés et préservés. Sur les grèves de la Saône, il est possible d'observer les courlis cendrés et les râles des genêts. Les étangs et marais sont fréquentés par grèbes et canards de surface (colverts) ou plongeurs (fuligules) ; échassiers (hérons, bécassines), passereaux et petits rapaces (busards des roseaux, milans) abondent. À partir des lieux d'observation aménagés sur les berges, ou depuis une embarcation en naviguant sur les canaux, on observe à loisir les habitants à plumes des roselières. Vous serez ébloui par l'élégance des aigrettes, la vivacité des martins-pêcheurs et l'habileté du balbuzard pêcheur. Ne négligez pas pour autant une gent ailée plus modeste, celle des libellules et agrions. Pensez aussi à écouter, les soirs d'été, le concert improvisé des rainettes et crapauds. Pas moins de 40 espèces de poissons fréquentent les eaux de la région, témoignant ainsi de leur qualité. Les rivières aux eaux vives et fraîches, telles que l'Ouche, la Tille et la Bèze, sont peuplées de truites fario et d'écrevisses (dont la pêche est interdite dans la région) ; les bras calmes de la Loire abritent des brochets, et la Saône le géant silure. Les saumons et les lamproies viennent de nouveau se reproduire dans la Loire et l'Allier. Les étangs et les lacs (il y en a, dit-on, près de 5 000 en Bourgogne), quant à eux, sont le royaume des carpes et des poissons blancs, tandis que les canaux sont appréciés des sandres et des gardons. Les berges de la Loire sont habitées par les castors, qui se nourrissent de feuilles et d'écorce. Travailleurs acharnés, ils érigent de véritables barrages de branchages, ouvrages d'art qui leur servent d'abri. De nombreux étangs et rivières de Bourgogne abritent d'autres rongeurs, les tristement célèbres ragondins. Importés d'Amérique du Sud, ils se sont multipliés dans un environnement favorable. Leurs terriers sapant les berges, ils sont aujourd'hui considérés comme nuisibles. En revanche, les loutres ont pratiquement disparu.

La flore

■ **Plus de 1 500 espèces de plantes ont été recensées en Bourgogne. Certaines sont plus emblématiques que d'autres d'un climat ou de la géologie. Parmi celles-ci, il faut citer l'ajonc, qui apprécie les sols siliceux et que l'on trouve dans certains terrains granitiques du Morvan ; l'érable de Montpellier et l'inule des montagnes, qui s'épanouissent sous le climat déjà méridional des côtes chalonnaise et mâconnaise (on y entend chanter les cigales, c'est un signe !).**

Environ 30 % de la Bourgogne est couverte de massifs forestiers (970 000 ha), dont les types varient suivant les sols et les climats. Ils sont peuplés essentiellement d'essences feuillues, chênes (rouvres ou pédonculés), hêtres, charmes et frênes, sauf dans le Morvan où les résineux, épicéas et douglas s'étendent de plus en plus et couvrent 40 % de la surface forestière. Ce sont nos arbres de Noël ! Les champignons sont rois dans les forêts aux sols acides : ainsi, à l'automne, bolets, cèpes et colombettes remplissent les paniers des amateurs, qui savent aussi distinguer la délicieuse oronge vraie de sa presque jumelle, la vénéneuse amanite tue-mouches. Les fruits rouges, que l'on peut parfois trouver à l'état sauvage, font eux aussi la réputation de la Bourgogne : framboises, mûres, groseilles, cerises de l'Yonne (les fameuses marmottes), cassis de Dijon (et de la Côte), que l'on trouve chez les marchands en sirop ou en crème, ou myrtilles des landes du haut Morvan. Fruits cultivés par passion près de Concœur, ils se retrouvent en pots et en bouteilles. Le vignoble occupe une surface

Presque 30 % de la région sont couverts de massifs forestiers.

... EN BOURGOGNE

beaucoup plus limitée (26 550 ha), mais sa renommée participe depuis deux millénaires à l'identité de la région, notamment le long de la Côte. Enfin, les paysages agricoles couvrent 60 % de la région.

Paysage de campagne dans les environs d'Auxerre.

Écologie et protection de l'environnement

Exception en Bourgogne, le Morvan bénéficie d'une protection en tant que Parc naturel régional, mais là comme ailleurs, l'équilibre est fragile. Ainsi, pour protéger ce patrimoine, plus de 70 sites naturels font partie du réseau Natura 2000, dont une dizaine sont répertoriés comme zones importantes sur le plan ornithologique : l'arrière-côte dijonnaise et beaunoise, les massifs forestiers du Châtillonnais, la forêt de Cîteaux, les prairies inondables du val de Saône, la vallée alluviale entre Iguerande et Digoin...

En Bourgogne, quatre zones sont classées sites naturels. Il s'agit de la zone de tourbières et d'étangs de La Truchère, aux environs de Tournus ; du Bois du Parc, dans la vallée de l'Yonne, qui conserve des fossiles de coraux extraordinaires ; des îles de la Loire, entre La Charité et Pouilly ; et de la combe de Lavaux, sur les communes de Gevrey-Chambertin et de Brochon, pour sa faune et sa flore exceptionnelles. Près de 400 espèces animales et végétales bénéficient également de protection, car gravement menacées de disparition du fait des insecticides, des engins agricoles, de la motorisation, de l'urbanisation et de certaines pratiques de loisirs : parmi elles, la loutre, l'écrevisse à pieds-rouges, le râle des genêts, les hirondelles, les chauves-souris...

La combe de Lavaux, classée site naturel, conserve une faune et une flore exceptionnelles.

VOYAGE...

Un peu d'histoire

■ Mille ans après les Burgondes, la Bourgogne gouvernée par des princes a bien failli être de nouveau un puissant royaume. Si le nez de Louis XI eût été plus court… Il convient donc de faire la claire distinction entre l'histoire de la Bourgogne et l'histoire de France, en particulier avant la fin du XVe siècle.

L'époque préhistorique

Dès les prémices du peuplement de l'Europe, la Bourgogne est un lieu de passage et d'échanges entre le Bassin parisien et la vallée de la Saône, les pays du Nord et la Méditerranée. L'homme de Cro-Magnon vit dans les grottes d'Arcy-sur-Cure, quand il les préfère aux campements.

La mise au jour d'ossements et d'outillages à la roche de Solutré atteste l'existence d'établissements humains entre 18 000 et 15 000 ans avant l'ère chrétienne. Ce site paléolithique a d'ailleurs donné son nom à l'outillage en pierre en forme de feuilles de laurier, désigné depuis lors comme solutréen.

L'Antiquité

AVANT J.-C.

VIIIe siècle – Invasion des Celtes (civilisation dite de « Hallstatt », du nom d'un village autrichien célèbre pour ses épées de fer) et apparition de tertres funéraires et de sépultures par incinération ou par inhumation, comme celles de Blanot *(musée archéologique de Dijon)* et de Villethierry *(musées de Sens)*.

Vercingétorix, chef gaulois, se rend à Jules César en 52 av. J.-C.

V. 530 – Début de la société gauloise et développement du commerce avec les négociants grecs d'Italie du Sud, ce dont témoigne le trésor de Vix, découvert sur la route de l'étain, dans la région de Châtillon-sur-Seine. À l'âge de La Tène, la région est habitée par trois peuples gaulois : les Éduens, le plus puissant de Gaule avec les Arvernes, qui a pour capitale l'oppidum de Bibracte *(voir mont Beuvray)* ; les Séquanes, au bord de la Saône ; les Lingons, sur le plateau de Langres, dans le Châtillonnais.

58 – Menacés par les Helvètes, les Éduens demandent le secours de Rome, leur alliée. Par sa victoire près de Montmort (non loin de Bibracte), Jules César commence la conquête des Gaules.

52 – Insurrection générale des Gaulois contre l'envahisseur romain. Les Éduens s'allient aux Arvernes après la victoire de Vercingétorix à Gergovie. Assiégé à Alésia *(voir Alise-Sainte-Reine)*, le chef des Arvernes rend les armes à César, qui entreprend la rédaction de ses *Commentaires sur la guerre des Gaules*.

APRÈS J.-C.

21 – Les Éduens, conduits par Sacrovir, se révoltent sans succès contre l'empereur romain Tibère et prennent en otage à Augustodunum (Autun) des fils de chefs gaulois qui recevaient une éducation romaine.

70 – Avec la *Pax romana*, la civilisation gallo-romaine s'épanouit en Bourgogne, à Autun et Sens.

... EN BOURGOGNE

313 – Par l'édit de Milan, l'empereur Constantin accorde aux chrétiens la liberté de culte : au cours du siècle, le christianisme s'étend en Bourgogne, avec les saints Andoche, Bénigne, Reine. En 418, saint Germain, ancien commandant de garnison romaine, devient évêque d'Auxerre.

356 – Invasion germanique.

La Burgondie

442 – Originaires de l'île de Bornholm, dans la mer Baltique, et porteurs d'une civilisation avancée, les Burgondes s'installent dans le bassin de la Saône et du Rhône, puis fondent un royaume auquel ils donnent leur nom : Burgundia, qui deviendra Bourgogne. Le roi Gondebaud institue par la loi Gombette l'égalité entre sujets romains et burgondes. Mais l'Empire romain d'Occident se disloque : Rome est prise en 476 par des Barbares venus de l'Est.

500 – Clovis, roi des Francs, vainc les Burgondes qui deviennent tributaires des Mérovingiens. En 534, ses héritiers annexent le royaume burgonde, qui occupe le quart sud-est de la France actuelle.

734 – Charles Martel reprend en main la Bourgogne après les invasions arabes. À la mort de son fils Pépin le Bref (768), elle va à Carloman, frère de Charles Ier. Ce dernier s'en empare en 771.

Portrait de Clovis, roi des Francs de 481 à 511.

841 – Dans la lutte pour l'Empire de Charlemagne, Charle II le Chauve bat son frère Lothaire à Fontanet (Fontenoy-en-Puisaye, près d'Auxerre). Par le traité de Verdun (843), l'Empire d'Occident est démembré entre les fils de Louis le Pieux : la Bourgogne franque, qui s'arrête à la Saône, revient à Charles le Chauve ; la Bourgogne impériale, dont le nord deviendra le comté de Bourgogne, ou Franche-Comté, est attribuée à Lothaire.

Le duché de Bourgogne

Les ducs capétiens tiendront une place importante dans la politique du royaume de France. À leur époque, la Bourgogne deviendra un véritable bastion de la chrétienté : c'est l'ère du rayonnement des grands ordres monastiques établis à Cluny, Cîteaux et Clairvaux.

Fin IXe siècle – Ayant repoussé les Normands, Richard le Justicier, comte d'Autun, fonde le duché qui englobe les pagi, c'est-à-dire les comtés, de la zone franque.

910 – Fondation de Cluny par Guillaume d'Aquitaine.

1002-1016 – Le roi de France Robert II le Pieux, fils d'Hugues Capet, occupe la Bourgogne.

1032 – Henri Ier, fils de Robert II le Pieux, cède le duché à son frère Robert Ier le Vieux (branche bourguignonne de la maison capétienne) afin de préserver son trône. Langres, Troyes, Sens, Auxerre, Mâcon et Nevers n'en font plus partie.

1098 – Fondation de l'abbaye de Cîteaux.

1146 – Saint Bernard prêche à Vézelay la deuxième croisade. Après leur échec devant Damas, Germains et Français rentrent en 1149. Ils ne sont pas totalement bredouilles, puisqu'ils rapportent un arbre alors inconnu en Europe, le prunier : de là viendrait l'expression « se battre pour des prunes ».

VOYAGE...

1186 – Le duc Hugue III de Bourgogne, qui mène une active diplomatie matrimoniale, se soumet à Philippe Auguste.

1361 – Après un hiver où la Bourgogne est pillée par les Anglais (guerre de Cent Ans 1337-1453), le jeune duc Philippe de Rouvres meurt de la peste ; avec lui s'éteint la lignée des ducs capétiens. Le duché passe alors entre les mains du roi de France, Jean II le Bon, qui le remet en apanage à son 4ᵉ fils, Philippe le Hardi, dès 1363.

Le retour à la Couronne

1477 – À la mort de Charles le Téméraire, duc de Bourgogne, Louis XI annexe la Bourgogne ducale au domaine royal et crée le parlement de Dijon. Marie de Bourgogne, fille du défunt duc, épouse la même année le futur empereur germanique Maximilien de Habsbourg. Elle lui donne un fils, Philippe le Beau, et une fille, Marguerite d'Autriche. À la mort de Marie, en 1482, le reste des territoires de l'ancien duché revient à son époux.

1482 – Le traité d'Arras met fin à la guerre de succession franco-germanique, la Bourgogne ducale revenant au royaume de France.

1519 – À la tête du Saint Empire romain germanique, Charles Quint, fils de Philippe le Beau, est prince bourguignon et francophone. L'un de ses principaux objectifs est de reconquérir ses droits à l'héritage du duché de Bourgogne.

1525 – Le désastre de Pavie, en février, contraint François Iᵉʳ à céder le Milanais et la Bourgogne, à laquelle Charles Quint renoncera plus tard.

1559 – Par le traité de Cateau-Cambrésis, qui marque la fin des guerres d'Italie, la province est définitivement rattachée au royaume de France.

1595 – Henri IV bat les Espagnols à Fontaine-Française, libérant la Bourgogne. L'Espagne garde le Charolais.

1601 – La Bourgogne s'agrandit de la Bresse, du Bugey et du Valmorey.

Charles Quint n'aura de cesse de récupérer le duché de Bourgogne sur lequel il estimait avoir des droits.

1631-1789 – À partir du règne de Louis XIII et jusqu'à la Révolution, les princes de Condé se succèdent comme gouverneurs de la province, partageant le pouvoir avec l'intendant de la généralité de Dijon (justice, police et finances).

1693-1710 – Années difficiles : la région connaît plusieurs famines.

1789 – En juillet, Saint-Florentin est l'un des centres d'où part la Grande Peur. Près de Cluny et de Cormatin, des groupes de paysans révoltés sont battus par les milices. Les coupables de ces jacqueries sont condamnés à Dijon.

1790 – Le 24 février, la province est divisée en quatre départements. Les grands domaines du clergé, dont les vignobles, sont vendus à la bourgeoisie. Le clos de Vougeot passe de la poche des moines de Cîteaux à la poche de banquiers parisiens.

De la fin de l'Empire à la Libération

1814 – Napoléon rompt les négociations de Châtillon-sur-Seine, qui auraient permis de faire la paix avec l'Autriche, la Russie, l'Angleterre et la Prusse, sur la base des frontières de 1792.

1816-1822 – Invention de la photographie par Nicéphore Niépce à Saint-Loup-de-Varenne, au sud de Chalon-sur-Saône.

... EN BOURGOGNE

1832 – Le canal de Bourgogne est ouvert à la navigation.

1837 – Lamartine est élu député de Mâcon.

1848 – Lamartine proclame la IIe République et intègre le gouvernement provisoire comme ministre des Affaires étrangères.

1849 – Inauguration de la gare ferroviaire de Dijon et ouverture de la section Dijon Ville-Châlon-sur-Saône de la ligne Paris-Lyon.

1873 – Le maréchal Mac-Mahon, natif de Sully (Saône-et-Loire), vaincu à Sedan mais vainqueur des communards, est nommé président de la République par les monarchistes. Tenant de l'ordre moral, il institue un pèlerinage à Paray-le-Monial.

1878 – Destruction du vignoble par le phylloxéra.

1914 – À Châtillon-sur-Seine, Joffre lance l'ordre du jour du 6 septembre : « Au moment où s'engage une bataille... le moment n'est plus de regarder en arrière. »

1934 – La création de la confrérie des chevaliers du Tastevin à Nuits-Saint-Georges sort le vignoble bourguignon de sa léthargie.

Juin 1940 – Le 11, Paul Reynaud et Winston Churchill tiennent un conseil suprême à Briare. Le 17, alors que De Gaulle est parti pour Londres, les Allemands sont sur place.

1940-1944 – Pétain rencontre Goering à Saint-Florentin le 1er décembre 1941. La ligne de démarcation traverse la Bourgogne du Sud. Le Mâconnais reste en zone libre. La Résistance est active en Bourgogne : les forêts du Châtillonnais et du Morvan abritent le maquis. Le frère Roger Schutz, venu de Suisse, mais de mère bourguignonne, s'installe à Taizé. Il y jette les bases d'une communauté œcuménique.

Sept. 1944 – Le 14, la division Leclerc et l'armée De Lattre de Tassigny opèrent leur jonction près de Châtillon-sur-Seine. Le 11, Dijon est libéré.

Le maréchal Mac-Mahon fut l'instigateur d'un pèlerinage à Paray-le-Monial.

Notre époque

1945 – Le chanoine Kir est élu maire de Dijon.

1953 – Découverte archéologique du trésor de Vix dans le Châtillonnais.

1970 – Création du Parc naturel régional du Morvan.

1971 – L'hôtel-Dieu de Beaune est désormais dévolu aux visites.

1981 – Mise en service du TGV Sud-Est. La Bourgogne est desservie par les gares du Creusot-Montchanin et de Mâcon-Loché.

1981 – Le 10 mai, François Mitterrand est élu président de la République. Il prononce à Château-Chinon, dont il est le maire depuis 1959, sa première allocution radiotélévisée.

1982 – 500 ans après son rattachement à la France, création de la région Bourgogne.

2001 – Inauguration du TGV Yonne-Méditerranée, qui dessert Sens et Laroche-Migennes.

2006 – L'architecte Jean-Michel Wilmotte rénove à Dijon la place de la Libération, ancienne place Royale dessinée en 1685 par Jules Hardouin-Mansart.

Le chanoine Félix Kir, ancien maire de Dijon, a laissé son nom à l'apéritif blanc-cassis de Bourgogne.

Les grands-ducs d'Occident

■ C'est sous la dynastie des Valois, branche cadette de la dynastie capétienne, que la Bourgogne devient en un peu plus d'un siècle (1361-1477) une puissance politique de premier plan. À Dijon, les grands-ducs d'Occident mènent un train fastueux. Leur prestige est d'autant plus grand que la monarchie française est affaiblie par la folie de Charles VI et la guerre de Cent Ans. Cependant, tout s'effondre à la mort de Charles le Téméraire, qui s'est fait nombre d'ennemis : c'en est fini de l'État bourguignon.

Philippe II le Hardi, le bien nommé (1363-1404)

Philippe II le Hardi, duc de Bourgogne entre 1363 et 1404, gravure de B. Moncornet, Paris, B. N.

Lors de la bataille de Poitiers contre le Prince noir (1356), Philippe, âgé d'à peine quinze ans, combat héroïquement aux côtés de son père, le roi de France Jean le Bon. Il se voit qualifier de « hardi » lorsque, blessé et emprisonné avec son père, il assène un soufflet à un gentilhomme anglais qui tient des propos désobligeants pour le roi. Lorsqu'il fait son entrée solennelle à Dijon en novembre 1364, ses titres de courage lui ayant valu le duché, Philippe est un beau chevalier, aimant le jeu, le luxe et les femmes, ne négligeant rien pour servir les intérêts de sa maison.

Par son mariage en 1369 avec la veuve de Philippe de Rouvres, Marguerite de Flandre, il hérite à la mort du comte de Flandre en 1384 d'un territoire conséquent : Nivernais, comté de Bourgogne – Franche-Comté, Artois et Flandre, qui fait de lui le plus puissant prince de la chrétienté.

Dans le palais qu'il a fait reconstruire à Dijon, il convie peintres et sculpteurs de son domaine de Flandre. Il est toujours somptueusement vêtu, et son chapeau est garni de plumes, douze d'autruche, deux de faisan et deux d'oiseaux des Indes. Un collier d'or avec un aigle et un lion portant sa devise, « En loyauté », des rubis, des saphirs, des perles à profusion constituent sa parure habituelle.

Soucieux d'assurer à sa dynastie une nécropole royale, Philippe, premier pair de France, fonde la chartreuse de Champmol et charge le sculpteur Jean de Marville des plans de son tombeau. Les plus beaux marbres sont apportés de Liège, les pierres d'albâtre de Gênes. À sa mort, il a dilapidé sa fortune au point que ses fils doivent, pour payer les funérailles, mettre en gage l'argenterie ducale. Selon la coutume de Bourgogne, sa veuve vient, en signe de renonciation à la succession mobilière, déposer sur le cercueil sa bourse, son trousseau de clefs et sa ceinture.

Jean sans Peur (1404-1419)

Né à Dijon en 1371, chétif et laid, mais brave, intelligent et ambitieux, Jean de Nevers s'illustre d'abord, en avril 1396, par une grande parade, à Dijon, pour fêter son départ en croisade contre les Turcs, cette dernière tournant au désastre à Nicopolis. Il ne sera libéré qu'au prix d'une rançon astronomique.

Succédant à son père Philippe le Hardi, mais plus prudent et rusé que lui, il reprend la lutte au Conseil royal face au parti de son cousin et ennemi Louis d'Orléans, frère du roi dément Charles VI, et prône des réformes administratives. Il espère en toute simplicité régner sur la France. Comme Louis a pour emblème un bâton noueux, Jean adopte un rabot, signifiant par là qu'il saura bien un jour « *planer ce bâton* ». Ce qu'il réalise en commanditant l'assassinat de son rival

---

Une culture chevaleresque

Créé en l'honneur de Dieu, de la Vierge et de saint André, et inspiré de la légende de Jason et des Argonautes, l'ordre de la Toison d'or comporte à l'origine vingt-cinq membres qui jurent de servir loyalement le Grand Maître, en l'espèce le duc et ses successeurs. Les chevaliers se réunissent au moins tous les trois ans et revêtent alors le plus somptueux des costumes : sur une robe écarlate fourrée de petit-gris repose un long manteau de la même teinte vermeille, également fourré de petit-gris. La devise ducale « Aultre n'auray » se détache, comme la promesse de fidélité de Philippe à Isabelle. Le collier de l'ordre est fait de briquets – des fusils – et de silex d'où jaillissent des étincelles, en souvenir du rabot et des rabotures de Jean sans Peur, et symboles bourguignons. La Toison d'or est aujourd'hui encore un ordre des plus insignes et des plus fermés. À la mort de l'un de ses membres, les héritiers renvoient au Grand Maître le collier et sa Toison (voir Dijon).

... EN BOURGOGNE

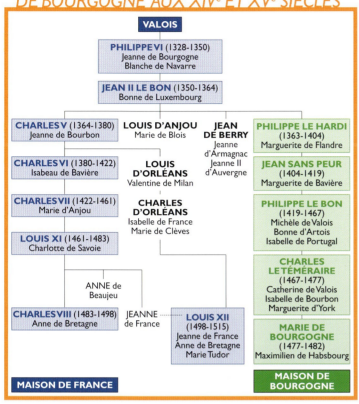

GÉNÉALOGIE DES MAISONS DE FRANCE ET DE BOURGOGNE AUX XIVe ET XVe SIÈCLES

Jean sans Peur, duc de Bourgogne entre 1404 et 1419 ; école bourguignonne, Paris, musée du Louvre.

le 23 novembre 1407, après quoi il quitte aussitôt Paris. Avec la paix de Chartres et le pardon du roi, Jean sans Peur regagne la capitale, mais il est violemment combattu par la faction des Orléans que dirige désormais, à la place du nouveau duc Charles, captif des Anglais depuis Azincourt (1415), le beau-père de celui-ci, Bernard d'Armagnac. Ce triste conflit des Armagnacs et des Bourguignons dresse les Français les uns contre les autres (entre 1411 et 1435), en pleine guerre de Cent Ans, au profit des envahisseurs anglais.

Après le massacre des Armagnacs fin mai 1418, Jean fait son entrée triomphale à Paris le 14 juillet au bras d'Isabeau de Bavière. Henri V d'Angleterre ayant pris Rouen, « le renard de Bourgogne » recherche un accord avec le dauphin, le futur roi Charles VII. Lors de leur entrevue au pont de Montereau, le 11 septembre 1419, il est « *traytreusement occis et murdry* » d'un coup de hache par un proche du dauphin.

Philippe III le Bon (1419-1467) et la Toison d'or

Par esprit de vengeance, mais aussi pour préserver la Bourgogne, Philippe III le Bon, fils unique de Jean sans Peur, s'allie aux Anglais. Il est l'un des signataires du traité de Troyes en 1420, par lequel le dauphin est déchu de ses droits.

Lors de l'entrée de Philippe le Bon à Dijon en 1422, les Bourguignons fidèles au roi de France prêtent hommage à Henri V d'Angleterre tout en précisant dans les textes que c'est simplement par respect de la volonté du duc. Dix ans plus tard, sur les instances de Jeanne d'Arc, Charles VII est sacré à Reims et tente de reconquérir son royaume. En réaction, Philippe le Bon cherche à s'allier la noblesse en fondant, à l'occasion de son mariage à Bruges avec Isabelle de Portugal (janvier 1430), l'ordre souverain de la Toison d'or.

Philippe III le Bon, duc de Bourgogne entre 1419 et 1467 ; peinture d'après R. Van der Weyden, Paris, musée du Louvre.

VOYAGE...

Le chancelier Rolin s'entoura d'une cour fastueuse, dont l'artiste Jan Van Eyck, auteur de ce célèbre tableau « La Vierge du chancelier Rolin »; Paris, musée du Louvre.

La même année, Jeanne d'Arc est capturée à Compiègne par le Bourguignon Jean de Luxembourg, puis livrée aux Anglais pour 10 000 écus d'or. Par le traité d'Arras (1435), dans la crainte de se retrouver isolé, Philippe change d'alliance, se réconcilie avec Charles VII et agrandit en contrepartie son domaine (comtés d'Auxerre et de Mâcon, villes de la Somme à titre précaire). Dijon, qui a perdu un peu de son lustre au profit de Bruges et de Bruxelles, devient cependant la capitale d'un puissant État qui comprend une grande part de la Hollande et de la Belgique, le Luxembourg, la Flandre, l'Artois, le Hainaut, la Picardie et le territoire compris entre la Loire et le Jura. Cinq grands officiers, le maréchal de Bourgogne, l'amiral de Flandre, le chambellan, le grand écuyer et le chancelier Nicolas Rolin, des poètes et des artistes comme Van Eyck entourent le duc, qui possède l'une des cours les plus fastueuses d'Europe. Souvent vêtu de noir, le prince n'en aime pas moins les pierres précieuses, les joutes, les banquets et les femmes : on lui connaît une trentaine de maîtresses. Ce déploiement de luxe ne va pas sans engendrer quelques tensions : en 1453, l'année qui met un terme à la guerre de Cent Ans, les états généraux à Dijon s'insurgent contre les privilèges outranciers des commensaux de Philippe, la Cour étant installée à Bruxelles.

Charles le Téméraire (1467-1477)

Le dernier des ducs Valois de Bourgogne, peut-être le plus célèbre, grand, fortement charpenté, vigoureux, aime la chasse et les exercices violents. Dès 1465, son père lui avait confié le commandement des armées de Bourgogne. C'est aussi un esprit cultivé qui connaît le flamand, l'anglais, le latin et consacre du temps à l'étude ; l'histoire surtout le passionne. Il est audacieux, orgueilleux et dévoré d'ambition et, comme dit de lui le perspicace Commynes (historiographe passé de son service à celui du roi) : *« Il désiroit grant gloire, qui estoit ce qui plus le mectoit en ces guerres que nulle autre chose et eust bien voulu resembler à ces anciens princes dont il a tant esté parlé après leur mort. »* Puisque son père a porté le même nom que Philippe de Macédoine, il rêve de devenir un nouvel Alexandre. Lors de ses rares venues à Dijon, de grandes fêtes sont organisées autour de la mythologie grecque. Le rêve de conquête du Téméraire, c'est de rattacher les

Charles le Téméraire, duc de Bourgogne entre 1467 et 1477 ; musée de Clermont-Ferrand.

L'ÉTAT BOURGUIGNON À LA FIN DU RÈGNE DE CHARLES LE TÉMÉRAIRE

moitiés nord et sud de ses principautés afin de créer un royaume. Pour cela, et pour lutter contre les rébellions que suscite son très habile rival Louis XI, il soutient des guerres continuelles. Il est proche de la réussite lorsque, en 1475, il conquiert la Lorraine, mais ses troupes sont épuisées et subissent des défaites contre les Suisses. Il meurt en assiégeant Nancy (envisagée comme capitale), défendue par René d'Anjou, duc de Lorraine, qui avait repris la ville trois mois plus tôt. Son corps est retrouvé dans un étang glacé, le visage rongé par les loups, ses ennemis l'ayant dépouillé *« en la trouppe, sans le congnoistre »*. À propos de la triste fin de la dynastie, Olivier de La Marche parle du *« grand trabuchement »* de 1477.

Une terre inspirée

■ À plusieurs reprises, la Bourgogne s'est trouvée à l'origine de grandes réformes religieuses. À partir du Xe siècle, elle est – avec Cluny – à l'avant-garde d'un mouvement mystique qui touchera l'ensemble de l'Église d'Occident. Au tournant des années 1100, elle conduit le renouveau de la vie monastique, avec Cîteaux et saint Bernard. Et aujourd'hui encore, elle accueille des foyers religieux novateurs : Taizé, Paray-le-Monial, mais aussi le temple bouddhique de La Boulaye ou encore le prieuré orthodoxe d'Uchon.

La lumière de Cluny

La fondation par Bernon, en 910, d'un couvent sur les terres mâconnaises du duc d'Aquitaine, Guillaume le Pieux, marque l'origine d'une importante réforme monastique. L'époque est propice : les débuts de la féodalité et l'instabilité du pouvoir royal se combinent à un mouvement mystique et à un afflux d'hommes vers les cloîtres. À Cluny, le retour à l'esprit de la règle bénédictine est marqué par l'observance des grands principes : chasteté, jeûnes, obéissance, silence (la communication se fait par gestes dans un langage de signes visuels). Les offices divins occupent la plus grande partie du temps.

Saint Benoît et la règle bénédictine

Né en Nursie (Italie), Benoît s'était installé, après avoir vécu en ermite, à la tête d'un groupe de moines sur le mont Cassin en 529. S'inspirant des préceptes contemplatifs de saint Basile et de Cassien, il élabora ses Constitutions, d'où sortira la fameuse « règle bénédictine ». Si les jeûnes, le silence et l'abstinence y sont prescrits, les mortifications et les pénitences douloureuses sont sévèrement condamnées. Le travail manuel tient une grande place : *« les ouvriers de Dieu »* travaillent 6 à 8 heures, tandis que 4 heures sont réservées à la lecture et 4 autres à l'office divin. La règle suggère que *« le monastère soit construit de sorte que le nécessaire – à savoir l'eau, le moulin, le jardin – soit à l'intérieur et que s'y exercent différents métiers »*. Ces orientations sont à la source de toutes les règles monastiques actuelles. Le succès de la règle bénédictine est lié à la volonté des rois carolingiens d'imposer un modèle monastique. Dès 670, le concile d'Autun la fait adopter par de nombreuses abbayes. Louis le Pieux, l'un des fils de Charlemagne, l'étend à tout l'empire en 817.

Cluny, « seconde Rome »

La grande innovation de Cluny consiste à la fois en son indépendance à l'égard du pouvoir politique et en son engagement au service

Lettrine « O », saint Benoît recevant le viatique ; manuscrit du XIVe siècle.

Antiphonaire (livre liturgique) de l'abbaye de Cluny, 1704.

La vie monacale à Cîteaux y fut rude, pauvre et tournée vers la prière.

de la vitalité de l'Église. En vertu de la charte de fondation, l'abbaye est directement rattachée au Saint-Siège, ce qui en fait lui assure, étant donné l'éloignement du pouvoir pontifical, une grande autonomie. Elle sera d'ailleurs appelée la « seconde Rome ». L'abbatiale, édifiée en 1088, sera longtemps la plus grande église de la chrétienté. L'expansion de l'ordre clunisien est extrêmement rapide, si l'on songe qu'au début du XIIe siècle en Europe, 1 450 maisons comptant 10 000 moines en dépendaient. Parmi les « filiales » bourguignonnes, citons les abbayes ou prieurés de Saint-Germain d'Auxerre, Paray-le-Monial, Saint-Marcel de Chalon, Vézelay, Nevers (Saint-Sever et Saint-Étienne) et La Charité-sur-Loire. Une telle floraison s'explique en grande partie par la personnalité et la pérennité des grands abbés de Cluny (tels saint Odon, saint Maïeul, saint Odilon, saint Hugues, Pierre le Vénérable), préparant ensemble leur succession, secondés par des hommes compétents. Georges Duby parle de *« l'esprit d'équipe au coude à coude »* qui règne entre les moines noirs.

Durant deux ou trois générations, Cluny est donc au cœur d'un véritable empire. Personnage considérable, plus puissant parfois que le pape, dont il est le guide et le conseiller, l'abbé est consulté par les rois pour trancher les différends, régler les litiges. Les richesses s'accumulent (chaque filiale paie une redevance) et, au sommet de la pyramide, l'abbé adopte le train de vie d'un grand seigneur, au point de se faire construire une résidence particulière. Peu à peu, la spiritualité de l'ordre en est affectée, et le pouvoir suprême lui-même n'est plus exercé de façon efficace.

... EN BOURGOGNE

Cîteaux et saint Bernard

En lutte contre le relâchement des moines clunisiens s'élève la voix du fougueux saint Bernard. Prodigieuse destinée que celle de ce fils d'un chevalier du duc de Bourgogne, né au château de Fontaine près de Dijon : cherchant la miséricorde de Dieu, il se présente à l'âge de 21 ans (en 1112) avec une trentaine de compagnons au monastère de Cîteaux, alors sous l'abbatiat d'Étienne Harding. Il rencontre là l'esprit qu'il recherchait : Cîteaux, quelques années après Molesmes, a été fondé par saint Robert dans le but de rendre à l'expression religieuse l'intégrité de son ardeur. La vie monacale y est rude, pauvre et tournée vers la prière. Cette réforme trouvera en Bernard son plus célèbre promoteur.

L'envolée de Clairvaux

Trois ans après son entrée à Cîteaux, Bernard est envoyé essaimer aux limites de la Bourgogne et de la Champagne, dans la vallée de l'Absinthe, qui devient « Clairvaux » (la claire vallée). Promu abbé, il accomplit une œuvre gigantesque. Dénué de tout et de faible constitution, mais, selon la tradition, doté d'une grande beauté et d'une brillante intelligence, il se heurte au début à de grandes difficultés : rigueur du climat, maladies, souffrances physiques dues à une existence de renoncement. Il impose à ses moines, comme à lui-même, les plus durs travaux, *« mangeant légumes à l'eau et buvant de l'eau claire, couchant sur un bat-flanc ou sur un pauvre grabat, ne se chauffant pas l'hiver, portant jour et nuit les mêmes vêtements d'humble laine »*. Le travail retrouve la place centrale qu'il avait perdue avec Cluny. Il est une autre façon de prier, dans l'humilité et la fraternité, et permet la subsistance matérielle.

Sous l'abbatiat de saint Bernard, l'abbaye de Clairvaux connut la prospérité ; enluminure de partition de musique, Florence, B. N.

Le renom de Bernard attire bientôt à Clairvaux un grand nombre de vocations, si bien qu'en 1121 est fondée dans la Marne l'abbaye de Trois-Fontaines, que suivront bientôt soixante-dix monastères. Sous son abbatiat, Clairvaux connaît la prospérité : dès 1135, 1 800 ha de forêts et 350 ha de prés et de champs dépendent de l'abbaye, où les bâtiments de pierre ont remplacé les bâtisses de bois des premières années.

Ce mystique, pénétré de la supériorité de la vie monastique, est amené à jouer un rôle politique de premier plan. Il rédige la règle des Templiers, combat l'antipape en 1130-1137, fait condamner la scolastique d'Abélard à Sens, prêche la 2e croisade à Vézelay, puis contre l'hérésie cathare, mais aussi prend la défense des Juifs attaqués par les croisés, entretient une correspondance avec Héloïse jusqu'à la fin de sa vie et participe au développement du culte marial par de superbes textes (*Louanges sur la Vierge Mère*).

Les effets de la réforme cistercienne

Appelant de ses vœux une beauté sobre et recueillie, Bernard fustige avec fougue un art qui détourne à la fois de la prière et de la charité :
« Que vient faire, dans les cloîtres, sous les yeux des moines occupés à prier, cette galerie de monstres ridicules, cette confondante beauté difforme et cette belle difformité ? Que signifient ces singes immondes, ces lions sauvages, ces centaures monstrueux ? Que viennent

« Prédication de la seconde croisade à Vézelay en 1146 par saint Bernard », par Émile Signol ; musée de Versailles.

VOYAGE...

faire ces êtres qui sont moitié bête, moitié homme, ces tigres tachetés ? [...] De grâce, si on ne rougit pas de semblables inepties, qu'on regrette au moins la dépense ! »

Son exigence engendre la naissance d'un style aisément identifiable. Saint Bernard définit radicalement la règle bénédictine promulguée avant lui et la fait appliquer à la lettre. Il interdit de percevoir des dîmes, de recevoir ou d'acheter des terres, et il impose à ses moines des conditions de vie draconiennes. L'emploi du temps est scandé avec une précision rigoureuse. La nourriture, frugale, n'a d'autres fins que de reconstituer les forces (d'où le réfectoire, terme issu de « refaire »). Le repos est de 7 heures : les moines dorment tout habillés dans un dortoir commun, en accès direct avec l'église. L'abbé vit avec ses moines dont il partage les repas.

Artiste, écrivain, théologien, philosophe, moine, homme d'État... saint Bernard fut l'une des grandes figures de l'Église. Il n'en a pas moins gardé, sa vie durant, le simple titre d'abbé. À sa mort en 1153, Cîteaux compte 700 moines et se voit rattacher 350 abbayes dont les quatre premières « filles » : La Ferté, Pontigny, Morimond et Clairvaux. Comme c'est souvent le cas, le rôle des cisterciens ne s'est pas limité au domaine de la foi. Extrêmement organisés et efficaces, les moines blancs ont su tirer parti des terres les plus ingrates, souvent au fond des vallées, en défrichant et en construisant digues et canaux. Ils sont ainsi passés maîtres en hydraulique, dans les techniques viticoles, et en œnologie comme en métallurgie.

Du XIIe siècle à aujourd'hui, la famille cistercienne a connu des crises et des renouveaux. En 1998, des moines venus du monde entier ont participé aux célébrations du 900e anniversaire de Cîteaux.

La vitalité religieuse

De nos jours, la Bourgogne continue à jouer un rôle novateur dans le domaine religieux. Vézelay, après avoir accueilli les prières des bénédictins de la Pierre-qui-Vire, puis des franciscains, résonne désormais de la liturgie des Fraternités monastiques de Jérusalem. Elle est redevenue le point de départ fréquenté de l'une des quatre grandes routes françaises de Saint-Jacques-de-Compostelle.

Plus au sud, c'est à Paray-le-Monial que sœur Marguerite-Marie Alacoque bénéficie, au XVIIe siècle, d'apparitions qui engendreront le culte du Sacré-Cœur de Jésus en France. Un premier pèlerinage de grande ampleur est organisé sur sa tombe en 1873, quatre ans avant le début de la construction de la basilique à Montmartre. Cent ans plus tard, le lieu de pèlerinage offre et reçoit un souffle nouveau pour avoir été choisi par une nouvelle communauté catholique, l'Emmanuel, pour l'organisation de ses sessions spirituelles. Aujourd'hui, cette communauté est responsable de l'animation du lieu, et les sessions ont acquis une ampleur internationale.

À quelque 50 km de là, dans le village de Taizé, s'est développée la plus internationale des communautés religieuses de Bourgogne. Avec quelques frères, le frère Roger (assassiné en 2005), suisse protestant, y fonda en 1949 une communauté œcuménique, *« signe concret de réconciliation entre chrétiens divisés et peuples séparés »*. Elle attire aujourd'hui des milliers de jeunes et compte une centaine de frères (de confession catholique et de diverses origines évangéliques), auxquels se sont jointes deux communautés de sœurs. Des fondations ont été ouvertes en Asie, Afrique et Amérique du Sud. Chaque année, une rencontre internationale est organisée par la communauté dans une grande ville d'Europe.

Selon le fondateur du centre monastique orthodoxe d'Uchon, *« on a oublié que la France vénérait les icônes jusqu'au IXe siècle environ »*. Cet ancien dessinateur publicitaire à Paris, passionné d'iconographie, a repris en 1989 le presbytère de ce village à la limite du Morvan.

Suivez le guide !

Dans les années 1140 paraît un ouvrage à l'usage des pèlerins de Saint-Jacques. Truffé de détails pratiques, il décrit les étapes et les monuments à la manière du Guide Vert... Aujourd'hui, les associations jacquaires fournissent un « credencial », sorte de carnet de route, indispensable pour bénéficier dans les gîtes de prix « pèlerins ». Un balisage « Itinéraire du pèlerin de Saint-Jacques - Voie historique de Vézelay » est mis en place le long du parcours, scindé en étapes de près de 30 km, évitant aux randonneurs du XXIe siècle de se perdre. Depuis 1998, les chemins de Saint-Jacques sont inscrits au Patrimoine mondial de l'Unesco, notamment du fait du rôle capital qu'ils jouèrent dans les échanges et le développement religieux et culturel au niveau européen.

Rencontre du pape Jean-Paul II avec le frère Roger à Taizé, le 5 novembre 1986.

... EN BOURGOGNE

Le centre qu'il anime est lié au monastère de Saint-Michel-du-Var et à l'Église orthodoxe non pas russe, grecque ou ukrainienne, mais française.

Au sud d'Autun s'est ouvert en 1974 le premier et le plus important centre d'étude et de pratique bouddhique d'Europe : Dashang Kagyu Ling, le Temple des Mille Bouddhas. Il se rattache, au sein du bouddhisme dit du « grand véhicule », à une lignée de lamas originaires du Bhoutan. Les membres de la congrégation organisent, outre les cérémonies rituelles au temple, divers stages et animations culturelles (yoga, retraites méditatives, apprentissage des arts sacrés bouddhiques). Ainsi, au travers de religions diverses, le rayonnement spirituel continue à trouver en Bourgogne une terre propice aux réformes et nouvelles fondations.

Les grandes figures de la région

■ **La Bourgogne a fortement contribué au rayonnement de la France dans les domaines des sciences, des arts et des lettres, à travers des personnalités qui ont marqué leur époque et dont voici quelques exemples.**

Madame de Sévigné

Née en 1626 à Paris, Marie de Rabutin-Chantal appartient à une très ancienne et très noble famille de Bourgogne, et à ce titre, se rendra plusieurs fois en Auxois, dans les châteaux de Bourbilly et d'Époisses ou de Bussy-Rabutin.

Cousine du fameux Roger de Rabutin, qui tente désespérément de la séduire, elle échange avec lui une correspondance pleine d'esprit jusqu'à la mort de ce dernier, en 1694. La marquise meurt deux ans plus tard chez sa fille, au château de Grignan, dans la Drôme. De Châtillon-sur-Seine à Saulieu, vous pourrez suivre les Routes Madame de Sévigné.

Vauban

Né à Saint-Léger en 1633, Sébastien Le Prestre est à la fois homme de guerre, architecte, urbaniste, agronome, géographe et économiste. Ami de Jean Racine, d'une grande simplicité, ce brillant ingénieur militaire, toujours soucieux de préserver ses hommes, devient maréchal de France en 1703.

Connu pour ses places fortes bastionnées, remarquablement intégrées à l'environnement, Vauban est aussi l'auteur de nombreuses publications, dont une, censurée à l'époque, sur la dîme royale, qui propose une réforme du système fiscal. Cela lui vaut d'être disgrâcié. En 1675, il acquiert le château de Bazoches où il aménage un immense bureau d'études pour y concevoir quelques-unes de ses plus célèbres fortifications. Il meurt à Paris en 1707 et est enterré dans l'église de Bazoches.

Vauban, à la fois homme de guerre, architecte, urbaniste, agronome, géographe... ; Versailles, musée du château.

Buffon

Georges Louis Leclerc, fils d'un conseiller au parlement de Bourgogne, naît à Montbard en 1707. Après des études de médecine, de botanique et de mathématiques à Angers, il reçoit la charge de surintendant du Jardin du roi (le Jardin des plantes), à Paris. Dès 1749 paraissent les premiers volumes de son immense *Histoire naturelle*,

VOYAGE...

qui comprend 36 volumes. À Montbard, où il vit la plupart du temps, il fait détruire le château médiéval, à l'exception de deux tours qui lui servent d'observatoire et de bibliothèque. À la place, il aménage un jardin « pittoresque ». Homme des Lumières, ce savant très célèbre en son temps s'intéresse non seulement aux animaux et aux plantes, mais aussi à la marine, aux calculs des probabilités et à la métallurgie, ce qui l'amène à installer des forges à Montbard. Il meurt à Paris en avril 1788.

François Pompon

Né à Saulieu en 1855, ce grand artiste bourguignon fait ses débuts en tant qu'apprenti dans l'atelier de son père menuisier-ébéniste, avant d'entrer comme tailleur de pierre chez un marbrier funéraire. Il vient à Paris à l'âge de 20 ans et, pour gagner sa vie, travaille comme praticien pour les plus grands sculpteurs : Falguière, Rodin, Camille Claudel. Pompon expose régulièrement au Salon, mais ce n'est qu'en 1922, à l'âge de 67 ans, qu'il connaît enfin le succès avec *L'Ours,* après des années, au Jardin des plantes, à observer le mouvement des animaux, travaillant en éliminant peu à peu tous les détails, pour ne conserver que l'essentiel. Pompon meurt à Paris en 1933. L'essentiel de son œuvre est visible à Saulieu et à Dijon.

Romain Rolland

Né à Clamecy en 1866, l'écrivain vivra à Vézelay de 1938 jusqu'à sa mort en 1944. Professeur d'histoire et de musique, il enseigne à l'école française de Rome, à la Sorbonne et à l'école normale supérieure. En 1895, il soutient son doctorat de lettres sur « Les origines du théâtre lyrique moderne. Histoire de l'opéra avant Lulli et Scarlatti ». L'écriture l'intéresse par-dessus tout, et aussitôt qu'il le peut (1912), il cesse d'enseigner. En 1915, il reçoit le prix Nobel de littérature pour son roman fleuve en 10 volumes, *Jean-Christophe.* D'un idéal humaniste, pacifiste, il rencontre Tagore et Gandhi, correspond avec Freud, qui l'admire, et Paul Claudel, dont il partage la passion pour Wagner.

Romain Rolland, né à Clamecy en 1866, reçut le prix Nobel de littérature en 1915.

L'art et la culture

■ **Carrefour de routes et de voies d'eau, la région a connu, depuis la plus haute Antiquité, des migrations de peuples et subi l'influence de civilisations diverses. Sous le règne du monachisme, l'art roman fleurit autour de Cluny et de Cîteaux comme nulle part ailleurs. Une autre période, très riche sur le plan de la création artistique, est celle du gothique tardif déployé à la cour des grands-ducs. Philippe le Hardi, puis Philippe le Bon seront les mécènes d'une pléiade de peintres, sculpteurs, musiciens, originaires pour la plupart des « Pays-Bas » du duché.**

L'art gallo-romain

Au moment de la conquête romaine, la capitale éduenne, Bibracte, rassemblait de nombreux artisans celtes qui excellaient dans le travail du bois, de la céramique et des métaux comme le fer, le bronze puis l'argent. Des sanctuaires votifs, comme aux sources de la Seine, jalonnaient les grandes voies de communication. Les Éduens, qui entretenaient depuis longtemps des rapports privilégiés avec Rome, virent avec l'implantation de la culture romaine un changement radical : celui du développement de l'urbanisation. Vers l'an V av. J.-C.,

Ruines d'un temple gaulois circulaire du 1ᵉʳ siècle avant J.-C., à Saint-Père.

... EN BOURGOGNE

Site archéologique d'Alésia, où Vercingétorix tomba devant César suite au fameux siège.

Auguste décide de construire un nouveau chef-lieu selon les principes romains : plan orthogonal, grands axes routiers. Augustodunum (Autun) supplante Bibracte et devient une ville phare au niveau économique et culturel. D'autres cités, comme Alésia, Mâlain, Entrains, se développent sur des sites où l'artisanat prospère. Il faudra attendre le IIe siècle pour qu'apparaissent les premiers éléments (castrum de Divio) de la future capitale, Dijon.

Un art de tailleurs de pierre

La nouveauté apportée par les Romains dans le monde gaulois est le travail de la pierre, dont les monuments cultuels sont les premiers champs d'application. Beaucoup mieux conservés que les monuments et sculptures en bois, ils nous permettent d'apprécier l'art de la période gallo-romaine. L'examen des stèles ou des sanctuaires est révélateur des différents degrés de romanisation : dans les grandes villes, l'influence de Rome est assez hégémonique, et de nombreux temples sont élevés en l'honneur d'Apollon, souvent associé à des divinités indigènes ; dans les campagnes, le panthéon romain parvient plus difficilement à assimiler les dieux celtes. Les matres gauloises, divinités de la prospérité et de la fécondité, restent très vénérées ; les sources sont encore fréquentées pour leurs pouvoirs curatifs ; les ex-voto anatomiques en bois y sont peu à peu remplacés par d'autres en pierre. Une grande importance est donnée aux monuments funéraires, et les stèles de plus en plus expressives et réalistes donnent une image fidèle de l'organisation de la société gallo-romaine. Les riches propriétaires se font construire des villas à la romaine : la cella gauloise est entourée de portiques, décorée de colonnes et de mosaïques, agrémentée de thermes et de salles chauffées par hypocauste. À l'aube de l'avènement de la culture chrétienne, amorcée à Autun par le martyre de saint Symphorien et accélérée par l'évangélisation de saint Martin, de nouvelles inspirations apparaissent, qui vont changer et marquer l'art de la région.

Le temple de Janus à Autun témoigne de l'importance du travail de la pierre dans les monuments cultuels à l'époque gallo-romaine.

VOYAGE...

L'art carolingien

Une période inventive

Après la période d'éclipse du haut Moyen Âge, l'époque carolingienne (VIIIe-IXe siècle) connaît un renouveau artistique qui se manifeste principalement en architecture. Parmi les éléments novateurs, on relève la crypte annulaire sous le chevet, la crypte-halle aux dimensions d'une véritable église souterraine, le chapiteau cubique. Les plans des édifices religieux sont simples et les constructions, de pierres grossièrement taillées, rudimentaires. On en voit des exemples dans l'ancienne crypte de Saint-Bénigne à Dijon, ainsi que dans celles de Sainte-Reine à Flavigny-sur-Ozerain et de Saint-Germain d'Auxerre.

La sculpture s'exprime alors assez maladroitement : deux chapiteaux de Saint-Bénigne représentent, sur chaque face, un homme en prière, les mains levées vers le ciel. Travaillée sur place, la pierre témoigne des tâtonnements du sculpteur ; certaines faces sont restées à l'état linéaire. Vestige de la basilique construite au milieu du VIIIe siècle, la crypte de Flavigny conserve quatre fûts de colonnes, dont trois semblent être romains et le quatrième carolingien ; les chapiteaux présentent un décor de feuilles plates, d'une facture très fruste. À la même époque, fresques et enduits sont employés dans la décoration des édifices religieux. D'admirables fresques représentant avec beaucoup de vivacité la lapidation de saint Étienne ont été mises au jour en 1927 à Saint-Germain d'Auxerre.

Les chapiteaux de la crypte de Flavigny, romains et carolingiens, se caractérisent par une facture très fruste.

La grande époque romane

La blanche robe des églises

Bénéficiant de conditions particulièrement favorables à son expansion (villes nombreuses, riches abbayes, matériaux abondants), l'école romane bourguignonne s'est développée avec une extraordinaire vitalité aux XIe et XIIe siècles, en particulier dans la région de l'actuelle Saône-et-Loire, avec environ 300 édifices contre une quarantaine dans l'Yonne et la Côte-d'Or. L'an mil correspond à un élan nouveau dans le désir de bâtir, qu'expliquent la fin des invasions, l'essor de la féodalité et du monachisme, la découverte de nouveaux procédés de construction et... la croissance démographique. Il ne reste malheureusement de cette époque que très peu de monuments civils ou militaires, souvent construits en bois, et c'est pourquoi on confond souvent art roman avec art religieux.

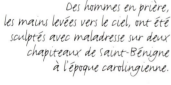

Des hommes en prière, les mains levées vers le ciel, ont été sculptés avec maladresse sur deux chapiteaux de Saint-Bénigne à l'époque carolingienne.

Parmi les abbés constructeurs d'alors, Guillaume de Volpiano édifia à Dijon, sur l'emplacement du tombeau de saint Bénigne, une nouvelle basilique. Commencée en 1001, elle fut consacrée en 1018. Les travaux de décoration furent confiés à un seul artiste, le moine Hunaud. L'abbatiale ayant complètement disparu dès le XIIe siècle par suite d'un incendie, l'église Saint-Vorles de Châtillon-sur-Seine – profondément modifiée dans les premières années du XIe siècle – permet de définir les caractères de l'art préroman : construction sommaire faite de pierres plates mal assemblées, piliers massifs, décoration très rudimentaire de niches creusées dans les murs et de corniches à bandes lombardes. L'exemple le plus saisissant d'art roman qui nous soit parvenu est certainement Saint-Philibert de Tournus, dont le narthex et son étage composent les parties les plus anciennes. On est surpris par la puissance de cette architecture.

L'école clunisienne

Si l'art roman à ses débuts doit beaucoup aux influences étrangères, méditerranéennes surtout, la période suivante voit avec Cluny le triomphe d'une formule nouvelle, un art opulent dont les caractères

... EN BOURGOGNE

vont se répandre à travers toute la Bourgogne et au-delà. Édifiée entre 955 et 981, l'abbatiale dite Cluny II est déjà dotée d'une grande abside originale et d'un chevet à chapelles échelonnées et orientées. Saint-Pierre-et-Saint-Paul – Cluny III –, commencée en 1088 par saint Hugues et achevée vers 1130, a des dimensions proprement gigantesques, supérieures même à celles des futures cathédrales gothiques.

En 1247, un religieux italien de passage observait que *« l'abbaye de Cluny est le plus noble couvent de moines noirs de l'ordre des Bénédictins de Bourgogne. Les bâtiments en sont si considérables que le pape avec ses cardinaux, toute sa cour, celle du roi et de sa suite peuvent y loger simultanément, sans que les religieux en éprouvent aucun dérangement et soient obligés de quitter leur cellule »*. Les vestiges de l'abbatiale, encore impressionnants par leur ampleur, permettent de dégager les caractères généraux de cette « école ». La voûte est en berceau brisé, véritable innovation par rapport au plein cintre, issu de l'époque romaine. Chaque travée comporte un arc doubleau : en diminuant les poussées, les arcs brisés permettent d'alléger les murs et d'élever ainsi les voûtes à une très grande hauteur. Les piliers sont cantonnés de pilastres cannelés à l'antique ; au-dessus de ces grandes arcades aiguës court un faux triforium où alternent baies et pilastres ; des fenêtres hautes surmontent l'ensemble, alors qu'auparavant, la lumière venait des tribunes et des bas-côtés.

L'église de Paray-le-Monial apparaît comme une réplique de celle de Cluny avec son élévation à trois étages.

Cette ordonnance à trois niveaux, coiffée d'une voûte en berceau brisé, se retrouve dans de nombreux édifices de la région. L'église de Paray-le-Monial apparaît comme une réplique. L'influence clunisienne est manifeste à La Charité-sur-Loire, autre prieuré dépendant de l'abbaye. À Saint-Lazare d'Autun, consacrée en 1130, on reconnaît le plan clunisien, très simplifié ; cependant, l'influence romaine est visible : par exemple, sur l'arcature du triforium, le décor chargé est le même que sur la porte d'Arroux. À Semur-en-Brionnais, l'élévation de l'église approche celle de Cluny. Au revers de la façade, la tribune en surplomb rappelle la tribune Saint-Michel. Enfin, la collégiale Saint-Andoche de Saulieu est aussi de la famille des grandes églises clunisiennes. Parmi les églises de village construites sous l'inspiration de Cluny, celles du Brionnais sont remarquables : Monceaux-l'Étoile, Varenne-l'Arconce, Charlieu, Iguerande...

La colline éternelle

Face à cette école clunisienne, le cas de la basilique de la Madeleine à Vézelay est à part. Construite au début du XIIe siècle, la nef est voûtée d'arêtes, alors que jusque-là seuls les collatéraux, de faibles dimensions, l'étaient. Les grandes arcades sont surmontées directement par des fenêtres hautes qui, s'ouvrant dans l'axe de chaque travée, éclairent la nef. Les pilastres sont remplacés par des colonnes engagées, et les arcs doubleaux soutenant la voûte restent en plein cintre (peut-être l'église d'Anzy-le-Duc a-t-elle servi de modèle).

Pour rompre la monotonie de cette architecture, on a recours à l'emploi de matériaux polychromes : calcaires de teintes variées, claveaux alternativement blancs et bruns. En tant que lieu de pèlerinage, la basilique est dotée d'un chevet à déambulatoire et de chapelles rayonnantes.

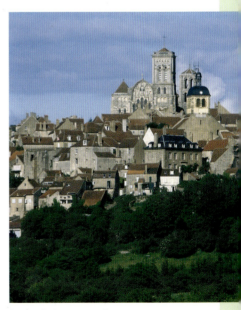

La basilique de Vézelay marque une rupture avec les préceptes de l'école clunisienne.

L'art cistercien

Dans la première moitié du XIIe siècle, le plan cistercien fait son apparition en Bourgogne. Caractérisé par un esprit de simplicité, il apparaît comme l'expression de la volonté de saint Bernard, édictée dans la Charte de charité (1119). Il s'oppose avec violence et passion à la théorie des grands constructeurs des XIe et XIIe siècles, comme saint Hugues, Pierre le Vénérable, Suger, qui estiment que rien n'est trop riche pour le culte de Dieu. L'architecture dépouillée qu'il pré-

VOYAGE…

conise reflète bien les principes même de la règle cistercienne, qui considère comme nuisible tout ce qui n'est pas indispensable à la bonne marche de la vie monacale. Donc, ni ornements, ni peintures, ni sculptures qui troubleraient le recueillement.

Les cisterciens imposent un plan quasi unique à toutes les constructions de l'ordre, dirigeant eux-mêmes les travaux des nouvelles abbayes. Fontenay montre la disposition habituelle des différents bâtiments, qui s'est répandue à travers l'Europe, de la Sicile à la Suède. Une façade simple, sans portail, avec un lanterneau, mais pas de clocher (nul besoin d'appeler les fidèles) : les cisterciens vivent à l'écart des routes fréquentées. Une nef aveugle couverte d'un berceau brisé, comme dans l'architecture clunisienne. Des bas-côtés voûtés de berceaux transversaux. Un transept qui déborde largement (croix latine), deux chapelles carrées s'ouvrant à chaque croisillon, et un chœur, carré et peu profond, se terminant par un chevet plat, éclairé par deux rangées de fenêtres, en triplet. Enfin, cinq fenêtres percées au-dessus de l'arc triomphal, et chaque travée des bas-côtés éclairée par une fenêtre. On trouve près de 600 églises de ce type, de l'Allemagne au Portugal.

L'abbaye de Fontenay montra l'exemple de disposition des bâtiments commune à toutes les constructions de l'ordre cistercien.

En évitant tout décor, en éliminant pratiquement tout motif d'ornementation, que ce soit les vitraux de couleur, les pavements, les peintures murales ou les chapiteaux historiés, les cisterciens parviennent à exécuter des monuments d'une remarquable pureté. À l'instar des verrières en grisaille, même les enluminures sont monochromes (La Grande Bible de Clairvaux). C'est la lumière seule, la « Lumière d'En Haut », qu'il convient de glorifier.

La sculpture romane

Avec le choix du support, tympan et chapiteau, la sculpture monumentale épouse l'architecture. Le Brionnais, où l'on trouve une concentration exceptionnelle de portails sculptés, est le plus ancien foyer de sculpture romane bourguignonne. Dès le milieu du XIe siècle, un style un peu rude et naïf naît à Charlieu et dans la région : les sculpteurs se soucient peu du réel, les figures sont ramassées, hiératiques et riches en symboles. Après avoir travaillé à Cluny, appelés par l'abbé Hugues de Semur qui appartenait à la famille des seigneurs du Brionnais, les artistes optent pour une grâce nouvelle, allongeant les figures et créant des compositions plus souples.

La grande abbaye bénédictine de Cluny draina en effet sur son chantier de nombreux sculpteurs et imagiers des régions voisines, devenant un centre de création pendant une vingtaine d'années (de 1095 à 1115). Un art délicat y voit le jour. Sur les chapiteaux du chœur – rare témoignage parvenu jusqu'à nous, présenté dans le farinier –, une végétation variée et des personnages aux attitudes adroitement observées révèlent un goût nouveau pour la nature (allégorie des saisons, fleuves du paradis). Les figures sont drapées de tuniques flottantes où les plis déterminent un modelé en harmonie avec la sérénité recherchée, preuve que l'on commence à s'émanciper des contraintes formelles du chapiteau.

Au début du XIe siècle, un goût nouveau pour la nature s'est développé sur les chapiteaux de l'église de Cluny.

Dans le domaine du ciseau, l'influence clunisienne s'est exercée à Vézelay. Outre ses chapiteaux historiés, la basilique de la Madeleine abrite un grand portail sculpté dont le tympan représente le Christ envoyant ses apôtres en mission avant son ascension au ciel. La composition est envahie par un mouvement magistral où souffle l'Esprit : les corps s'agitent et les draperies, sillonnées de plis aigus et serrés, bouillonnent.

Cette œuvre, réalisée vers 1125, présente des points communs avec le portail du Jugement dernier de Saint-Lazare d'Autun (1130-1135), aux figures très allongées, aux draperies plissées, encore plus fines et moulées sur les corps. Le sculpteur Gislebertus s'est attaché à rendre toute la diversité des attitudes et des sentiments humains

... EN BOURGOGNE

Dans la chapelle de Berzé-la-Ville, l'imposant Christ en majesté présente une familiarité avec les mosaïques byzantines de Saint-Vital de Ravenne.

Les chapiteaux de la nef et du chœur évoquent, de façon vivante, des scènes de la Bible et de la vie des saints, dont s'inspireront avec talent les artistes de Saint-Andoche à Saulieu.

Une volonté de renouvellement du style se fait jour au milieu du XIIe siècle sur les portails de Saint-Lazare à Avallon : on y trouve conjointement une décoration luxuriante où apparaissent des colonnes torses, expression de la « tendance baroque » de l'art roman bourguignon, et une statue-colonne qui fait songer à celles de Chartres. Les rondes-bosses du tombeau de saint Lazare à Autun (1170-1184) annoncent également par leur troublante présence l'évolution vers le gothique.

La peinture romane

Dans la crypte de la cathédrale d'Auxerre, qui renferme des fresques du XIe siècle, on voit une représentation exceptionnelle du Christ à cheval, tenant à la main droite une verge de fer. Il est intéressant de le comparer avec le Christ en majesté peint dans le cul-de-four de l'abside, daté du XIIIe siècle. À Anzy-le-Duc, un important ensemble de peintures murales, découvert au milieu du XIXe siècle, fait montre d'une tout autre technique : teintes mates, très atténuées, dessins au trait sombre recouvrant un fond composé de bandes parallèles. Une tradition à fonds bleus apparue à Cluny III est reprise dans la chapelle du « château des Moines », résidence des abbés à Berzé-la-Ville, à travers de belles compositions, probablement exécutées par les artisans de l'abbaye. L'imposant Christ en majesté, entouré de six apôtres et de nombreux autres personnages, a un air de famille avec les mosaïques de l'impératrice Théodora à Saint-Vital de Ravenne (VIe siècle). Cette correspondance entre l'art clunisien et l'art byzantin s'explique par l'action prépondérante de saint Hugues, qui entretenait des relations constantes avec l'Italie, et Rome tout particulièrement. Considérant cette influence de Cluny sur l'art du XIIe siècle, on peut dire que la destruction de la grande abbatiale au début du XIXe siècle

Dans la cathédrale d'Auxerre, fresque du XIIIe siècle représentant un Christ en majesté, peinte dans le cul-de-four de l'abside.

VOYAGE...

est une perte irréparable pour notre patrimoine ainsi que pour la connaissance de l'art roman.

Le gothique

Dès le milieu du XIIe siècle, la croisée d'ogives apparaît en Bourgogne, prélude à une orientation nouvelle de l'architecture : allégement des voûtes, élargissement des baies, suppression des chapiteaux. À l'extérieur, les arcs-boutants dispensent les murs de porter, lesquels en profitent pour s'orner d'immenses verrières.

Une architecture allégée

En 1140, la tribune du narthex de Vézelay est voûtée d'ogives. Les cisterciens sont parmi les premiers à adopter cette formule des arcs diagonaux brisés et l'utilisent vers 1150 à Pontigny. À Sens, la première grande cathédrale gothique (1135-1176), dédiée à saint Étienne, est érigée selon les directives de l'archevêque Sanglier. L'emploi de voûtes sexpartites permet de remplacer les piliers uniformes par une alternance de piles fortes et de piles faibles.

Un style bourguignon se précise à Notre-Dame de Dijon, construite de 1230 à 1251 : au-delà du transept, le chœur, assez profond, est flanqué d'absidioles et terminé par une haute abside ; un triforium court au-dessus des grandes arcades, tandis qu'au niveau des fenêtres hautes le mur de clôture de la nef, un peu en retrait, permet d'aménager une seconde galerie de circulation. Dans l'ornementation extérieure, la présence d'une corniche – dont la forme varie d'un monument à l'autre – se développant autour du chœur, de la nef, de l'abside ou du clocher est un mode de décoration typiquement bourguignon. Parmi les édifices élevés selon ces principes, on peut citer la cathédrale d'Auxerre, la collégiale Saint-Martin de Clamecy, l'église Notre-Dame de Semur-en-Auxois. Dans cette dernière, l'absence de triforium accentue encore l'impression de hauteur vertigineuse qui se dégage d'une nef étroite. L'église de Saint-Père présente certaines ressemblances avec Notre-Dame de Dijon. Toutefois, elle en diffère par son élévation, qui est de deux étages, avec une galerie devant les fenêtres. L'architecture devient, à la fin du XIIIe siècle, de plus en plus légère et défie les lois de l'équilibre. En témoigne, aérien, le chœur de l'église de Saint-Thibault, dont la voûte s'élève à 27 m sur une largeur de 9,26 m.

L'architecture civile

Dijon et un certain nombre de villes comme Flavigny-sur-Ozerain, Noyers-sur-Serein ou encore Châteauneuf-en-Auxois, ont conservé des maisons à colombages et hôtels particuliers édifiés au XVe siècle par de riches bourgeois. C'est également de cette époque du gothique tardif que datent une partie du palais des ducs de Bourgogne à Dijon (tour de la Terrasse, cuisines ducales), le palais synodal à Sens et l'hôtel-Dieu de Beaune, triomphe de l'architecture de bois. Parmi les châteaux, dont beaucoup ont gardé l'allure des forteresses du XIIIe siècle, signalons Châteauneuf, construit par Philippe Pot, sénéchal de Bourgogne, Posanges, et le palais ducal de Nevers.

La sculpture au XIIIe siècle

Les œuvres de pierre héritent de l'influence de l'Île-de-France et de la Champagne en ce qui concerne la composition et l'ordonnance des sujets traités. Les statues-colonnes, d'un grand raffinement, présentent un hanchement plus marqué afin de souligner les mouvements ascendants du corps. Le tempérament bourguignon apparaît dans l'interprétation même de certaines scènes, où les artistes locaux ont donné libre cours à leur fantaisie. Parmi la statuaire de cette époque épargnée par la Révolution, il reste de beaux exemples. À Notre-Dame

Au XIIIe siècle, un style bourguignon se précise dans l'architecture de Notre-Dame de Dijon.

La forteresse de Châteauneuf, d'architecture militaire bourguignonne du XVe siècle, garde l'extrémité sud de l'Auxois.

... EN BOURGOGNE

de Dijon, les masques et figures sont traités avec un réalisme très poussé, certains avec une telle vérité dans l'expression qu'ils laissent à penser que ce sont là des portraits de Bourguignons faits d'après nature. Le portail de Saint-Thibault, en Auxois, présente des scènes consacrées à la Vierge, mais surtout cinq grandes statues figurant le duc Robert II et sa famille. À Saint-Père, le décor sculpté du pignon se double d'une fraîche décoration florale sur les chapiteaux. Le tympan de la porte des Bleds à Semur-en-Auxois rapporte la légende de saint Thomas. Ce style progresse avec le siècle : les bas-reliefs au soubassement des portails de la façade occidentale de la cathédrale d'Auxerre, sculptés avec délicatesse, ouvrent même la voie au maniérisme.

Les œuvres du XIVe siècle

L'avènement des grands-ducs Valois correspond, pour la Bourgogne, à une époque de rayonnement artistique. Pour décorer la chartreuse de Champmol, Philippe le Hardi dépense sans compter, attirant à Dijon nombre d'artistes originaires pour la plupart des Flandres. Des sculpteurs ayant successivement travaillé à la réalisation de son tombeau (musée de Dijon), Claus Sluter (v. 1350-1406) est le plus grand. Il a su mettre du tempérament dans ses personnages. Claus de Werve, son neveu et élève, poursuit l'œuvre du maître avec une plus grande douceur.
Du portail de la chapelle, il a aussi exécuté les statues du mécène et de son épouse, Marguerite de Flandre, qui seraient d'authentiques portraits : les draperies et les vêtements sont traités avec un art consommé, les expressions des personnages sont d'un réalisme saisissant. La sculpture s'oriente là vers une manière toute nouvelle : les statues cessent désormais de faire corps avec l'architecture, et la physionomie est traitée de façon naturaliste, n'hésitant pas à accuser les aspects de la laideur ou de la souffrance.

La peinture gothique

Autour du chantier de la chartreuse de Philippe le Hardi, peintres et enlumineurs venus de Paris ou des Flandres s'activent. Les œuvres de Jean Malouel, du Brabançon Henri Bellechose et de Melchior Broederlam se distinguent par la fluidité des formes humaines, l'élégance générale. Dûs à ce dernier, les revers du retable de la Crucifixion (bois sculpté par Jacques de Baerze) font preuve d'un sens du détail, d'une maîtrise de la palette et d'un travail de l'espace qui sont la marque du style gothique international. Sous Philippe le Bon, un style spécifiquement bourguignon apparaît, aux proportions plus harmonieuses et aux draperies plus sobres. Les œuvres les plus connues de cette période sont le polyptyque de l'hôtel-Dieu de Beaune, dû à Rogier

L'église Notre-Dame de Dijon est un bel exemple de l'architecture gothique en Bourgogne pour lequel le maître d'œuvre s'est livré à des prouesses techniques.

VOYAGE...

Van der Weyden, et la *Nativité au cardinal Rolin*. Cette magnifique icône de Jan Van Eycks (désormais au Louvre) décora dès 1435 la chapelle du commanditaire dans la cathédrale d'Autun. Commandées elles aussi par Nicolas Rolin, les tapisseries de l'hôtel-Dieu de Beaune comptent parmi les plus belles de l'époque. N'oublions pas, pour fermer le ban du XVe siècle, le nom de Pierre Spicre, peintre dijonnais, auteur des fresques de l'église Notre-Dame de Beaune.

De la Renaissance au romantisme
Retour à l'antique
Sous l'influence de l'Italie, l'art bourguignon suit au XVIe siècle une orientation nouvelle, marquée par un retour aux canons antiques. En architecture, la transition s'effectue en douceur. En Bresse, qui appartient alors au duché de Savoie, l'église de Brou (1513-1532) relève essentiellement de l'art gothique flamboyant. L'église Saint-Michel de Dijon est composite : tandis que la nef, commencée au début du XVIe siècle, est de style gothique, la façade, dont la construction s'échelonne entre 1537 et 1570, est un exemple parfait du style Renaissance. C'est le triomphe des lignes horizontales, de l'emploi des ordres antiques et des voûtes à caissons. On intègre dans les façades des médaillons à l'antique, des bustes en haut-relief, et les sujets religieux font place à des sujets profanes. C'est dans les années 1520 que sont sculptées les stalles de l'église de Montréal, œuvre d'inspiration locale où pétille l'esprit bourguignon.
Le peintre Jean Cousin réalise les cartons de vitraux pour la cathédrale Saint-Étienne de Sens jusqu'en 1540, date à laquelle il part à Paris. Dans la seconde moitié du XVIe siècle se répand à Dijon la décoration ornementale telle que la conçoit Hugues Sambin, auteur de la porte du palais de justice et, semble-t-il, d'un grand nombre d'hôtels particuliers. La Bourgogne n'a certes pas connu une floraison de châteaux de plaisance comme le Val de Loire, mais elle compte toutefois de grandioses demeures telles Sully (*voir Autun*), Tanlay ou Ancy-le-Franc. Les fresques couvrant les murs d'Ancy-le-Franc, dues aux élèves du Primatice et de Nicolo dell'Abate, évoquent nettement l'art de Fontainebleau.

Baroque et classique
Le style baroque, enclin à la fantaisie, fait son apparition en Bourgogne sous le règne de Louis XIII dans les ors et la décoration polychrome du château de Cormatin. Le sculpteur Jean Dubois, né à Dijon en 1625, réalise dans cet esprit la statuaire et le mobilier de nombreux édifices. Influencé par le château de Versailles, l'art classique est marqué par la recherche de l'équilibre rationnel. À Dijon, on aménage la place Royale, et l'on construit le palais des États de Bourgogne sur les plans de Jules Hardouin-Mansart. Les familles de parlementaires se font édifier des hôtels particuliers : bien qu'ayant gardé les caractères de la Renaissance, l'hôtel de Vogüé (1607-1614) présente la disposition nouvelle d'un corps de logis retiré au fond d'une cour, l'accès à la rue se faisant par une porte cochère, l'autre façade ouvrant sur des jardins. L'ordonnance des châteaux classiques, édifiés ou agrandis aux XVIIe et XVIIIe siècles, se signale par la rigueur et la symétrie, des ailes en retour ou esquissées par des avant-corps, une façade à fronton triangulaire ou un portique qui rappellent les temples antiques. Bussy-Rabutin, Commarin, Talmay, Beaumont-sur-Vingeanne, Pierre-de-Bresse, Drée ou Saint-Fargeau en sont de beaux exemples.
En peinture, au XVIIIe siècle, la bourgeoisie trouve son chantre en la personne du Tournusien Greuze, fort apprécié de Diderot, qui s'illustre en traitant la peinture de genre avec les ressources de la peinture d'histoire. Ce sont l'élève favori de David, Girodet (né à Montargis), et un enfant de Cluny, Prud'hon, élève, lui, de Devosge à l'académie de Dijon, qui reprennent le flambeau et deviennent

---

Chefs-d'œuvre sculptés de Bourgogne

Riche d'un patrimoine exceptionnel, la Bourgogne recèle tant de trésors d'art roman et gothique, certains célèbres, d'autres moins connus, qu'il serait bien difficile d'en faire une sélection, forcément subjective. Vous apprécierez les œuvres suivantes pour leur beauté, leur expressivité ou encore la qualité de leur exécution, mais bien d'autres, tout aussi belles, vous attendent... Prenez le temps de les découvrir !

- Tympans de la cathédrale Saint-Lazare d'Autun, de la basilique Sainte-Marie-Madeleine de Vézelay et de l'abbaye bénédictine de Charlieu.
- Chapiteaux de la cathédrale Saint-Lazare d'Autun, du chœur de l'abbatiale de Cluny, et de la basilique Saint-Andoche de Saulieu.
- Jubé de l'église du monastère royal de Brou
- Mises au tombeau de l'ancien hôpital de Tonnerre et de la collégiale Notre-Dame de Semur-en-Auxois.
- Retable de la chapelle de Marguerite au monastère royal de Brou
- Tombeaux de Philippe le Hardi, Jean sans Peur et Marguerite de Bavière au musée des Beaux-Arts de Dijon, et de Marguerite de Bourbon, Philibert et Marguerite de Bourgogne au monastère royal de Brou. et, émouvant symbole de la source de Vie, le puits de Moïse de la chartreuse de Champmol, à Dijon.

... EN BOURGOGNE

peintres de l'Empire. Les figures rêveuses et sensuelles de l'un, les images traitées avec ardeur par l'autre, annoncent déjà l'art romantique.

L'art moderne et l'art contemporain

Les œuvres créées au cours du XIXe siècle ont leur source scientifique dans la « Vallée de l'Image » : la photographie d'abord, avec Niépce, qui l'invente (très riche musée à Chalon-sur-Saône), puis le cinéma, grâce au précurseur Étienne-Jules Marey, qui transmettra ses découvertes aux frères Lumière. Dans le domaine de l'architecture, l'ingénieur dijonnais Gustave Eiffel (1832-1923) se spécialise dans la construction métallique : ponts, viaducs... et la tour qu'il élève à Paris pour l'Exposition universelle de 1889. Le visionnaire Claude Parent, concepteur des centrales nucléaires, dessine l'église Sainte-Bernadette de Nevers en se référant pour partie à l'art cistercien. Quant à la force architecturale de Saint-Philibert de Tournus, elle influence le compositeur Edgar Varèse, au même titre que les contrepoints de Dufay.

Chalon vit naître Nicéphore Niépce, l'auteur du premier cliché photographique.

Peinture et sculpture

La sculpture est représentée par les très académiques Jouffroy (*La Seine*, statue ornant le bassin des Sources à Saint-Seine-l'Abbaye) et Eugène Guillaume (*Le Mariage romain*, au musée de Dijon), ainsi que par François Pompon (1855-1933), créateur de formes animalières avec un parti pris pour la simplification expressive des formes, proche de l'esthétique japonisante.

Parmi les peintres, on retient le Beaunois Félix Ziem (1821-1911), proche de Corot, qui a peint la campagne de Lormes, et le Dijonnais Alphonse Legros (1837-1911), ami de Rodin, dont le style réaliste et les thèmes ruraux évoquent son aîné Gustave Courbet. La veine de Legros pour les scènes d'intérieur s'est en quelque sorte perpétuée au travers du penchant intimiste de Vuillard – né à Cuiseaux en 1868. Plus proches de nous, le Dijonnais Jean Bertholle (1909-1996) a travaillé avec Jean Le Moal et Manessier avant de prendre sa place dans l'abstraction de la deuxième génération dans les années 1950. Tombé amoureux de la région de Clamecy, le grand affichiste Charles Loupot (1892-1962) s'établit à Chevroches. Il introduit dans la réclame le cubisme et le constructivisme *(voir ses œuvres au musée Romain-Rolland, à Clamecy)*, tandis que l'Avallonnais Gaston Chaissac, « peintre rustique moderne » ou « Pablo morvandiau », selon ses propres termes, fut l'explorateur infatigable des supports et techniques inédits, vite étiquetés « art brut ». Enfin, Balthus (1908-2001), immense artiste figuratif, nous vaut par sa présence à Chassy, dans les années 1950, une vision tout à la fois élégante et organique du Morvan.

À ne pas manquer

Le musée municipal François-Pompon (voir Saulieu) réserve une place d'honneur aux œuvres de ce grand sculpteur bourguignon, chef d'atelier de Rodin.

Créateurs des XXe et XXIe siècles

Deux centres d'art contemporain sont implantés en Bourgogne, l'un au château de Ratilly, l'autre au château du Tremblay, tandis que le palais synodal de Sens, l'abbaye Saint-Germain à Auxerre, le musée des Ursulines à Mâcon, la galerie des Ducs à Nevers, le musée René-Davoine à Charolles présentent de belles expositions. À Dijon, le musée des Beaux-Arts expose la collection de Pierre Granville, le FRAC et l'association Le Consortium font découvrir les créations les plus récentes des artistes contemporains.

À Vézelay, le musée Zervos présente le legs du fondateur des *Cahiers d'Art*. L'art brut a trouvé un lieu privilégié à Dicy, près de Joigny *(voir la Puisaye)*, l'acier Inox brille dans des œuvres monumentales à Gueugnon, en Saône-et-Loire, et les sculptures dues à Arman, Gottfried Honegger ou Karel Appel ont transformé le campus universitaire de Dijon en véritable musée de plein air.

L'essentiel de l'œuvre du sculpteur Pompon est visible à Saulieu (ce taureau se situe en face de l'hôpital) et à Dijon.

VOYAGE...

ABC d'architecture

Architecture religieuse

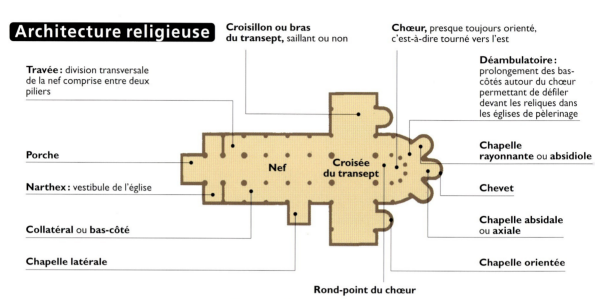

- **Travée :** division transversale de la nef comprise entre deux piliers
- **Porche**
- **Narthex :** vestibule de l'église
- **Collatéral** ou **bas-côté**
- **Chapelle latérale**
- **Croisillon ou bras du transept,** saillant ou non
- **Nef**
- **Croisée du transept**
- **Rond-point du chœur**
- **Chœur,** presque toujours orienté, c'est-à-dire tourné vers l'est
- **Déambulatoire :** prolongement des bas-côtés autour du chœur permettant de défiler devant les reliques dans les églises de pèlerinage
- **Chapelle rayonnante** ou **absidiole**
- **Chevet**
- **Chapelle absidale** ou **axiale**
- **Chapelle orientée**

Plan-type d'une église

Romane / Gothique

- **Voûtes en berceau**
- **Tribune**
- **Voûte en demi-berceau**
- **Nef**
- **Bas-côté**
- **Fenêtre haute**
- **Pinacle** équilibrant la culée
- **Culée d'arc-boutant**
- **Triforium**
- **Arc-boutant**
- **Voûte d'ogive**
- **Contrefort :** renfort extérieur d'un mur, faisant saillie dans la maçonnerie

Coupe d'une église

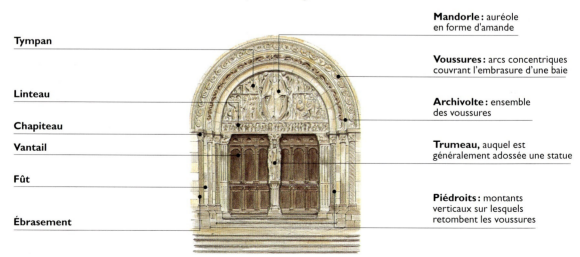

- **Tympan**
- **Linteau**
- **Chapiteau**
- **Vantail**
- **Fût**
- **Ébrasement**
- **Mandorle :** auréole en forme d'amande
- **Voussures :** arcs concentriques couvrant l'embrasure d'une baie
- **Archivolte :** ensemble des voussures
- **Trumeau,** auquel est généralement adossée une statue
- **Piédroits :** montants verticaux sur lesquels retombent les voussures

AUTUN – Portail principal de la cathédrale Saint-Lazare (XIIe siècle)

... EN BOURGOGNE

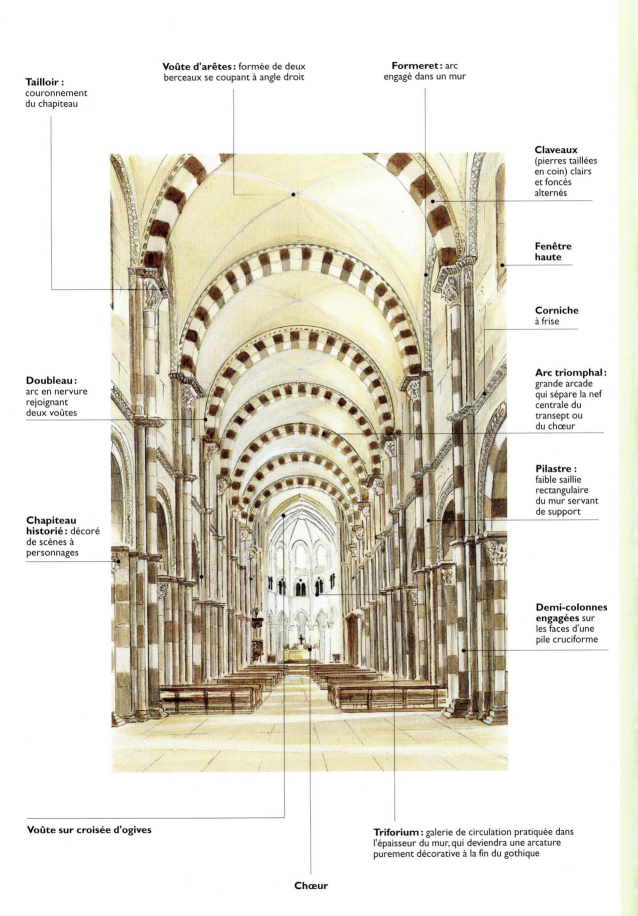

VÉZELAY – Nef de la basilique Sainte-Madeleine (1096-1215)

VOYAGE...

Architecture religieuse (suite)

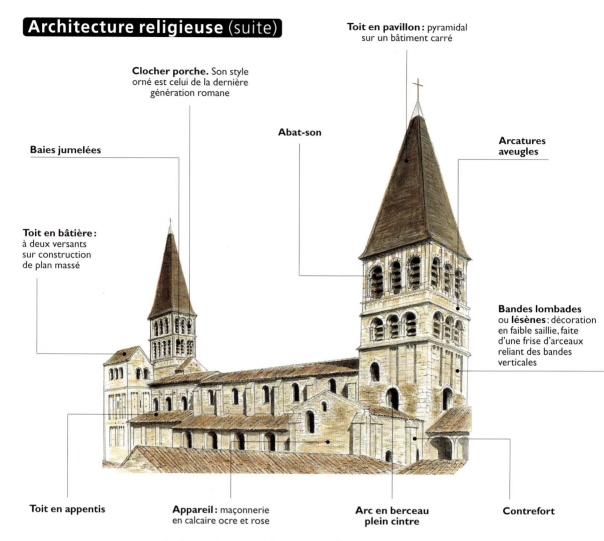

TOURNUS – Abbatiale Saint-Philibert (XIᵉ-XIIᵉ siècle)
L'aspect de forteresse du mur marquant le front du narthex, réduit défensif de l'abbaye, est un exemple du premier art roman qui pénètre en Bourgogne vers l'an mil.

Légendes :
- **Toit en pavillon :** pyramidal sur un bâtiment carré
- **Clocher porche.** Son style orné est celui de la dernière génération romane
- **Abat-son**
- **Arcatures aveugles**
- **Baies jumelées**
- **Toit en bâtière :** à deux versants sur construction de plan massé
- **Bandes lombades** ou **lésènes** : décoration en faible saillie, faite d'une frise d'arceaux reliant des bandes verticales
- **Toit en appentis**
- **Appareil :** maçonnerie en calcaire ocre et rose
- **Arc en berceau plein cintre**
- **Contrefort**

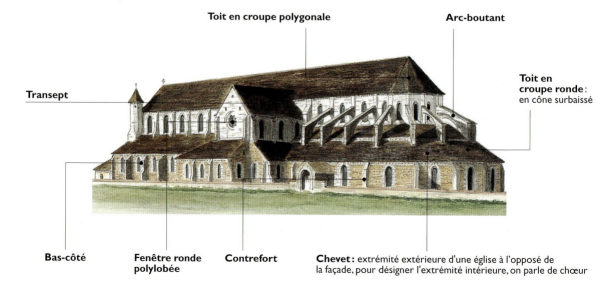

PONTIGNY – Abbatiale (1150-1206)
L'architecture cistercienne se caractérise par sa simplicité, son austérité.
Un soin particulier est porté à l'agencement des différents éléments de construction.

Légendes :
- **Toit en croupe polygonale**
- **Arc-boutant**
- **Transept**
- **Toit en croupe ronde :** en cône surbaissé
- **Bas-côté**
- **Fenêtre ronde polylobée**
- **Contrefort**
- **Chevet :** extrémité extérieure d'une église à l'opposé de la façade, pour désigner l'extrémité intérieure, on parle de chœur

... EN BOURGOGNE

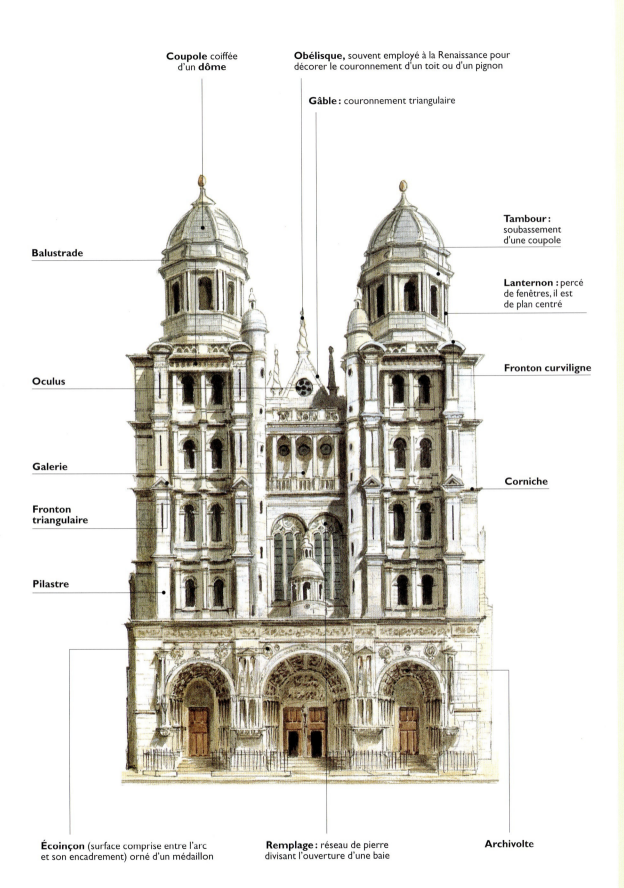

DIJON – Église Saint-Michel (XVIe et XVIIe siècles)

La façade à deux tours s'inscrit dans la tradition gothique. Les trois portails évoquent ceux de l'art roman qui, assimilé à un art romain décadent, a servi plus ou moins directement de modèle pendant la Renaissance.

Architecture civile

Lucarne. Elle forme avec les fenêtres des **travées** verticales disposées symétriquement sur la façade

Fenêtre à meneaux ; le **meneau** est un montant vertical, généralement en pierre subdivisant la fenêtre

Terme : statue dont la partie inférieure est prise dans une gaine

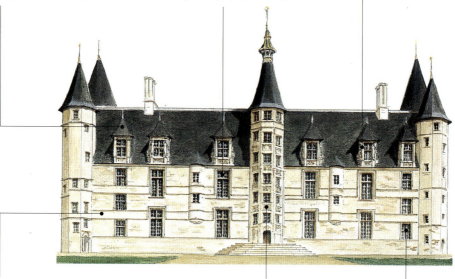

Bandeaux horizontaux scandant les étages

Tourelle octogonale d'escalier ; elle est particulièrement soignée dans les châteaux Renaissance

Embrasure : espace ménagé dans l'épaisseur d'une construction par le percement d'une baie

NEVERS - Palais ducal (XVIᵉ siècle)
Le palais ducal de Nevers préfigure les châteaux de la Loire. Une régularité nouvelle ordonne une structure dont l'origine médiévale est rappelée par les grosses tours latérales.

Stylobate : soubassement d'une colonnade

Pilastre : pilier engagé dans un mur sur lequel il fait une faible saillie

Modillons : petites consoles soutenant la **corniche** d'un mur

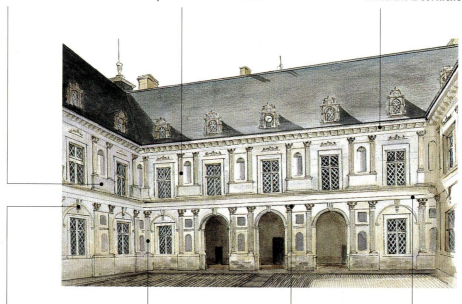

Agrafe : élément ornemental placé sur la clef d'une baie

Cannelures : sillons ornant les colonnes ou piliers

Chapiteau corinthien orné de deux rangs de feuilles d'**acanthe**

Entablement : couronnement en saillie d'une façade, constitué par l'architrave, la frise, la corniche

ANCY-LE-FRANC – Cour intérieure du château (commencé en 1544)
La cour carrée à quatre ailes semblables est un exemple célèbre de « travée rythmique », association de baies, pilastres et niches alternés, inventée par Bramante.

... EN BOURGOGNE

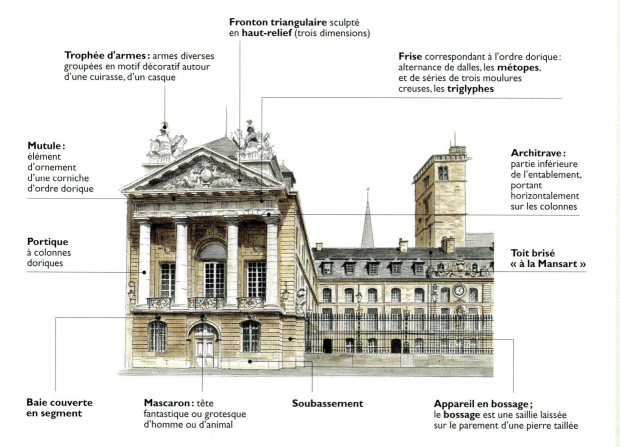

DIJON - Palais des États de Bourgogne (1681-1786)

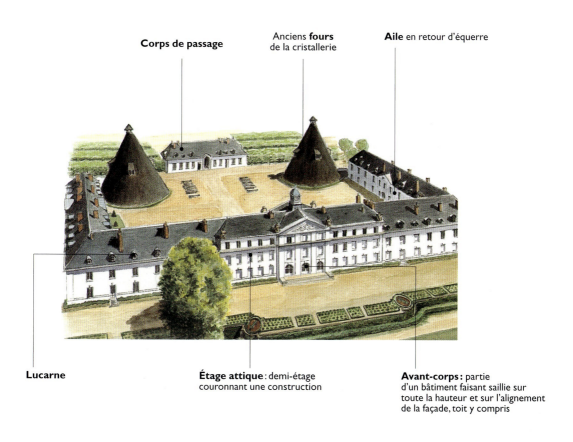

LE CREUSOT - Manufacture des cristaux de la Reine (1784-1788), château des Schneider

VOYAGE...

Maisons de pays

■ La Bourgogne est un seuil entre deux massifs anciens, le Morvan et les Vosges, une terre de passage entre le Bassin parisien et la vallée de la Saône, entre la France du Nord et le Midi méditerranéen. Les influences en matière de construction sont donc multiples et s'ajoutent à la diversité des terroirs. Les toitures de tuiles plates ou vernissées, de laves ou d'ardoises, les constructions de calcaire ou de granit font l'attrait de l'architecture bourguignonne.

Architecture du vignoble

C'est l'art de vivre du vigneron qui a contribué à l'élégance de l'architecture rurale de la Côte. Concentré dans les villages, l'habitat se cache parfois derrière de hauts murs et d'amples portails ; isolé au milieu des vignes, il s'entoure de bâtiments annexes plus ou moins considérables et de chais séparés (Clos de Vougeot).

On distingue trois sortes de maisons vigneronnes. La maison de base se compose d'une seule et unique pièce à vivre, comme « soulevée » par la cave dont les murs épais et la voûte de pierre conservent la fraîcheur et l'humidité. Vient ensuite le modèle intermédiaire, doté d'une écurie et d'une petite grange appelée « magasin ». Enfin, reconnaissables à leur galerie et leur escalier extérieur protégé par un auvent, les maisons plus cossues comportent une cuverie et un cellier. Les demeures de maîtres comme celles des ouvriers vignerons ont généralement ceci en commun : l'habitation à l'étage est desservie par un escalier de pierre extérieur au-dessus des caves et des celliers, et l'usage répandu de galeries, porches et auvents donne des façades ouvertes et plaisantes.

Dans l'arrière-côte, c'est-à-dire sur les « hautes côtes », où l'on produit également du vin, les maisons et dépendances, imbriquées étroitement, sont souvent adossées à une pente, au cœur d'un village-rue accroché à flanc de coteau, le plus près possible des vignes. On y retrouve une certaine sobriété : un logis très réduit, en surélévation au-dessus de la cave peu ou pas enterrée, située sous l'escalier de pierre et protégée des variations de température par l'ampleur du palier appelé localement « plafond » ; un « magasin », faisant office de cuverie ; un pressoir, surmonté d'un fenil où étaient engrangés bottes de paille et outils.

Le paysage est également parsemé ici et là de jolis castels flanqués de tourelles rondes ou carrées coiffées de toits pentus. Il s'agit d'exploitations agricoles consacrées tantôt à la vigne, tantôt à d'autres cultures. Et n'oublions pas les charmantes caillebottes, ou cabottes, cabanes faites de pierre sèche, parfois dotées d'une cheminée, qui servent d'abri aux viticulteurs pour déjeuner et stocker leurs outils.

En pays calcaire

Le calcaire domine dans la Côte-d'Or. Il se durcit en surface et fournit un matériau très résistant. La roche du jurassique se clive en moellons très plats et se délite en minces feuilles, les « laves », utilisées par les couvreurs.

Dans le Châtillonnais, les villages, peu nombreux, sont installés dans les clairières ou le long des vallées. La grande exploitation comprend de vastes bâtiments autour d'une cour centrale fermée par de hauts murs ; les entrées des granges sont généralement surmontées d'arcs surbaissés. La petite exploitation de la fin du XVIIIe siècle abrite sous le même toit le logement et les bâtiments d'exploitation ; l'entrée de

L'art de vivre du vigneron a contribué à l'élégance de l'architecture rurale bourguignonne.

Carrières de pierre

Que ce soit dans le Châtillonnais, le Tonnerrois, le Beaunois, l'Autunois et le Clunysois, on remarque des trouées dans les vignobles : ce sont les carrières à ciel ouvert de pierre de Bourgogne. Celle-ci est un calcaire sédimentaire qui se distingue par ses grains fins, la présence de coquillages fossiles et ses variétés de couleur : ocre beige, rosé ou même bleuté. Elle est employée en dallage et sur les façades des constructions, par exemple dans l'abbaye de Cîteaux. Créée en 1996, l'association Pierre de Bourgogne, située à Baigneux-les-Juifs, regroupe des professionnels de la filière pierre, du carrier au sculpteur en passant par les laviers, les poseurs et les tailleurs.

... EN BOURGOGNE

la grange est surmontée d'un linteau de bois. La pièce commune comporte une porte et une fenêtre accolées sur lesquelles s'alignent les ouvertures du fenil ou du grenier, qui bénéficient ainsi de la sécheresse assurée par la chaleur sous-jacente du logement. Le banc de pierre devant la maison est très fréquent en basse Bourgogne.
Dans le Mâconnais, les murs des maisons de vignerons sont bâtis avec du calcaire, utilisé presque à sec et sans enduit. Une galerie, protégée par l'avancée du toit, prolonge sur l'extérieur l'ancienne salle commune et sert, l'hiver, à vaquer aux occupations domestiques à l'abri de la pluie, l'été, de cuisine ou de salle à manger. Les ferronneries de porte, qui étaient autrefois fabriquées par le forgeron du village, présentent des modèles originaux de loquet de porte, d'entrée de serrure, de heurtoir, où s'ordonnent cœur, croix, oiseau et porte-bonheur.

Les maisons vigneronnes et leurs dépendances sont souvent situées le plus près possible des vignes.

En pays cristallin

Montagne ancienne vouée à l'élevage, le Morvan a donné naissance à des maisons sobres en granit, couvertes d'ardoises, et à des granges-étables dont la façade est protégée de la pluie par l'avancée du toit. L'habitat est groupé en hameaux dispersés, appelés « huis », à mi-distance des pâturages et des cultures et des bois.
La maison morvandelle est un volume simple et dépouillé. La souche de cheminée en pierre taillée, l'escalier extérieur, les encadrements des ouvertures donnent de la noblesse à cet habitat pauvre. Pour ne pas empiéter sur un espace intérieur réduit, composé d'une seule pièce commune, et parfois d'une chambre supplémentaire, l'accès au comble se fait par une échelle ou un escalier extérieur toujours situé sur le mur pignon.
Devenu un pays d'élevage bovin, le Morvan accueille de grosses exploitations composées de deux bâtiments de part et d'autre d'une cour, perpendiculaires à la rue. L'exploitation type présente sous

Dans le Morvan, l'habitat est constitué de maisons sobres en granit, couvertes d'ardoises.

le même toit l'habitation et la grange. Les couleurs chaudes du granit apparaissent, marquant l'irrégularité de l'appareillage.

Une mosaïque de toitures

Les splendides toitures de tuiles de la région sont l'un des éléments forts de son identité. Le visiteur ne pourra qu'être ébloui par les toits de l'hôtel-Dieu de Beaune, de l'hôtel de Vogüé à Dijon ou du château de la Rochepot. L'origine de ces tuiles vernissées polychromes, appareillées en motifs géométriques, lignes brisées, losanges, entrelacs ou chevrons, est mal connue ; elles proviendraient d'Europe centrale via les Flandres. Ces toits décorés étaient chargés de messages symboliques, politiques ou religieux, signalant le statut social d'un notable ou la réputation d'une communauté religieuse ou laïque. Les épis de faîtage sont également en terre cuite vernissée, les girouettes travaillées, et des ergots figurent sur les arêtes des toits à pans coupés, en particulier dans la Côte-d'Or.

Sur les reliefs, les vastes toits sont recouverts de tuiles plates dites tuiles de Bourgogne. Longues et étroites, celles-ci, fabriquées dans le Sénonais, sont d'un brun assez foncé. Les moines cisterciens en recouvraient les toits de leurs abbayes. Malheureusement, la tuile mécanique d'emboîtement est venue remplacer ce matériau traditionnel.

Les laves calcaires sont des chutes de carrières sans valeur marchande, longtemps utilisées par les couvreurs. Dans les lavières, on levait ou « lavait » les croûtes superficielles pour atteindre la pierre à bâtir. Chaque « lave » pouvait être calée par des cailloux (comme sur l'église d'Ozenay, village du Mâconnais) pour que l'air puisse circuler entre les pierres, facilitant l'évaporation de l'eau et évitant le gel. Le poids considérable de ce matériau (de 600 à 800 kg au m^2) nécessitait de fortes et coûteuses charpentes, ce qui n'empêche pas nombre de lavoirs et de fontaines d'en disposer.

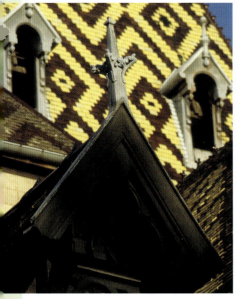

Les toitures en tuiles vernissées polychromes sont l'un des éléments forts de l'identité de la région.

Pensée et belles-lettres

■ La déclinaison des splendeurs bourguignonnes serait incomplète sans ses talents littéraires. Depuis le Moyen Âge et le mécénat des grands-ducs, la région les a vus s'exercer dans des domaines divers, de la chronique historique de Christine de Pisan aux recherches de Georges Duby, des envolées romantiques de Lamartine aux romans d'Henri Vincenot.

Le Moyen Âge : littérature et pouvoir politique

Originaire de Fontaines près de Dijon, saint Bernard (1090-1153) est le fondateur et le premier abbé de l'abbaye de Clairvaux. Connu et consulté par tous, ascète et mystique, c'est un grand prédicateur et l'un des plus illustres écrivains de son temps. Son œuvre se compose de traités, de sermons, et d'une riche correspondance avec les papes, les abbés et les princes, etc. Son rôle politique est primordial, et il participe à la rédaction de la règle des Templiers. Enfin, il tente vainement d'empêcher le divorce de Louis VII et Aliénor d'Aquitaine.

Mécènes, les grands-ducs de Bourgogne encouragent la littérature. Ainsi, Christine de Pisan (1365-1430), première femme de lettres à gagner sa vie par sa plume, est la protégée du roi de France Charles V. Elle dédie au frère de ce dernier, Philippe le Hardi, duc de Bourgogne,

Christine de Pisan fut la première femme de lettres à gagner sa vie par la plume ; miniature du XVe siècle.

... EN BOURGOGNE

sa biographie, *Faits et bonnes mœurs du roi Charles V.* L'histoire bourguignonne du xve siècle est relatée par des chroniqueurs célèbres : Molinet (1435-1507) consacre la plus grande partie de sa vie à l'historiographie de la Maison de Bourgogne. Commynes (1447-1511) est au service du comte de Charolais, le futur Charles le Téméraire, avant de s'attacher au roi de France, Louis XI, puis à Charles VIII, avec lequel il se rend en Italie. La profondeur de sa réflexion historique le distingue des chroniqueurs de son temps et nous autorise à le considérer comme le premier véritable historien bourguignon.

De la Pléiade aux Lumières

Bonaventure des Périers (Arnay-le-Duc 1510-1543) et Pontus de Tyard (1521-1605) sont les principales figures littéraires de la Renaissance bourguignonne. Le premier, ami du poète Clément Marot, conteur, voit son œuvre principale, *Cymbalum Mundi (Carillon du monde),* jugée trop caustique, brûlée sur ordre du parlement. Il y ridiculisait à la fois protestants et catholiques. Le deuxième, membre de la Pléiade, comme Ronsard et Du Bellay, travaille à une œuvre philosophique, sous forme de discours qui lui permettent d'explorer toutes les sciences. Il devient évêque de Chalon-sur-Saône en 1578.
À la fois homme de guerre et homme de lettres, Roger de Rabutin (1618-1693), comte de Bussy, est né à Épiry dans le Morvan et mort à Autun. Ce brillant officier, érudit, est aussi un libertin. Ayant ripaillé pendant la Semaine sainte, il est exilé sur ses terres, où il rédige *L'Histoire amoureuse des Gaules,* chronique grivoise et indiscrète sur la Cour. Rabutin échange avec sa cousine madame de Sévigné une piquante correspondance, et fait décorer son château d'une galerie de portraits assortie d'inscriptions caustiques.
Né à Dijon dans une famille de magistrats, Jacques Bénigne Bossuet (1627-1704) est l'un des prédicateurs majeurs de son temps. Nommé précepteur du grand dauphin, il entre à l'Académie en 1671. L'écriture de cet historien, polémiste face aux protestants, aux jésuites et à l'autorité du pape, est merveilleuse d'équilibre et de clarté.
Maréchal de France, Sébastien Le Prestre, marquis de Vauban (1633-1707), né à Saint-Léger-de-Foucherets, avant tout connu en tant qu'ingénieur militaire, est aussi un homme de lettres de talent. Il écrit sur des sujets divers (économie, géographie, population) et sur des projets de systèmes de canalisations, d'imposition de la noblesse, de monnaie unique européenne...
Son château, celui de Bazoches *(voir ce nom),* est une élégante demeure entretenue par ses descendants.
La Bourgogne a été touchée par l'esprit des Lumières. Sans jamais quitter Dijon, Jean Bouhier (1673-1746), président du parlement, exerce une influence importante sur l'Europe littéraire. Charles de Brosses (1709-1777) fréquente le cercle de gens cultivés qui est à l'origine de la fondation, en 1740, de l'Académie des sciences, arts et belles-lettres de Dijon. Buffon (1707-1788), l'enfant de Montbard, joue un rôle de premier ordre dans la vulgarisation des sciences. Il consacre quarante ans de sa vie aux trente-six volumes de son *Histoire naturelle,* que l'on considère comme l'un des « monuments » du xviiie siècle.
Il est élu à l'Académie française à la place d'Alexis Piron (1689-1773), dramaturge dont l'écriture satirique choqua tellement Louis XV qu'il l'empêcha d'intégrer l'Académie. Restif de La Bretonne (1734-1806), né à Sacy, dresse un tableau réaliste des mœurs du siècle dans son œuvre multiforme et inclassable. Il donne de précieux renseignements sur la société de la fin du xviiie siècle. Si ses descriptions sont parfois scandaleuses, son naturalisme est sincère et tranche avec les déclarations à la mode et l'hypocrisie de certains écrivains de son temps.

Pontus de Tyard, l'une des principales figures littéraires de la Renaissance bourguignonne.

Georges Louis Leclerc, comte de Buffon, joua un rôle important dans la vulgarisation des sciences.

VOYAGE...

Du romantisme à la littérature contemporaine

Né à Mâcon, Alphonse de Lamartine (1790-1869) part pour Milly et s'attache à ce terroir qu'il aime appeler sa « terre natale ». Quand il doit se séparer de sa maison de Milly en 1860, c'est un véritable déchirement, car c'est là que sont nés son amour de la nature et son sens de la démocratie. Il réside par la suite au château de Saint-Point, loin des agitations de la vie parisienne. Son attachement à la Bourgogne transparaît clairement dans ses poèmes : « *Ah ! c'est que j'ai quitté pour la paix du désert/La foule où toute paix se corrompt ou se perd,/C'est que j'ai retrouvé dans mon vallon champêtre/Les soupirs de ma source et l'ombre de mes hêtres,/Et ces monts, bleus piliers d'un cintre éblouissant,/Et mon ciel étoilé d'où l'extase descend !* »

Henri Lacordaire (1802-1861), né à Recey-sur-Ource (Côte-d'Or) et élevé à Dijon par sa mère, prêtre dominicain, catholique libéral, élu député en 1848 par l'électorat de Marseille, milite en faveur de la démocratie chrétienne.

La région est aussi le berceau de Pierre Larousse (1817-1875), originaire de Toucy (Yonne), qui se lance dans les folles aventures de la rédaction du *Nouveau Dictionnaire de la langue française,* paru en 1856, et du *Grand Dictionnaire universel* paru en dix-sept volumes entre 1866 et 1877. Il met aussi au point des principes pédagogiques novateurs pour l'époque, qui développent activement l'intelligence et le jugement des enfants.

Jules Renard (1864-1910), que l'on connaît par son incontournable *Poil de Carotte,* passe toute son enfance à Chitry-les-Mines, partagé entre sa vie de famille difficile et sa passion pour la nature. Styliste remarquable et excellent observateur, il est classé parmi les écrivains naturalistes.

Romain Rolland (1866-1944), figure de l'« intellectuel de gauche » en relation avec le monde entier, est très attaché à la campagne nivernaise.

Quant à Colette (1873-1954), elle n'a jamais oublié son enfance merveilleuse à Saint-Sauveur : « *Vous n'imaginez pas quelle reine de la terre j'étais à douze ans.* » Même mariée et installée à Paris, elle reste très liée à sa région.

Jacques Copeau (1879-1949) collabore à la création de la NRF et fonde en 1913 le théâtre du Vieux-Colombier à Paris, puis installe sa troupe, Les Copiaux, à Pernaud-Vergelesses. Il relance au XXe siècle l'esprit des fabliaux du Moyen Âge et de la *commedia dell'arte*. Il fonda le lycée Jacques-Copeau à Beaune, où il est mort.

Marie Noël (1883-1967) de son vrai nom Marie Rouget, la « Muse d'Auxerre », vécut loin des tumultes de la vie parisienne. Elle reçut le grand prix de l'Académie française en 1962. Certaines de ses œuvres ont été mises en musique.

Henri Vincenot (1912-1985), né et mort à Dijon, ayant vécu à Commarin, évoque avec tendresse la vie des paysans bourguignons dans ses chroniques terriennes que sont *Le Pape des escargots* et *La Billebaude.*

L'historien Georges Duby (1919-1996) recherche dans le Mâconnais, près de Cluny, les traces des Français de l'an mil. Disciple de la « Nouvelle Histoire », il s'intéresse aux mentalités et aux idées, sans renoncer à l'histoire événementielle.

Né en 1951 au Creusot, Christian Bobin (*Le Très-Bas, La Plus que vive, Une petite robe de fête*...), chroniqueur de l'instant qui enseigne à savourer la vie, étonne le microcosme de l'édition parisienne en caracolant en tête des ventes, tout en continuant à vivre et écrire au Creusot. Pourtant, il dit de sa terre natale : « *Mon pays est minuscule, il a 21 centimètres de large sur 29,7 centimètres de haut. Ma région est la page blanche et elle seule. C'est un beau pays couvert de neige toute l'année et parfois traversé de pluies d'encre.* »

Né à Mâcon, Alphonse de Lamartine ne cacha jamais son attachement à la Bourgogne.

Christian Bobin continue à vivre et à écrire au Creusot tout en caracolant en tête des ventes.

... EN BOURGOGNE

Les vignobles

Le nom de « Bourgogne » est pour tous les gourmets synonyme de vignoble et de bon vin...

■ Le nom de Bourgogne est, pour tous les gourmets, synonyme de bon vin. Son vignoble est l'un des plus beaux du monde, et sa renommée s'appuie sur un savoir-faire millénaire lié à une solide tradition gastronomique.

Le vin de Bourgogne dans l'Histoire

La culture de la vigne se généralise dans le sillage de la conquête romaine. Très vite, le vin de Bourgogne acquiert ses titres de noblesse ; les préfets de la Séquanaise l'apprécient, ce que rappelle aujourd'hui la dénomination du clos de la Romanée.
Les Burgondes ne sont pas en reste ; leur roi Gontran, converti au christianisme, donne ainsi ses vignes dijonnaises à l'abbé de Saint-Bénigne. Depuis, les échanges de vins (à la fois marque de richesse et substance d'ordre spirituel), de vignes et de services se sont perpétués. Autorisés par la règle à boire un peu de vin, les moines de Cîteaux développent le vignoble au XIIe siècle et constituent le célèbre clos de Vougeot. En plantant du chardonnay blanc dans la région de Pontigny, ils « inventent » le chablis.
En 1359, Jean de Bussières, abbé de Cîteaux, offre au pape Grégoire XI trente pièces de sa récolte du clos de Vougeot. Le Saint-Père promet de se souvenir d'un tel présent. Quatre ans plus tard, il le nomme cardinal. C'est l'abbé Courtépée qui rapporte cette anecdote, quelques années avant la « confiscation » du clos et l'interdiction de l'ordre cistercien par la Révolution.
Les ducs de Bourgogne s'intitulent « princes des meilleurs vins de la chrétienté » et font présent de leur vin aux rois. Charles le Téméraire

« Les Vendanges et le transport du raisin », enluminure du XVe siècle tirée du « Livre d'heures de la duchesse de Bourgogne » ; Chantilly, musée Condé

VOYAGE...

Le clos de Vougeot, vignoble de Côte d'Or ; gravure du XIXe siècle ; Paris, B. N.

LES VINS EN BOURGOGNE

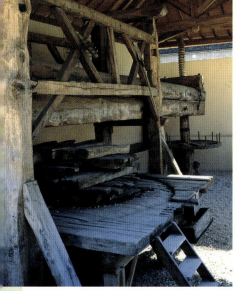

Ancien pressoir en bois du XIIe siècle à Chablis.

en offre même à son pire ennemi, le fourbe Louis XI, qui apprécie en particulier le volnay. Philippe Auguste, déjà, avait fait venir un baril de Beaune, « vin de riche gent », avant d'affronter Jean sans Peur et ses alliés à Bouvines (1214).

On sait que le Roi-Soleil prolongeait ses jours avec les vins de Nuits, que la Pompadour raffolait de la romanée-conti (son abbé, le libertin cardinal de Bernis, célébrait pour sa part la messe avec du meursault) et que Napoléon Ier avait un faible pour le corsé chambertin. Au sujet de ce dernier cru, Alexandre Dumas dira par la bouche d'Athos que « rien ne projette sur l'avenir une teinte plus rose ».

Au XVIIIe siècle s'organise le commerce des vins : à Beaune, puis à Nuits-Saint-Georges et à Dijon s'ouvrent des maisons de négociants qui envoient dans le royaume et en pays étrangers (Angleterre, Belgique, Scandinavie, Suisse, Prusse, Amérique) des représentants chargés d'ouvrir de nouveaux marchés aux vins de Bourgogne. Au cours du XIXe siècle, les échanges internationaux s'étant fort développés, l'Amérique exporte un ennemi de la vigne, le phylloxéra, un insecte qui fait son apparition dans le département du Gard en 1863. Signalé à Meursault en 1878, il ravage en peu de temps tout le vignoble bourguignon, provoquant la ruine de la population viticole. Heureusement, la greffe de plants français sur des porte-greffes américains immunisés permet de reconstituer la vigne. On en profite pour ne conserver que les meilleurs terroirs, ce qui garantit la qualité des crus.

La vigne dans le paysage

Quelque 26 500 ha de vignobles, répartis sur les 4 départements, produisent 101 AOC, ou vins à appellation contrôlée, le dernier en date étant le tonnerre blanc. La production moyenne annuelle de vins fins est d'environ 1 500 000 hl (soit 200 millions de bouteilles), dont près de 50 % partent à l'export dans 140 pays.

Dans l'Yonne, la région de Chablis offre d'excellents vins blancs, secs et légers, dont de grands crus issus des collines au nord du village (à déguster dans l'ambiance médiévale de l'Obédiencerie du domaine Laroche), et les coteaux de l'Auxerrois des vins blancs,

... EN BOURGOGNE

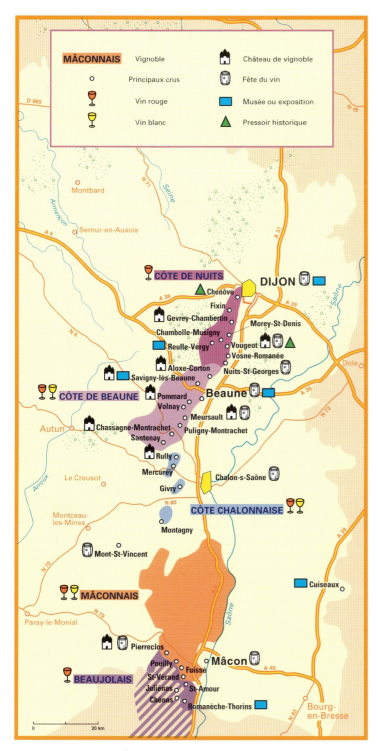

Irancy produit les vins rouges et rosés les plus réputés du vignoble auxerrois.

Les caves de la Côte recèlent des trésors : les plus grands crus de Bourgogne...

rosés et rouges (irancy et coulanges-la-vineuse). Pouilly-sur-Loire, dans la Nièvre, fournit des vins blancs très réputés (pouilly-fumé) au goût de pierre à fusil, qui les apparente aux vins de Sancerre, leurs proches voisins. Tous deux sont issus de cépage sauvignon.
Dans la Côte-d'Or se déploie, de Dijon à Santenay, le plus prestigieux des vignobles, aux 32 grands crus (voir La Côte).
La côte de Nuits engendre presque exclusivement de très grands vins rouges, dont les plus célèbres sont produits dans les communes de Gevrey-Chambertin, Morey-Saint-Denis, Chambolle-Musigny, Vougeot, Vosne-Romanée, Nuits-Saint-Georges.
La côte de Beaune présente à la fois une gamme de grands vins

VOYAGE...

rouges, à Aloxe-Corton, Savigny-lès-Beaune, Pommard, Volnay, et des sommités en vins blancs : corton-charlemagne, meursault, puligny-montrachet, chassagne-montrachet, ainsi que pernand-vergelesses, ladoix ou savigny-lès-beaune.

En Saône-et-Loire, dans la région de Mercurey (Côte chalonnaise), on goûte des vins rouges de qualité (givry, rully), mais surtout des vins blancs (rully, montagny), tandis que le Mâconnais *(voir schéma à Mâcon)* s'enorgueillit de son pouilly-fuissé, vin blanc de grande classe, aux arômes d'amande et de noisette.

On a coutume d'intégrer l'appellation « Beaujolais » dans les vins de Bourgogne ; cependant, il ne s'en produit qu'une minorité dans les limites départementales, dont quatre fameux crus : saint-amour, juliénas, chénas et moulin-à-vent.

Au Hameau du vin, à Romanèche-Thorins *(voir ce nom)*, on peut non seulement les déguster, mais aussi découvrir leur cycle de production. Cette partie du Mâconnais, au sol granitique chargé de manganèse, porte le nom de « haut Beaujolais ».

À Romanèche-Thorins, au Hameau du vin, on peut découvrir le cycle de production du prestigieux breuvage.

Les ferments de la grâce

La qualité d'un vin dépend à la fois du cépage, du terroir, du climat et du travail de l'homme.

Le cépage

Depuis fort longtemps, le plant noble produisant tous les grands vins rouges de la Bourgogne est le pinot noir. Spécifiquement bourguignon, ce cépage, qui aime les sols argilo-calcaires, a été implanté avec succès en Suisse et même en Afrique du Sud, dans la région du

Il est temps de ramasser les raisins arrivés à maturité : les vendanges font partie des grands travaux collectifs saisonniers.

... EN BOURGOGNE

Cap. Il était déjà fort prisé à l'époque des grands-ducs, puisqu'une ordonnance prise en 1395 par Philippe le Hardi le défendait contre le « gamay déloyal » (le gamay convient mieux en Beaujolais). Le jus du pinot noir est incolore et une vinification spéciale permet de produire le vin de Champagne. Il est à noter qu'un pied de vigne peut produire du raisin pendant un siècle, et qu'il doit avoir au moins vingt ans pour fournir un grand vin.

Le chardonnay, appelé aussi « aubaine », est aux vins blancs ce que le pinot noir est aux vins rouges. Il donne naissance aux magnifiques vins blancs de la côte de Beaune (montrachet, meursault), aux crus réputés de la Côte chalonnaise (rully), du Mâconnais (pouilly-fuissé), dont c'est le terrain de prédilection, ainsi qu'aux vins de Chablis (le plant étant connu dans la région, en dépit de son origine cistercienne, sous le nom de « Beaunois »).

L'aligoté, cultivé en Bourgogne depuis très longtemps, produit un vin blanc vif, répandu dans les terres ne convenant ni au pinot ni au chardonnay. Il est souvent consommé en mélange avec la crème de cassis.

Le terroir

C'est dans les sols cailloteux et secs des coteaux, laissant filtrer l'eau et s'échauffant facilement, que la vigne se plaît le mieux. En Bourgogne, malgré la diversité des sols, il existe une certaine unité géologique. Les terrains calcaires, sur les escarpements de faille, donnent des vins bouquetés, forts en alcool et de longue conservation (côte-de-nuits, côte-de-beaune), les terrains composés de silice, de calcaire et d'argile des vins minéraux, aromatiques (chablis, qui se déploie sur une couche d'huîtres fossiles).

Le climat

Synonyme de lieu-dit en Bourgogne, le « climat » est le critère de reconnaissance en AOC, alors que c'est le cépage en Alsace, la propriété-château en Bordelais, et la marque en Champagne. Le vignoble bourguignon est généralement étagé sur des coteaux dont l'altitude varie entre 200 et 500 m. Dans chaque village, le vignoble est divisé en « climats ». Le nom des climats les mieux situés, c'est-à-dire devant produire les meilleurs vins, a le privilège d'être accolé au nom du village, par exemple « Beaune-Clos des Mouches ». Parmi ces climats, certains sont renommés depuis longtemps et leur nom seul suffit à les désigner : chambertin, musigny, clos-de-vougeot, riche-bourg, etc.

Le travail dans la durée

La vigne sans l'homme n'est rien – ou plutôt demeure à l'état de liane. D'où l'importance de l'entretien et de sa mise en valeur par le viticulteur qui la taille, l'effeuille, la protège du gel, la palisse, travaille la terre et maîtrise la vendange, avant d'assurer la vinification et d'élever le vin

Y a-t-il une crise dans le monde du vin ?

Les années se suivent et ne se ressemblent pas, comme dit la sagesse populaire. Elles peuvent donner des vins très différents. Les derniers meilleurs millésimes sont 1999, 2002, 2003 et 2005. Cette dernière année serait même exceptionnelle… Et cela tombe bien, car, depuis quelques temps, le monde du vin traverse une crise, liée à la crise économique mondiale, mais aussi à la forte baisse de la consommation en France. Toutefois, la filière demeure optimiste, grâce à une bonne exportation de ses vins aux États-Unis (2005) – où nos bouteilles sont bien appréciées, comme cela apparaît dans les films Sideways et Mondovino. Au Royaume-Uni, comme dans les pays nordiques, le vin de Bourgogne se porte bien et tendrait même à remplacer la bière.

Depuis longtemps, le plant noble produisant tous les grands vins rouges de la Bourgogne est le pinot noir.

La Bourgogne gourmande

■ Attachée à son terroir et cultivant l'art de vivre, la Bourgogne se définit par une gastronomie qui a du caractère. Nulle part ailleurs, on ne trouve escargots, cuisses de grenouilles, œufs en meurette, andouillettes à la moutarde de Dijon, époisses, soumaintrain, nonnettes et négus... Auberges de campagne et établissements renommés mettent en valeur ces bons produits. Le plaisir du voyage est là, avec du vin de Bourgogne, bien sûr !

Les produits du terroir

Heureuse province, la Bourgogne dispose de riches pâtures pour les troupeaux de bœufs charolais et de moutons, que l'on voit dans les prés du Morvan à la Bresse, et qui fournissent d'excellentes viandes. Elle possède aussi des champs céréaliers réservés aux volailles de Bresse, élevées en liberté dans la campagne riche en herbe. Les innombrables rivières, lacs et torrents abritent tanches, brochets et sandres, truites, ainsi qu'ablettes, loches et goujons.

L'Auxerrois fournit des cerises marmottes, des escargots et des cornichons, tandis que le pays d'Othe produit des pommes à cidre, le val de Saône des oignons, l'Auxois des prunes et pruneaux (à Vitteaux). Et dans chacun des départements, des vins à goûter lors de la Saint-Vincent tournante, par exemple.

D'origine quelquefois bénédictine, la fabrication de fromages donne, dans le nord de la région, des « pâtes molles », soumaintrain et époisses, tous deux au ton ocre, ce dernier très coulant et très fort, à la croûte lavée au marc (l'une des 42 AOC en France), et le non affiné saint-florentin, commercialisé depuis le XVIIIe siècle dans l'Auxerrois. Dans le Sud sont produits surtout des fromages de chèvre : le bouton-de-culotte, un chèvreton haut de 3 cm, le charolais et le mâconnais, également coniques. L'abbaye de Cîteaux produit un fromage de lait de vache à pâte pressée non cuite, connu sous le nom de « trappiste », et celle de la Pierre-qui-Vire un fromage frais aux herbes à base de lait de vache.

Ce fromage de caractère, l'époisses, bénéficie d'une A.O.C.

La science culinaire

À l'image du terroir, la cuisine en Bourgogne est riche et généreuse. Point de prétention dans ses élaborations, elle se façonne avec les produits que lui donne sa terre et nourrit les bons vivants comme les amateurs de cuisine raffinée. Notez que l'un des plus anciens livres de recettes, le *Cuisinier françois,* fut rédigé par François Pierre, dit La Varenne (Dijon 1618-1678), écuyer de cuisine du marquis du Blé d'Uxelles à Cormatin *(voir ce nom)*, au milieu du XVIIe siècle. Cet ouvrage révolutionna l'art culinaire : La Varenne le codifia et nous laissa parmi ses inventions la recette de la « duxelles ».

Le vin joue un rôle de premier plan dans nombre de recettes. Parmi les plus célèbres, il faut citer les meurettes, matelotes au vin rouge aromatisé et épicé, auxquelles on incorpore lardons, petits oignons et champignons, et qui agrémentent les poissons, les œufs pochés et les volailles. Et le grand classique bœuf bourguignon, plat familial et traditionnel (le collier de bœuf, découpé en cubes, mijote longuement dans du vin rouge, avec des oignons et des lardons), dont la saveur est rehaussée par un bon cru régional, par exemple un irancy ; ce plat gagne à être consommé réchauffé, après que la viande s'est bien imbibée de la sauce : elle fond alors sous la langue. Il ne faut pas oublier le coq au vin, souvent présenté comme étant « au chambertin »...

Le coq au vin est souvent présenté comme étant « au chambertin ».

... EN BOURGOGNE

La Bourgogne est connue aussi pour ses charcuteries, notamment ses jambons, tels que le saupiquet du Morvan et le jambon à la chablisienne, qui sont servis chauds avec une sauce à base de vin blanc, additionné de crème, tout comme les andouillettes.

À Dijon, les spécialités sont toutes un régal : le jambon persillé (les morceaux maigres sont pris dans une gelée de volaille très persillée) ; le poulet Gaston-Gérard (du nom d'un maire de la ville). La moutarde de Dijon est celle que les Européens consomment le plus. Très répandue en Bourgogne dès le Moyen Âge, elle fut pour Rabelais *« ce baume naturel et réparant l'andouille »*. On prépare ainsi le lapin « à la dijonnaise » (à la moutarde). Il y a aussi le pain d'épice, fait avec du seigle, du miel et de l'anis, qui se présente soit sec, sous forme de pavé, soit moelleux, rond, fourré de marmelade, recouvert d'un glaçage ou décoré de fruits confits et enveloppé d'un papier d'argent : c'est une vraie friandise qui porte le nom de nonnette parce que faite autrefois par les nonnes, dans les couvents. Le cassis, pour sa part, entre dans la préparation de bonbons, les cassissines, de gelées, de confitures, de jus de fruits et surtout de la liqueur dite « crème de cassis » (AOC cassis de Dijon), commercialisée depuis un siècle et demi par Lejay-Lagoute.

Les gourmets sont gâtés en Bresse. Parmi les recettes locales, signalons le gratin de queues d'écrevisses, préparé dans une sauce Nantua (beurre d'écrevisse et crème fraîche), les cuisses de grenouilles sautées avec une persillade, le poulet à la crème et aux morilles et le gâteau de foies blonds (œufs, crème et foies de volaille).

Un tendre couple de bergers accompagne les boîtes d'anis de Flavigny...

Spécialité bourguignonne : les escargots.

VOYAGE...

La carte des spécialités

En entrée sont proposées les gougères, bouchées soufflées de pâte à chou au gruyère, que l'on consomme tièdes, et les œufs en meurette. Parmi les plats de poissons sont inscrits au menu la pochouse, une matelote cuisinée avec des poissons d'eau douce et mouillée au vin blanc, la meurette de poisson, les brochets braisés ou en quenelles, les salades aux écrevisses et les fritures de goujons. Dans la rubrique des viandes, dégustez l'excellent charolais – tendre, fin, goûteux – poêlé avec des champignons, la potée bourguignonne, à base de palette et de jarret de porc, de chou, carottes, navets, et pommes de terre, les poulardes de Bresse, les pigeonneaux rôtis, et, en saison, les colverts de la Dombes, le lièvre à la Piron, le chevreuil aux baies de cassis. Les fromages de chèvre ou de vache peuvent être « nature », affinés au marc de Bourgogne, comme l'époisses et la cabriotte, ou encore accompagnés d'herbes aromatiques, comme les faisselles. Au registre des sucreries, le péché de gourmandise peut se prolonger en fin de repas avec la flamousse, les cacous aux cerises, les tartouillats, les gaufrettes mâconnaises et tous les desserts à base de fruits rouges, tels les flans au cassis ou les sorbets. Et pour un petit goût de sucré supplémentaire, goûtez les pralines de Montargis, les anis de Flavigny, les nougatines et les négus de Nevers.

Le vin

Le repas débute par un moment de convivialité : l'apéritif. Sur ce chapitre, l'ambassadeur de Bourgogne s'appelle le kir – du nom du chanoine qui fut maire de Dijon de 1945 à 1968. Pour le réussir, il convient de prendre une liqueur de cassis peu alcoolisée, c'est-à-dire à 16°, car il faut équilibrer le sucre de la liqueur avec l'acidité du vin blanc aligoté en respectant la proportion : 1/5 de liqueur et 4/5 de vin. La recette du kir royal est la même, mais le vin pétillant (de préférence un crémant de Bourgogne ou un champagne) remplace le vin blanc. Ensuite, il s'agit de choisir les vins adaptés aux mets qu'ils vont accompagner.

– Avec des fruits de mer ou poissons : chablis, meursault, pouilly-fuissé, mâcon ou autres vins blancs secs servis frais et non frappés (12-14 °C) ; le puligny-montrachet accorde parfaitement ses arômes de fleurs, telles que l'aubépine, et d'amande fraîche aux poissons et fruits de mer finement cuisinés ; pour atténuer le gras du saumon fumé, un simple aligoté convient très bien.

– Avec les volailles, les viandes blanches et les plats légers : côtes-de-beaune, mercurey (qui se marie bien avec le bœuf bourguignon), beaujolais ou autres vins rouges légers servis à la température de la cave (15-16 °C).

– Avec gibier, viandes rouges, cèpes et fromages : chambertin, chambolle-musigny, côtes-de-nuits, pommard et autres vins rouges corsés servis chambrés (16-18°) ; avec les chèvres secs, ne pas hésiter à déboucher une bouteille de blanc tel qu'un pouilly-fumé délivrant ses arômes de bois brûlé et de végétaux.

Même s'ils n'ont pas l'exceptionnelle longévité du vin jaune du Jura, les vins de Bourgogne vieillissent assez bien et atteignent leur apogée après quelques années ; le temps de garde conseillé est le plus souvent de 5 à 7 ans, mais il va de 8 à 10 ans pour les grands vins blancs et de 10 à 15 ans pour les grands vins rouges. Le vieillissement est variable selon les conditions de stockage, qui doivent respecter certaines règles : lieu sombre et aéré, sans vibration, à la température stable de 11 à 14° environ, au sol de terre battue couvert de graviers, et dont l'hygrométrie se situe entre 70 et 80 %. Précisons pour finir que les bourgognes rouges, moins tanniques que les bordeaux, ne demandent pas à être décantés avant le service.

Avec le café, les agapes se termineront agréablement sur une fine ou un marc de Bourgogne. Cet alcool ambré et charpenté est produit par la distillation des marcs de raisin – peaux et pépin – et vieilli en fûts de chêne.

La truffe de Bourgogne

Très prisé au XIXe siècle, le Tuber uncinatum ou « truffe de Bourgogne », faisait même concurrence à sa cousine périgourdine, avec une production de 78 tonnes par an en 1900. Tombée dans l'oubli après la Première Guerre mondiale, la truffe bénéficie d'un regain d'intérêt depuis les années 1990. Ce champignon, issu d'un mycelium qui vit en association avec les racines des arbres, est noir à l'extérieur, brun foncé veiné de blanc à l'intérieur ; il est récolté avec l'aide d'un chien ou d'un porc, du mois de septembre au mois de janvier, selon un arrêté préfectoral. Cette truffe a un goût de noisette et une chair croquante : elle se consomme fraîche, émincée très finement au moment de la servir. Elle se marie bien à une poularde de Bresse. On peut en acheter en décembre au marché de Noyers-sur-Serein.

Avec des fruits de mer ou du poisson, choisissez un chablis...

...EN BOURGOGNE

Le clos de Vougeot est un vignoble célébrissime ; prononcer son nom est déjà une fête...

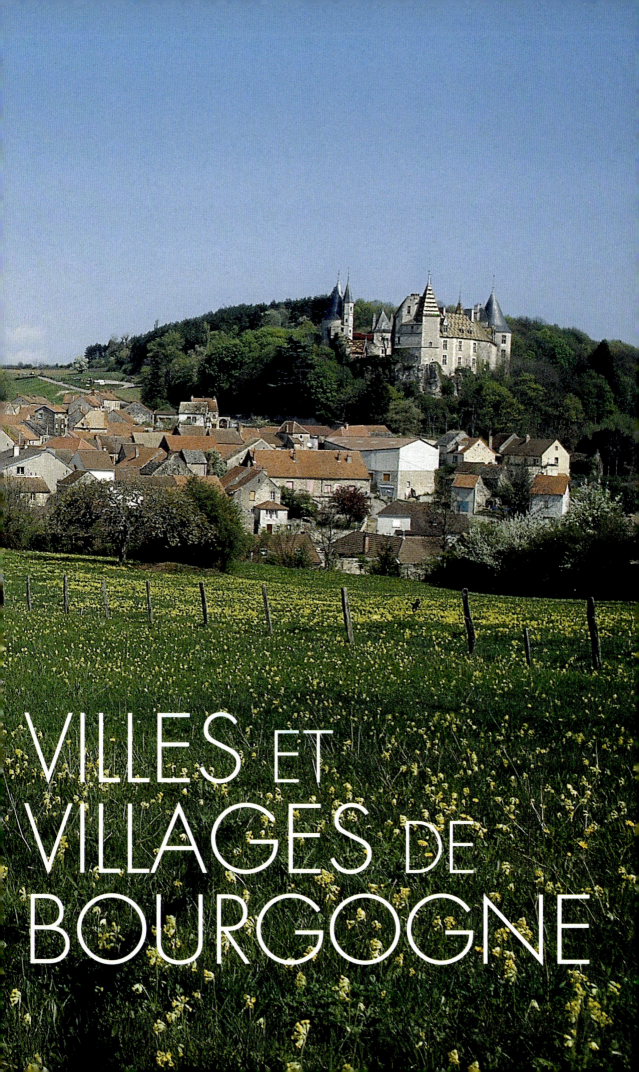

VILLES ET VILLAGES DE BOURGOGNE

Bien des vestiges attestent de la puissance passée d'Autun, « sœur et émule de Rome ».

ALISE-SAINTE-REINE

AB

ALISE-SAINTE-REINE

■ La recherche de vestiges de la lutte qui mit aux prises César et Vercingétorix anime ce village depuis plus d'un siècle. Photos aériennes, fouilles interminables, thèses savantes... rien n'a été oublié dans cette longue quête. Si, au XIXe siècle, il s'agissait de prouver que le site était bien celui de la bataille d'Alésia, les milliers de clichés aériens et les grandes campagnes de fouilles de la seconde moitié du XXe siècle ont dissipé les doutes. Désormais, archéologues et historiens sont confrontés à un nouveau défi : comment lire dans un paysage rural grandement préservé les épisodes mythiques de cette bataille décisive de la guerre des Gaules ?

LES GENS

674 Alisiens. Un jeune cultivateur d'Alise, Victor Pernet, a dirigé avec une compétence incroyable les recherches ordonnées par Napoléon III. Il était assisté par de nombreux paysans recrutés pour leur connaissance du terrain.

Le nom
Alise-Sainte-Reine tire son nom d'Alésia, cité dont les origines gauloises furent très controversées et du souvenir d'une jeune chrétienne martyrisée, dit-on, en cet endroit au IIIe siècle (sa fête, en septembre, attire les pèlerins).

comprendre

DÉBAT POUR UNE GRANDE DÉFAITE

Le siège d'Alésia – Après son échec devant Gergovie, fief des Arvernes, près de Clermont-Ferrand au printemps 52 av. J.-C., le proconsul César bat en retraite vers le nord, afin de rallier, près de Sens, les légions de son lieutenant Labienus. Cette jonction opérée, et alors qu'il regagnait ses bases romaines, sa route est coupée par l'armée gauloise de Vercingétorix. Vercingétorix n'est pas un patronyme et signifie littéralement « le chef suprême des combattants », le terme *rix* désignant le roi *(voir mont Beuvray)*.
Malgré l'effet de surprise et l'avantage du nombre, les Gaulois subissent un cuisant échec et le chasseur devenu chassé décide de ramener ses troupes dans l'oppidum d'Alésia. Commence alors un siège mémorable. Maniant la pelle et la pioche, l'armée de César (50 000 hommes) entoure la place d'une double ligne de tranchées, murs, palissades, tours ; la contrevallation, première ligne de fortifications, face à Alésia, doit interdire toute tentative de sortie des assiégés, la seconde,

À Alésia se déroula l'ultime combat entre César et Vercingétorix en 52 av. J.-C.

LA BOURGOGNE

la circonvallation, tournée vers l'extérieur, est faite pour contenir les assauts de l'armée gauloise de secours. Pendant six semaines, Vercingétorix essaie en vain de briser les lignes romaines. L'armée gauloise de secours, forte de près de 250 000 guerriers, ne parvient pas davantage à forcer le barrage et bat en retraite. Affamés, les assiégés capitulent. Pour sauver ses soldats, Vercingétorix se livre à son rival. Celui-ci le fera figurer dans son « triomphe » six ans plus tard avant de le faire étrangler au fond de son cachot, le Tullianum, à Rome.

Une « bataille » d'érudits – L'emplacement d'Alésia a été vivement contesté sous le second Empire par quelques érudits qui situaient le lieu du combat à Alaise, village du Doubs. Le botaniste Georges Colomb (1856-1945), originaire de Lure en Haute-Saône, fut un ardent défenseur de cette hypothèse comtoise (il croyait par ailleurs beaucoup en la pédagogie par le dessin ; c'est ainsi qu'il devint Christophe, le spirituel auteur des premières B. D. françaises : *La Famille Fenouillard*, *Le Sapeur Camember* et *L'Idée fixe du savant Cosinus*).

Pour mettre fin à ces controverses politiques, Napoléon III fit exécuter des fouilles autour d'Alise-Sainte-Reine en 1861. Elles furent été dirigées, notamment de 1862 à 1865, par le baron Eugène Stoffel, aide de camp de l'empereur. Ces recherches permirent de découvrir de nombreux vestiges d'ouvrages militaires attribués à l'armée de César, des ossements d'hommes et de chevaux, des armes ou débris d'armes, des meules à grain, des pièces de monnaie. Au terme des fouilles, en 1865, l'érection sur le plateau d'une statue de Vercingétorix n'a pas mis fin aux polémiques. Les fouilles franco-allemandes des années 1990 ont clarifié la situation : pour la communauté archéologique européenne, c'est bien autour du mont Auxois que s'est déroulée la fameuse bataille.

> ### Site historique
> Depuis le 15 février 1985, le lieu de la bataille d'Alésia (7 000 ha) est classé, au titre de la loi du 2 mai 1930, en tant que Site d'intérêt historique et paysager national. Il est adossé au mont Auxois, butte de 407 m aux versants abrupts qui sépare les vallées de l'Oze et de l'Ozerain et domine la plaine des Laumes.

découvrir

LE MONT AUXOIS★

Panorama★
À l'ouest du plateau, à proximité de la colossale statue en bronze de Vercingétorix, œuvre du Bourguignon Millet, le panorama s'étend sur la plaine des Laumes et les sites occupés par l'armée romaine lors du siège d'Alésia ; au loin, la région de Saulieu.

Les fouilles
Au sommet de l'oppidum de 100 ha s'étendait une ville gallo-romaine dont la prospérité semble liée à son importante activité métallurgique. Elle est distribuée en quartiers assez distincts autour du forum. À l'ouest, le quartier monumental regroupe le théâtre (dont le dernier état date du Ier siècle de notre ère), le centre religieux et une basilique civile. Au nord s'étendent un secteur prospère réunissant des boutiques, la grande maison de la « Cave à la Mater » équipée d'un hypocauste (système antique de chauffage par le sol) et la maison corporative des bronziers. Au sud-est, le quartier des artisans présente de petites maisons, souvent accompagnées d'une cour où s'exerçait précisément l'activité artisanale. Au sud-ouest, les vestiges de la basilique mérovingienne Sainte-Reine, entourée seulement d'un cimetière, marquent la fin de l'occupation du plateau par la population, qui s'installe dès lors à l'emplacement du village actuel.

Au terme des fouilles initiées sous Napoléon III, l'érection d'une statue de Vercingétorix sur le plateau n'a pas mis fin aux polémiques.

visiter

Fontaine Sainte-Reine
On rapporte qu'une source miraculeuse aurait jailli sur le lieu où fut

décapitée sainte Reine, jeune fille au teint de rose élevée dans la foi chrétienne qui refusa d'épouser le gouverneur romain Olibrius. Jusqu'au XVIIIe siècle, la vertu curative de ses eaux fut renommée. Près de la fontaine, fréquentée par de nombreux pèlerins depuis le Moyen Âge et encore de nos jours, une chapelle abrite une statue vénérée de la sainte (XVe siècle). L'hôpital à proximité fut créé en 1660 sur les instances de saint Vincent de Paul.

Église Saint-Léger

Cette église des VIIe et Xe siècles, restaurée dans son état primitif, a été construite sur le plan des anciennes basiliques chrétiennes avec une nef couverte en charpente et une abside en cul-de-four. Le mur sud est mérovingien, le mur nord carolingien. Elle accueille le pèlerinage de sainte Reine.

Théâtre des Roches

Il a été créé en 1945, sur le modèle des théâtres antiques, pour accueillir les représentations du *Mystère de sainte Reine*. C'est l'unique mystère encore célébré comme au Moyen Âge et cela depuis l'an 866 !

Le chanoine Kir a marqué sa région, d'où cette statue à son effigie dans une niche de l'église Saint-Léger.

CHÂTEAU ** D'ANCY-LE-FRANC

■ Situé sur les bords de l'Armançon et du canal de Bourgogne, ce superbe palais Renaissance reste, en dépit de maints aléas, l'une des plus belles demeures de la région. Son aspect épuré, presque austère, est trompeur : il ne présage ni du raffinement de la cour intérieure, ni des superbes décors peints des appartements.

comprendre

Un palais au bois dormant – Gouverneur du Dauphiné et époux d'Anne-Françoise de Poitiers, sœur de Diane, Antoine III de Clermont fit construire Ancy en 1546 sur les plans de Sebastiano Serlio. Le talent de cet architecte bolonais, venu à la cour de François Ier, joua un grand rôle dans l'introduction des principes de la Renaissance italienne en France. Les travaux seront terminés cinquante ans plus tard par Jacques Ier Androuet Du Cerceau. En 1684, le domaine est vendu à Louvois. Au milieu du XIXe siècle, la famille de Clermont-Tonnerre en redevient propriétaire ; à la mort du dernier duc (1940), le château passe à ses neveux, les princes de Mérode. En 1980, la propriété est cédée et l'opulent mobilier vendu aux enchères. Après 1985, le château vivra une période noire, avant son rachat, en 1999, par la société Paris Investir, qui le restaure avec brio.

LES GENS

La ville fut achetée en 1342 par le duc de Bourgogne Eudes IV et vit naître en 1510 Jean Bonaventure (dit Des Périers). Ce dernier, littérateur dont les contes satiriques firent l'unanimité contre lui et provoquèrent sa disgrâce, fut secrétaire de Marguerite de Navarre.

découvrir

LE CHÂTEAU

Extérieur

Formé par quatre ailes en apparence identiques reliées par des pavillons d'angle (inspirés de Bramante), le château constitue un

Le château constitue un ensemble carré d'une parfaite homogénéité.

LA BOURGOGNE

ensemble carré d'une parfaite homogénéité. Cette architecture est le premier modèle de la Renaissance classique en France ; les côtés nord et sud comportent une longue galerie ouvrant par trois arcades. Serlio y utilise la travée rythmique (alternance d'arcades et de niches créant un temps fort entre deux temps faibles).

Intérieur
La somptueuse décoration murale intérieure, exécutée en plusieurs campagnes au milieu du XVIe siècle, fut confiée à des artistes régionaux ainsi qu'à des élèves du Primatice et de Nicolo dell'Abate (seconde école de Fontainebleau).

Rez-de-chaussée – Il abrite la salle de Diane (*Diane surprise au bain par Actéon*), dont les voûtes, d'inspiration italienne, datent de 1578 et, de l'autre côté de la cour, les monumentales cuisines.

1er étage – Il abrite la chapelle Sainte-Cécile. Les peintures en trompe l'œil, ayant pour thème les Pères du désert, sont l'œuvre d'André Ménassier, un artiste bourguignon de la fin du XVIe siècle. L'imposante salle des Gardes (200 m²) fut spécialement décorée pour accueillir Henri III qui, cependant, ne séjourna jamais au château. Quant à la bibliothèque, elle compte quelque 3 000 volumes. Les murs de la chambre de Judith sont ornés de neuf tableaux maniéristes de très belle qualité (fin XVIe siècle) qui racontent l'histoire de Judith. La chambre des Arts, dont le décor dû à Nicolo dell'Abate illustre les arts libéraux, puis la charmante chambre des Fleurs, qui donne sur le parc, retiennent l'attention.

LE BOURG
Musée de la Faïencerie
L'office de tourisme expose, dans quelques salles, les faïences qui furent produites dans les anciennes dépendances du château, à la fin du XVIIe et au début du XIXe siècle.

Gratitude papale
Entre les pilastres du rez-de-chaussée, la devise des Clermont-Tonnerre, Si omnes ego non *(« Si tous [t'ont renié], moi pas »), rappelle qu'au XIIe siècle le comte Sibaut de Clermont aida à rétablir sur le siège de saint Pierre le pape bourguignon Calixte II, élu à Cluny lors de la querelle des Investitures. Reconnaissant, le pape fit l'honneur à Sibaut de pouvoir porter sur les armes familiales la tiare et les clefs pontificales.*

On admire à l'intérieur du château sa somptueuse décoration murale.

ARNAY-LE-DUC

■ Cette petite ville ancienne, aux toits pointus qui dominent la vallée de l'Arroux, est une étape agréable, que ce soit pour sa baignade aménagée dans l'étang ou sa Maison régionale des arts de la table. Tradition bien bourguignonne, l'art culinaire y est mis à l'honneur, avec la confrérie de la Poule au pot d'Henri IV…

LES GENS
1 829 Arnétois qui mettent un point d'honneur à conserver la tradition de l'art culinaire.

Le nom
Arnay-le-Duc devrait son nom soit à la rivière Arroux, soit au dieu gaulois Arnos.

se promener

De nombreuses maisons anciennes embellissent la ville comme la maison de Bourgogne par exemple.

Église Saint-Laurent
Elle date des XVe et XVIe siècles. Un vestibule avec dôme (XVIIIe siècle) précède la nef (XVe siècle) dont la voûte primitive de pierre a été refaite en bois en 1859 en forme de carène renversée. La première chapelle à gauche possède un intéressant plafond Renaissance à caissons et un saint Michel en bois doré du XVe siècle. Dans la première chapelle à droite, Pietà polychrome du XVIe siècle.

Tour de la Motte-Forte
Derrière le chevet de l'église, cette grosse tour du XVe siècle, couronnée de mâchicoulis, est le seul vestige d'un important château féodal détruit pendant les guerres de Religion.

Maison régionale des Arts de la table
Les anciens hospices Saint-Pierre (XVIIe siècle), rénovés, présentent chaque année une nouvelle exposition sur un thème culinaire lié à l'histoire de la table et de la gourmandise.

La maison de Bourgogne date de la fin du Moyen Âge.

alentours

Bard-le-Régulier
Le hameau est doté d'une église, qui appartenait à un prieuré de chanoines augustins, surmontée d'une élégante tour octogonale, de style oriental. Le sol présente la particularité de s'élever par trois fois jusqu'à l'autel, pour racheter une déclivité accentuée. L'église renferme, en plus d'un gisant du XIIIe siècle, quelques statues des XVe, XVIe et XVIIe siècles dont une, très élaborée, de saint Jean l'Évangéliste, en pierre (fin XVe siècle), et surtout de riches et plaisantes stalles, dont le caractère grotesque de certaines figures ne manque pas d'amuser. Sculptées à la fin du XIVe siècle, distribuées sur quatre rangs dans la dernière travée précédant le chœur, elles sont au nombre d'une trentaine.
Signal de Bard – Au signal (554 m), belle vue étendue, au nord-est sur l'Auxois, au sud-ouest sur le Morvan.

Église de Manlay
Église fortifiée du XIVe siècle. Sa façade est flanquée de deux tours rondes percées de meurtrières et son chœur est situé dans un donjon carré.

Dans l'église de Bard-le-Régulier, les stalles sculptées présentent des figures originales au caractère parfois grotesque

LA BOURGOGNE

AUTUN

■ « Sœur et émule de Rome » : ces mots gravés sur la façade de l'hôtel de ville peuvent paraître exagérés et pourtant, un théâtre de 20 000 places, le plus grand de Gaule, l'imposant temple de Janus, des portes monumentales et bien d'autres vestiges attestent sa puissance passée. La beauté de son cadre, les rues médiévales, les sculptures de la cathédrale et la richesse de ses musées ne manquent pas de séduire ses visiteurs. De plus, la cité a développé une industrie du meuble réputée grâce aux forêts de l'Autunois, où dominent les hêtres.

LES GENS
16 419 Autunois, tous fiers de leur grand artiste mythique, Gislebertus. Ce sculpteur audacieux est en effet l'auteur du tympan de la cathédrale et de la fameuse Tentation d'Ève conservée au musée Rolin.

Le nom
Autun provient de la contraction d'*Augustodunum*, terme gallo-romain qui signalait la ville fortifiée d'Auguste, fondée au Ier siècle avant J.-C. pour remplacer la capitale éduenne de Bibracte.

comprendre

DEUX ÉPOQUES GLORIEUSES

La Rome des Gaules – En 21, l'Éduen Sacrovir se révolte : il est écrasé près d'Autun par l'armée de Silius (Germanie). La grande route commerciale et stratégique Lyon-Boulogne, sur laquelle la ville avait été construite, assure sa fortune. Extraordinaire pôle de romanisation, Autun eut cependant à subir dès le IIIe siècle de désastreuses invasions. Il ne reste aujourd'hui de l'enceinte fortifiée et des nombreux monuments publics de l'époque que deux portes et les vestiges d'un théâtre.

Le siècle des Rolin – La ville connaît au Moyen Âge un regain de prospérité. Elle le doit en grande partie au rôle joué par les Rolin. Né à Autun en 1376 dans l'hôtel qui porte son nom, Nicolas Rolin devient l'un des avocats les plus célèbres de son temps. Habile négociateur attaché à Jean sans Peur, il reçoit de Philippe le Bon la charge de chancelier de Bourgogne et participe aux démarches qui aboutissent à l'arrestation de Jeanne d'Arc. Beaune et Autun témoignent de l'ampleur de son mécénat. Parvenu au faîte des honneurs et des richesses, il fonda l'hôtel-Dieu de Beaune. Nicolas Rolin fit construire à Autun la collégiale Notre-Dame. Il mourut à Autun en 1461 et y fut inhumé. L'un de ses fils, le cardinal Rolin, devenu évêque d'Autun, fit de la ville un grand centre religieux. De cette époque datent l'achèvement de la cathédrale Saint-Lazare, l'édification de remparts au sud de la cité et la construction de nombreux hôtels particuliers.

La situation stratégique d'Autun lui a toujours assuré richesse et prospérité.

se promener

LA VILLE HAUTE

Lycée Bonaparte
Ancien collège de jésuites, construit en 1709, il termine noblement le « Champ » (c'est ainsi que les Autunois appellent la place). Ses grilles, forgées en 1772, sont rehaussées de motifs dorés : médaillons, mappemondes, astrolabes, lyres.
Sur la gauche, l'église Notre-Dame, du XVIIe siècle, servit de chapelle à ce collège qui abrita le fantasque comte de Bussy-Rabutin, puis Napoléon, Joseph et Lucien Bonaparte. Napoléon n'y resta que quelques mois en 1779, avant d'entrer à l'école de Brienne.

Le lycée Bonaparte a accueilli pendant quelques mois le futur empereur.

AUTUN

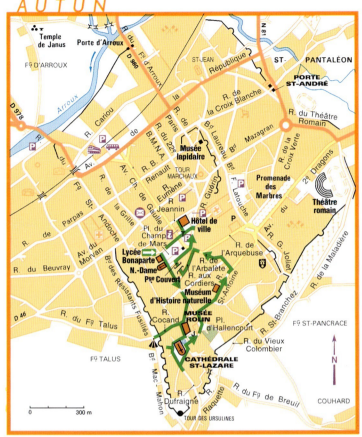

Itinéraire de visite conseillé

Les deux tiers des 6 km de remparts qui entouraient la ville à l'époque gallo-romaine sont encore visibles.

Les remparts
À hauteur du boulevard des Résistants-Fusillés, bel aperçu de la portion la mieux conservée des remparts gallo-romains.

Hôtel de ville
Il abrite une importante bibliothèque contenant une riche collection de manuscrits et d'incunables.

visiter

Cathédrale Saint-Lazare★★
Afin de rivaliser avec la basilique de son diocèse, Sainte-Madeleine de Vézelay, l'évêque Étienne de Bâgé décide, en 1120, de créer un lieu de pèlerinage à Autun. Les reliques de saint Lazare, alors abritées dans la cathédrale Saint-Nazaire, feront l'objet du culte. Consacrée en 1130 par le pape Innocent II, la nouvelle cathédrale est rapidement achevée, en 1146. Extérieurement, l'édifice a perdu son caractère roman : le clocher, frappé par la foudre en 1469, est reconstruit et surmonté d'une flèche gothique. La partie supérieure du chœur et les chapelles du bas-côté droit datent aussi du XVe siècle ; celles du bas-côté gauche sont du XVIe siècle. Quant aux deux tours du grand portail, inspirées de celles de Paray-le-Monial, elles ont été édifiées au XIXe siècle à l'occasion d'importants travaux de restauration contrôlés par Viollet-le-Duc. En 1766, l'édifice subit de graves dommages : les chanoines du chapitre détruisent le jubé, le tympan du portail nord et le splendide tombeau de saint Lazare dont il reste fort heureusement de précieux éléments (voir musée Rolin).

Tympan du portail central★★★ – Réalisé entre 1130 et 1135, il compte parmi les chefs-d'œuvre de la sculpture romane. Son auteur,

Le tombeau de saint Lazare dans la cathédrale d'Autun.

LA BOURGOGNE

Réalisé entre 1130 et 1135, le tympan du portail central de la cathédrale compte parmi les chefs-d'œuvre de la sculpture romane.

La cathédrale a perdu son caractère roman du fait de reconstructions gothiques – dont la flèche – au XVᵉ siècle.

Gislebertus, a laissé son nom sur le rebord supérieur du linteau, sous les pieds du Christ. La signature à cet endroit peut laisser penser que Gislebertus fut aussi le maître d'œuvre de l'ensemble de la cathédrale. Sa force créatrice, son sens de la forme et sa puissance expressive se retrouvent dans presque toute la décoration sculptée de Saint-Lazare. Au centre, le Christ en majesté siège dans une mandorle soutenue par quatre anges, dominant toute la scène. La figure humaine, privilégiée par le sujet même du tympan, est traitée avec une extrême diversité.

Intérieur – Les piliers et les voûtes datent de la première moitié du XIIᵉ siècle. Le caractère roman clunisien subsiste malgré de nombreux remaniements. Le chœur adopte la formule paléochrétienne de l'abside flanquée de deux absidioles ; leur voûtement en cul-de-four a disparu à la fin du XVᵉ siècle, lorsque le cardinal Rolin fit percer de hautes fenêtres. Par ailleurs, la présence à Autun d'abondants vestiges antiques explique que se soit généralisé l'usage des pilastres cannelés surmontés de chapiteaux à feuillages à l'ensemble de la galerie haute, conférant ainsi à l'église une grande unité intérieure. Cette majestueuse ordonnance est animée par le décor sculpté des chapiteaux, dont certains seraient dus au ciseau de Gislebertus.

Salle capitulaire – Construite au début du XVIᵉ siècle, elle abrite de beaux chapiteaux (XIIᵉ siècle) en pierre grenée contenant du mica, qui ornaient à l'origine les piliers du chœur et du transept restaurés par Viollet-le-Duc en 1860.

Fontaine Saint-Lazare – Près de la cathédrale, ce charmant édifice Renaissance à coupole et lanternon a été construit en 1543 par le chapitre. Un premier dôme, d'ordre ionique, en supporte un autre plus petit, d'ordre corinthien, coiffé d'un pélican (symbole du sacrifice) dont l'original est au musée Rolin.

Musée Rolin★

Situé à l'emplacement de l'ancien hôtel Rolin, le musée expose ses collections réparties en quatre départements. Le fonds médiéval est présenté dans une aile construite au XVᵉ siècle pour le chancelier Rolin. L'archéologie gallo-romaine, l'Antiquité tardive et le haut Moyen Âge, la peinture européenne à partir du XVIIᵉ siècle et l'histoire régionale se partagent l'hôtel Lacomme attenant. Au rez-de-chaussée de celui-ci, sept salles abritent une abondante collection de pièces gallo-romaines, témoins de la grande richesse d'Augustodunum.

À l'étage sont exposés des peintures, sculptures et meubles de la Renaissance à nos jours. Deux salles abritent des chefs-d'œuvre de la statuaire romane dus, en particulier, à deux grands noms de l'école bourguignonne : Gislebertus et le moine Martin. Celui-ci réalisa en partie le tombeau de saint Lazare : conçu comme une église miniature de 6 m de haut, il s'élevait dans le

AUTUN

chœur de la cathédrale jusqu'à sa destruction en 1766. Il ne reste du groupe de statues qui l'entouraient, illustrant la scène de la résurrection du saint, que les longues et émouvantes figures de saint André et des sœurs de Lazare, Marthe et Marie-Madeleine. Au premier étage sont rassemblées des sculptures des XIVe et XVe siècles provenant des ateliers d'Autun. La salle consacrée aux Rolin renferme la célèbre *Nativité au cardinal Rolin* (1480), œuvre qui trahit la formation flamande du peintre par son extrême minutie d'exécution et ses couleurs froides, mais dont la plastique et la beauté grave sont la marque de la peinture gothique française. La statuaire est représentée par la Vierge d'Autun en pierre polychrome ainsi que par un bel ensemble de sculptures réalisées par des artistes de la cour de Philippe le Bon.

Muséum d'Histoire naturelle
Axé sur l'évolution du bassin d'Autun et du Morvan au cours des grandes ères géologiques, il présente, dans leur contexte d'époque, divers échantillons minéralogiques. Il traite, en particulier, de l'histoire des schistes bitumineux, roches qui, lors de leur traitement par pyrogénation, ont permis la production de 1838 à 1957 d'huile de schiste équivalent au pétrole naturel. Petits et grands apprécient la collection d'oiseaux naturalisés de la Bourgogne actuelle.

Bas-relief « La Tentation d'Ève » au musée Rolin.

découvrir

LA VILLE GALLO-ROMAINE

Théâtre romain
Les vestiges de sa cave à trois étages de gradins permettent de mesurer ce que fut le plus vaste théâtre de Gaule : il peut aujourd'hui recevoir jusqu'à 12 000 spectateurs. On y donne encore des jeux, comme au temps de l'Empire : c'est le Péplum d'Augustodunum. Les fragments lapidaires gallo-romains encastrés dans les murs de la maison du gardien accrochent le regard.

Au théâtre romain, on organise encore des jeux comme au temps de l'Empire !

Promenade des Marbres
Cette large promenade plantée d'arbres doit son nom aux vestiges romains qui y ont été retrouvés.

Porte Saint-André★
Les routes du pays des Lingons venant de Langres et de Besançon aboutissaient ici. C'est l'une des quatre portes qui faisait partie de l'enceinte gallo-romaine dotée de 54 tours semi-circulaires. Elle présente deux grandes arcades pour le passage des voitures et deux plus petites pour celui des piétons. Elle est surmontée d'une galerie de dix arcades et a été restaurée par Viollet-le-Duc.

Porte d'Arroux
Celle-ci s'est appelée Porta Senonica (porte de Sens) et donnait accès à la Via Agrippa qui reliait Lyon à Boulogne-sur-Mer. De belles proportions, moins massive et en moins bon état que la porte Saint-André, elle possède le même type d'arcades.

Musée lapidaire
L'ancienne chapelle Saint-Nicolas (édifice roman du XIIe siècle dont l'abside est ornée d'un Christ peint en majesté) appartenait à un hôpital.
La chapelle et ses galeries, qui enserrent le jardin attenant, abritent maints vestiges gallo-romains et médiévaux ainsi que des éléments de statuaire.

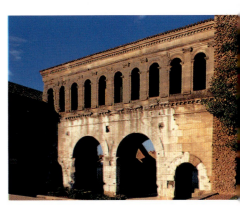

La porte Saint-André est l'une des quatre portes qui faisaient partie de l'enceinte gallo-romaine.

LA BOURGOGNE

Temple de Janus
Cette tour quadrangulaire, construite extra-muros, haute de 24 m, dont il ne reste que deux pans, se dresse solitaire au milieu de la plaine, au-delà de l'Arroux. Il s'agit de la cella d'un temple dédié à une divinité inconnue (l'attribution à Janus est de pure fantaisie).

alentours

Croix de la Libération★
Environ 50 m après le pavillon d'entrée du château de Montjeu, à droite, un chemin en forte pente conduit à la croix de la Libération, croix de granit édifiée en 1945 pour commémorer la libération d'Autun. De la croix, vue sur la dépression d'Autun et la vallée de l'Arroux et, plus loin, de gauche à droite, sur les monts du Morvan, la forêt d'Anost et le revers de la Côte.

Cascade de Brisecou
Joli site arboré où coule la cascade.

Château de Sully★
Cette résidence Renaissance constitue un bel ensemble, avec son vaste parc et ses dépendances (XVIIIe siècle). « *C'est le Fontainebleau de Bourgogne* », disait Mme de Sévigné. Trois siècles plus tard, en 1808, le futur maréchal de Mac-Mahon, duc de Magenta et président de la République de 1873 à 1879, naquit au château. Le domaine appartient toujours à ses descendants.

Extérieur – Quatre ailes flanquées de tours d'angle carrées posées en losanges enserrent une cour intérieure qui, par son ordonnance et sa décoration, rappelle le château d'Ancy-le-Franc.

Intérieur – Les fastueux décors du XIXe siècle (dallage du vestibule, qui alterne dalles de marbre noir et cabochons blancs à l'inverse de ce

Les vestiges du temple de Janus se dressent, solitaires, au milieu de la plaine.

La porte d'Arroux donnait autrefois accès à la via Agrippa reliant Lyon à Boulogne-sur-Mer.

AUXERRE

qui se fait habituellement et la belle salle de bal) sont peuplés des souvenirs de grandes figures familiales : Charlotte de Mac-Mahon, dont le régisseur sauva le château pendant la Révolution en maquillant son cadavre, faisant croire qu'elle se reposait, le président Mac-Mahon, bien sûr, promu duc par Napoléon III après sa victoire à Magenta (Italie) et Marguerite de Mac-Mahon, qui permit à son mari aviateur de fuir la Kommandantur en faisant mine de le chercher dans le château.

Couches
La maison des Templiers est une belle construction à loggia et colonnade du début du XVIIe siècle.

Château – Il s'agirait du château de Marguerite de Bourgogne (XVe siècle), épouse répudiée de Louis X le Hutin, qui aurait fini ses jours ici comme « prisonnière libre » après sa disparition de Château-Gaillard, où elle était recluse pour adultère. Très restauré, le château a conservé de son passé défensif un pont-levis, une partie d'enceinte, quelques vestiges de tours et ses deux cours, haute et basse, séparées par une porte monumentale. La chapelle du XVe siècle érigée par un Montaigu et consacrée par le cardinal Rolin (statues et retables d'époque), la tour des prisons et le donjon carré, qui remonte au XIIe siècle (armes, tapisseries d'Aubusson), ne manquent pas d'intérêt.

Château de Plaige
La propriété de Plaige (1900) a été vendue en 1974 à des disciples du lama tibétain Kalou Rinpoché, fondateur de 75 monastères. Dans celui-ci, l'un des plus importants en Europe, onze lamas enseignent le bouddhisme Vajrayana à une trentaine de moines.

Temple des Mille Bouddhas (Congrégation Dashang Kagyu Ling) – Oriflammes et bannières de prière accueillent le visiteur au temple inauguré en 1987, remarquable par son architecture et sa décoration traditionnelle himalayenne. L'édifice est orné de statues géantes (l'une mesure 16 m de haut) et de peintures murales d'une grande richesse iconographique, réalisées sur place par des artistes résidents. Le chorten (monument symbolique de l'éveil), la fontaine de richesse et l'Institut Marpa complètent le site.

*« C'est le Fontainebleau de Bourgogne »,
disait madame de Sévigné
du château de Sully.*

*Le château de Couches a conservé
plusieurs éléments remarquables
de son passé défensif.*

AUXERRE ★★

■ Au cœur d'un vignoble dont le cru le plus renommé est le chablis, la capitale de la basse Bourgogne étage avec assurance ses monuments sur une colline au bord de l'Yonne. Cette situation privilégiée lui a valu la création d'un port de plaisance, point de départ du canal du Nivernais. Ses boulevards ombragés aménagés sur les anciens remparts de la ville, ses rues animées et ses belles maisons à pans de bois agrémentent la promenade.

Le nom
À proximité d'une simple bourgade gauloise (*Autricum*), les conquérants romains établirent la ville d'Autessiodurum, située sur la grande voie de Lyon à Boulogne-sur-Mer.

LES GENS

*37 790 Auxerrois.
Parmi les célébrités locales figurent Cadet Roussel, dont la statue trône sur la place Charles-Surugue, et Jean-Paul Rappeneau, le réalisateur de Cyrano de Bergerac, tourné en partie à Dijon et à l'abbaye de Fontenay.*

comprendre

Un peu d'histoire – Dès le Ier siècle, Autessiodurum devient une ville importante, dont témoignent les vestiges découverts lors des fouilles archéologiques. L'influence intellectuelle et spirituelle de

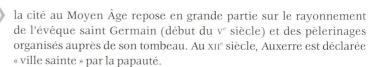

Auxerre a vu naître Paul Bert, éminent homme d'État de la IIIe République.

la cité au Moyen Âge repose en grande partie sur le rayonnement de l'évêque saint Germain (début du Ve siècle) et des pèlerinages organisés auprès de son tombeau. Au XIIe siècle, Auxerre est déclarée « ville sainte » par la papauté.

Les champions d'Auxerre – À quelques siècles d'intervalle, Auxerre (prononcer « Ausserre ») accueille deux grandes figures de notre histoire. En 1429, Jeanne d'Arc y passe à deux reprises, d'abord avec une poignée de hardis compagnons qui l'accompagnent de Vaucouleurs à Chinon, puis, quelques mois plus tard, à la tête d'une armée de 12 000 hommes et en compagnie de Charles VII, qu'elle conduit à Reims pour le faire sacrer. Le 17 mars 1815, Napoléon, au retour de l'île d'Elbe, arrive à Auxerre ; le maréchal Ney, envoyé pour le combattre, tombe dans ses bras et ses troupes renforcent la petite armée de l'Empereur. La ville a notamment donné le jour à Paul Bert (1833-1886), savant physiologiste et homme d'État éminent de la IIIe République qui contribua à l'instauration de l'école obligatoire et gratuite et fut gouverneur du Tonkin et de l'Annam en Indochine, et à Marie Noël (1883-1967), poétesse dont les œuvres laissent entrevoir une douloureuse recherche de la paix intérieure.

se promener

Quartier de la Marine
Autrefois domaine des coches d'eau, le quartier a gardé ses ruelles sinueuses. La charmante place Saint-Nicolas mène à la jolie place du Coche-d'Eau. L'hostellerie du XVIIe siècle ornée de la statue de saint Nicolas, patron des marins, attire l'œil.

Centre-ville
Il conserve nombre d'intéressantes vieilles demeures, la plupart du XVIe siècle. La rue Fécauderie (deux maisons à pans de bois possèdent un superbe poteau cornier sculpté, à l'angle de la rue Joubert et du passage Manifacier) mène à la belle place de l'Hôtel-de-Ville, où, figée parmi les passants, se dresse une statue polychrome de Marie-Noël en vieille dame ; belles maisons aux n°s 4, 6, 16, 17, 18.

Tour de l'Horloge
De style flamboyant, cette tour, construite au XVe siècle sur les fondations de l'enceinte gallo-romaine, était appelée aussi tour Gaillarde (du nom de la porte qu'elle défendait) et faisait partie des fortifications ; le beffroi et l'horloge symbolisaient les libertés communales accordées par le comte d'Auxerre. L'horloge (XVIIe siècle) présente un double cadran indiquant sur les deux faces les mouvements apparents du soleil et de la lune. Un passage voûté, attenant à la tour de l'Horloge, donne accès à la place du Maréchal-Leclerc ; sous la voûte, une plaque rappelle la mémoire de Guillaume Roussel (1743-1807), huissier à Auxerre, dont les déboires inspirèrent la célèbre chanson *Cadet Roussel*, qui fut composée sous la Révolution par les volontaires de l'Yonne. L'église Saint-Eusèbe conserve un clocher du XIIe siècle décoré d'arcs polylobés. Sa flèche de pierre date du XVe siècle.

visiter

Cathédrale Saint-Étienne★★
Vers l'an 400, saint Amâtre fit bâtir un sanctuaire à cet emplacement. Celui-ci, embelli au cours des siècles suivants, fut incendié à plusieurs reprises. Suite à un nouveau sinistre, Hugues de Châlon entreprit en 1023 la construction d'une cathédrale romane sur le site puis, en 1215, Guillaume de Seignelay fit édifier une cathédrale gothique,

De style flamboyant, la tour de l'Horloge impressionne le promeneur.

AUXERRE

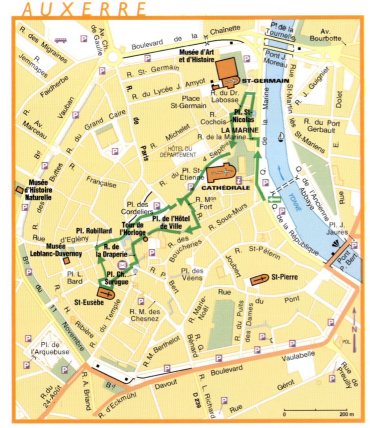

Itinéraire de visite conseillé

Du foot

Depuis les années 1980, Auxerre s'est fait connaître à l'étranger grâce à sa fameuse équipe de football, l'AJA, fondée en 1905 par l'abbé Deschamps ; cet ecclésiastique dynamique a d'ailleurs donné son nom au stade de la ville. L'entraîneur, Guy Roux, habitant Appoigny, au nord d'Auxerre, est parvenu à lui faire réaliser le rare doublé Championnat-Coupe de France en 1996.

dont le chœur et les verrières furent achevés en 1234. La nef, les collatéraux, les chapelles et le transept sud datent de l'an 1400. Quant à la tour nord, elle fut achevée vers 1525.
Façade – De style flamboyant, la façade est encadrée de deux tours aux contreforts ouvragés ; la tour sud reste inachevée.
Au portail central, le Christ trône au tympan, entre la Vierge et saint Jean. Le linteau évoque le Jugement dernier. Au-dessus du portail central, légèrement en retrait, une rosace de 7 m de diamètre s'inscrit entre les contreforts. Les célèbres sculptures des XIIIe et XIVe siècles ont été mutilées au XVIe siècle lors des guerres de Religion, et la tendre pierre calcaire a souffert des intempéries.
Intérieur – La nef, construite au XIVe siècle, a été voûtée au XVe siècle (hauteur : 34 m). Le chœur et le déambulatoire remontent au début du XIIIe siècle. En 1215, Guillaume de Seignelay, évêque d'Auxerre, grand admirateur de l'art nouveau appelé alors « style français » (le terme « gothique » n'est employé que depuis le XVIIe siècle), décida de raser le chœur roman et fit élever ce splendide ouvrage d'architecture sur la crypte du XIe siècle. Tout autour du déambulatoire se déroule un magnifique ensemble de vitraux à médaillons du XIIIe siècle, où dominent les tons bleus et rouges. Le soubassement est souligné par une arcature aveugle ornée de têtes sculptées, figurant essentiellement prophètes et sibylles, parfois des drôleries. Les beaux vitraux des rosaces sont du XVIe siècle. La finesse extrême du vitrail de la chapelle Notre-Dame-des-Vertus, au-dessus de la statue de la Vierge, est remarquable.
Crypte romane★ – Ce seul vestige de la cathédrale romane (1023-1035), qui constitue un intéressant ensemble architectural, abrite, à défaut de reliques, des fresques exceptionnelles des XIe et XIIIe siècles. Sur la voûte est représenté le Christ monté sur un cheval blanc entouré de 4 anges équestres : c'est le seul exemple connu en France d'une telle figuration.

Les portails finement sculptés de la cathédrale ont été réalisés avec une grande maîtrise.

Trésor★ – Il renferme, entre autres pièces intéressantes, des émaux champlevés des XIIe et XIIIe siècles, des livres d'heures des XVe et XVIe siècles, des miniatures et des triptyques d'ivoire, ainsi qu'une Mise au tombeau peinte sur ardoise, attribuée au peintre de l'école de Fontainebleau Luca Penni.

Ancienne abbaye Saint-Germain★★

Cette abbaye bénédictine fut fondée au VIe siècle par la reine Clothilde, épouse de Clovis, à l'emplacement d'un oratoire où saint Germain, évêque d'Auxerre au Ve siècle, avait été inhumé. Au temps de Charles le Chauve, elle possédait une école célèbre où enseignèrent des maîtres réputés. L'évangélisateur de l'Irlande, saint Patrick, y apprit la science théologique.

Église abbatiale – La démolition, en 1811, des travées occidentales de l'église a isolé le beau clocher du XIIe siècle appelé tour Saint-Jean, de construction romane. Il est haut de 51 m. L'église supérieure, de style gothique, a été construite du XIIIe au XVe siècle pour remplacer l'église romane ; l'unique chapelle axiale à dix branches date de 1277 : elle est reliée par un beau passage au déambulatoire.

Crypte★★ – Elle forme une véritable église souterraine : au centre, la « confession », appelée ainsi parce qu'elle contenait les reliques de croyants qui n'avaient pas été martyrs. Dans le couloir de circulation, des fresques du IXe siècle – parmi les plus anciennes de France – représentent le Jugement et la Lapidation de saint Étienne ainsi que deux évêques, aux tons rouges et ocre. Le caveau, profond de 5 m, où le corps de saint Germain fut déposé, est surmonté d'une voûte étoilée de soleils peints (symbole de l'éternité) rappelant les mosaïques de Ravenne, où l'évêque est mort. Il contient les sarcophages de plusieurs évêques, contrairement à la tradition qui voudrait les voir

La crypte romane abrite, à défaut de reliques, des fresques exceptionnelles.

La capitale de la basse Bourgogne étage ses monuments sur une colline au bord de l'Yonne.

AUXERRE

dans la cathédrale. La chapelle d'axe, ou chapelle Sainte-Maxime, comporte une belle voûte d'ogives à dix branches. Elle se superpose à la chapelle Saint-Clément.

Musée d'Art et d'Histoire
Il est installé dans les bâtiments conventuels de l'ancienne abbaye. Le circuit débute au 2e étage par la salle de préhistoire et de protohistoire. Au 1er étage, dans la salle gallo-romaine, superbe petit cheval enseigne gaulois provenant de Guerchy. Au rez-de-chaussée, la sacristie présente l'évêque saint Germain (337-448). Les salles voûtées du sous-sol sont consacrées à l'activité des moines copistes ainsi qu'à des objets trouvés lors des fouilles (bijoux, armes, vases…) dans la région. Le trésor d'Asquins (VIe siècle) et la collection numismatique sont tout aussi intéressants.

Église Saint-Pierre
Rue Joubert, encadré par deux maisons, superbe portail Renaissance sur lequel figurent Noé, ivre, et Cérès, déesse de l'Abondance. Ce portail, inspiré du Castelnuovo à Naples, s'ouvre sur la place de l'église Saint-Pierre. Reconstruite aux XVIe et XVIIe siècles dans le style classique, elle conserve des éléments décoratifs de la Renaissance. La tour, de style flamboyant, s'inspire de la tour nord de la cathédrale.

Musée Leblanc-Duvernoy
Aménagé dans une demeure du XVIIIe siècle, ce musée est surtout consacré à la faïence : nombreuses pièces provenant de fabriques françaises ou appartenant à la production locale (en particulier de l'époque révolutionnaire). Il abrite également une série de fastueuses tapisseries de Beauvais du XVIIIe siècle, ainsi qu'une importante collection de grès de Puisaye.

Musée d'Histoire naturelle
Dans le pavillon entouré d'un petit parc botanique, ce musée consacre ses expositions aux sciences naturelles du monde entier.

« Le Triomphe de Galatée », par N. Coypel, XVIIe siècle ; Auxerre, musée d'Art et d'Histoire.

LA BOURGOGNE

> *circuit*

L'AUXERROIS

Le vignoble alterne avec les vergers et ajoute à l'attrait du paysage, souvent vallonné. Autour de jolis villages, de vastes cerisaies recouvrent les coteaux bordant la vallée de l'Yonne et descendent jusqu'au creux de la vallée même.

Saint-Bris-le-Vineux
Ce joli village du vignoble d'Auxerre possède une église gothique du XIIIe siècle, avec voûtes du chœur et du bas-côté gauche de la Renaissance. Elle se distingue par ses vitraux Renaissance, sa chaire sculptée, et une peinture murale immense de l'arbre de Jessé (généalogie du Christ), datant de 1500. Saint-Bris a également conservé quelques maisons anciennes des XIVe et XVe siècles.
Caves de Bailly – Ces carrières souterraines, qui fournirent à Paris les pierres du parvis (XIXe siècle) de Notre-Dame, abritent depuis 1972 plus de 3 ha de caves.

Irancy
Dans un vallon couvert d'arbres fruitiers, ce village produit les vins rouges et rosés les plus réputés du vignoble auxerrois. C'est la patrie de Jacques-Germain Soufflot (1713-1780), architecte de l'hôtel-Dieu à Lyon et du Panthéon à Paris.

Escolives-Sainte-Camille
Située à flanc de coteau, la charmante église romane est précédée d'un narthex à arcades en plein cintre. Elle possède une flèche octogonale recouverte de briques posées de chant. La crypte, du XIe siècle, abritait naguère les reliques de sainte Camille, compagne de sainte Magnance, de retour de Ravenne avec la dépouille de saint Germain.

Coulanges-la-Vineuse
Le nom même de ce petit village haut perché, entouré de vignes, évoque une antique tradition viticole. Sur 135 ha, de Jussy à Migé, en passant par Escolives, le vignoble de Coulanges donne des bourgognes coulanges-la-vineuse rouges (cépage pinot noir) à la fois tendres et légers, des blancs fruités et des rosés.
Musée du Vieux Pressoir et de la Vigne – En plus d'une exposition d'outils anciens de vignerons, de caves du XIIe siècle, ce musée recèle un vrai trésor : un pressoir à abattage de type médiéval.

À la télé
C'est à Saint-Bris-le-Vineux qu'est né en 1923 Jean-Marc Thibault, comédien qui fut longtemps le comparse de Roger Pierre avant d'affronter Rosy Varte dans le long succès télévisuel de Maguy (entre 1985 et 1993).

Le village d'Irancy produit les vins rouges et rosés les plus réputés du vignoble auxerrois.

AUXONNE

■ **Tout témoigne par ici du rôle de place forte tenu par cette ancienne ville frontalière : casernes, arsenal, remparts, champ de tir et château militaire du XVe siècle. Comme pour apaiser les esprits, la Saône pacifique passe calmement le long d'allées ombragées et offre un plan d'eau particulièrement apprécié des plaisanciers.**

Le nom
Prononcer « Aussonne », la lettre « x » n'étant pas étymologique. Au VIIe siècle, on disait *Assona*, pour faire le lien avec la Saône alors appelée *Alisontia*.

LES GENS
7 154 Auxonnais. On doit à Antoine Masson (1806-1856), physicien, l'invention de la bobine d'induction.

AVALLON

comprendre

Le lieutenant Bonaparte – Le régiment d'artillerie de La Fère est en garnison à Auxonne depuis décembre 1787 lorsque Bonaparte y entre, au début de juin 1788, en qualité de lieutenant en second. Il a alors dix-huit ans et suit les cours théoriques et pratiques de l'École royale d'artillerie, avec un désir très vif de s'instruire qui le fait remarquer comme à Valence, sa garnison précédente. Épuisé par les veilles et par les privations auxquelles sa maigre solde le contraint, il quitte Auxonne le 1er septembre 1789 pour sa Corse natale. Il revient à Auxonne à la fin de février 1791, accompagné de son frère Louis, dont il devient le mentor et assiste en spectateur attentif aux événements qui se précipitent à Paris. En avril, nommé lieutenant, il rejoint le régiment à Valence. Cinq ans plus tard, il sera nommé commandant en chef de l'armée d'Italie. On connaît la suite...

> **Patrimoine industriel**
>
> Le barrage à aiguilles d'Auxonne – l'un des plus longs ouvrages de ce type conservé en France (220 m) – fut conçu en 1840 d'après un modèle mis au point par l'ingénieur Charles Poiré.

se promener

La porte de Comté, qui date de 1503, avait été conservée dans les fortifications ultérieures, disparues depuis.

Église Notre-Dame

Élevée aux XIIIe et XIVe siècles, elle est hérissée de gargouilles et de statues. Son transept est flanqué d'une tour romane. Le porche (XVIe siècle) abrite les statues des prophètes refaites en 1853 par le sculpteur Buffet. Six d'entre elles sont une copie fort libre du Puits de Moïse de la chartreuse de Champmol à Dijon. À l'intérieur, une belle Vierge au raisin, œuvre bourguignonne du XVe siècle, un Christ aux liens du XVIe siècle et un saint Antoine ermite de la fin du XVe siècle ; dans le chœur, un aigle en cuivre servant de lutrin et des stalles du XVIe siècle. Face à l'hôtel de ville, édifice en brique du XVe siècle, s'élève la statue du lieutenant Napoléon Bonaparte par Jouffroy (1857).

Musée Bonaparte

Installé dans la plus grosse tour de la forteresse édifiée par Louis XI et plusieurs fois remaniée, il présente des objets personnels du lieutenant et des armes de soldats du premier et du second Empire.

Le château du XVe siècle témoigne du rôle de place forte qu'a tenu Auxonne, une ancienne ville frontalière.

AVALLON ★

■ Perché sur un promontoire granitique isolé entre deux ravins, Avallon domine la vallée du Cousin. Cette pittoresque cité ne manque pas d'attraits avec sa ceinture murée, ses jardins, ses maisons anciennes et, dans la ville basse, ses céramistes et verriers d'art à l'œuvre. Avallon est un excellent point de départ pour la visite de l'Avallonnais et du Morvan.

Le nom

On a retrouvé, sur une monnaie celte, le nom gravé d'*Aballo*, qui peut être rapproché du mot saxon signifiant « pomme » : *Apfel, apple...*

comprendre

Forteresse et Forte-Épice – Puissamment fortifié, Avallon devint au Moyen Âge l'une des « clefs » de la Bourgogne. Parti à la conquête du duché de Bourgogne, le roi de France Robert le Pieux, fils d'Hugues

> **LES GENS**
>
> 8 217 Avallonnais. Ils ont adopté Vauban (né à Saint-Léger) comme l'un des leurs : sa statue par Bartholdi trône au bout de la promenade des Terreaux. Sur un autre registre, Avallon a servi de cadre au film d'André Hunebelle, *Le Capitan* (1961), avec Jean Marais et Bourvil.

LA BOURGOGNE

Capet, assiège Avallon en 1005. Vainqueur, il massacre la plupart des habitants. L'annexion au domaine royal aura lieu en 1016. En 1432, alors que Philippe le Bon se trouve en Flandre, Jacques d'Espailly, surnommé Forte-Épice, parvient, à la tête d'une bande d'aventuriers du Nivernais, à se rendre maître des châteaux de la basse Bourgogne. Il va même jusqu'à menacer Dijon. Une nuit de décembre, alors que les Avallonnais, tranquilles dans leurs murailles, dorment sans inquiétude, Forte-Épice surprend la garde et enlève la ville. Le duc de Bourgogne revient en hâte. Il fait diriger une « bombarde » contre la cité : les boulets de pierre ouvrent dans la muraille une large brèche par laquelle se précipite l'armée bourguignonne. Mais l'assaut est repoussé. Exaspéré, Philippe le Bon envoie chercher chevaliers et arbalétriers. Forte-Épice, se sachant perdu, disparaît par une des poternes qui ouvrent sur la rivière, abandonnant ses compagnons.

découvrir

LA VILLE FORTIFIÉE★

Le tour des remparts
L'hôpital, bâtiment du début du XVIIIe siècle, mène à la rue Fontaine-Neuve dominée par la tour des Vaudois ; le bastion de la côte Gally surplombe un terre-plein propice à la promenade, au-dessus du ravin du ru Potot.

Perchée sur son promontoire granitique, la pittoresque cité d'Avallon ne manque pas d'attraits.

Église Saint-Lazare
Au IVe siècle, un édifice fut fondé ici sous le vocable de Notre-Dame. D'un sanctuaire du Xe siècle subsiste une crypte sous le chœur actuel. À cette époque, l'église reçut du duc de Bourgogne, Henri le Grand, frère d'Hugues Capet, le crâne de saint Lazare, insigne relique à l'origine d'un culte. Dès la fin du XIe siècle, l'affluence des pèlerins était telle qu'il fut décidé, en accord avec les moines constructeurs de Cluny, d'agrandir l'église. Consacré en 1106 par le pape Pascal II, le sanctuaire fut vite trop petit et on reporta la façade à une vingtaine de mètres vers l'avant pour allonger la nef.

Les portails★ – Les voussures du grand portail sont remarquables ; elles sont composées de 5 cordons sculptés d'angelots, de musiciens de l'Apocalypse, signes du zodiaque et travaux des mois, feuilles d'acanthe et de vigne. Les élégantes colonnettes à cannelures en hélice et les colonnes torses alternant avec les colonnes droites sont de toute beauté. Le tympan et le linteau du petit portail portent encore leurs sculptures malheureusement mutilées.

Dans le prolongement de la façade se trouvent les vestiges de l'ancienne église Saint-Pierre qui servit d'église paroissiale jusqu'à la Révolution. Sa vaste nef abrite des expositions temporaires.

Intérieur – La façade, lors de son déplacement, s'est trouvée orientée en biais par rapport à l'axe de la nef qui suit la déclivité du sol. Dans le bas-côté sud, on peut voir les statues en bois peint (XVIIe siècle) de sainte Anne et la Vierge (XVe siècle) et un saint Michel terrassant le dragon, en pierre (XIVe siècle). La chapelle en rotonde à droite du chœur est entièrement revêtue de peintures en trompe l'œil, du XVIIIe siècle. Le chœur abrite une splendide tribune d'orgues, du XVe siècle.

Tout près, dans la rue Bocquillot, il faut passer voir le grenier à sel, ancien pressoir du XVe siècle, avec ses fenêtres à meneaux.

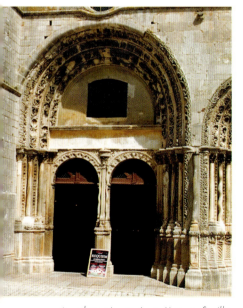

Angelots, signes du zodiaque, feuilles d'acanthe… ornent les voussures du portail de l'église Saint-Lazare.

Tour de l'Horloge
Édifiée au XVe siècle sur la porte de la Boucherie, cette belle tour, flanquée d'une tourelle coiffée d'ardoise et surmontée d'un campanile qui abritait le guetteur, se dresse au point culminant de la ville.

AVALLON

visiter

Musée de l'Avallonnais
Fondé en 1862, le musée est installé dans l'ancien collège édifié au XVIIe siècle. L'histoire de l'Avallonnais y est présentée au travers des collections, qui remontent à la préhistoire, avec l'ensemble des résultats des fouilles d'Arcy-sur-Cure menées, en particulier par Leroi-Gourhan et son équipe, de 1946 à 1963. Il présente aussi des créations d'artistes régionaux. Les collections recèlent également la célèbre série du *Miserere* de Georges Rouault et les premiers tableaux qu'il a peints pour le musée en 1895.

Centre d'exposition du costume
Une belle demeure des XVIIe et XVIIIe siècles sert d'écrin à des costumes anciens présentés lors d'expositions thématiques.

La belle tour de l'Horloge se dresse au point culminant de la ville.

alentours

Château de Montjalin
Cet élégant château du XVIIIe siècle accueille dans ses communs le musée des Voitures de chefs d'État. Très longues et noires pour la plupart, découvertes ou blindées, majestueuses ou fringantes, une trentaine de voitures officielles illustrent un pan de la personnalité de grands hommes.

Sainte-Magnance
L'église de ce petit village, édifiée vers 1514, est de style gothique. Le chœur et l'abside sont surmontés de voûtes flamboyantes. Elle renferme l'insolite tombeau de sainte Magnance, du XIIe siècle. Ses bas-reliefs racontent la légende et les miracles de la sainte, qui accompagna avec sainte Camille et trois dames romaines le corps de saint Germain d'Auxerre, mort à Ravenne au milieu du Ve siècle.

Montréal★
Enfermé dans ses remparts dominant la rive gauche du Serein, ce bourg médiéval compte parmi les plus caractéristiques de Bourgogne.
Le vieux bourg – Belles arcades du XIIIe siècle, puis le long de la rue principale, jolies maisons anciennes.
Église – Cet édifice de style ogival primitif du XIIe siècle a été restauré par Viollet-le-Duc. La porte d'En-Haut qui précède la collégiale lui sert de clocher.
À l'intérieur, une tribune en pierre du XIIe siècle est supportée par une fine colonnette. Les 26 stalles en chêne sculpté, des années 1520, méritent d'être détaillées. Dans le chœur, à gauche, se trouve un retable en albâtre du XVe siècle d'origine anglaise, consacré à la vie de la Vierge. Autres pôles d'intérêt : la chaire et le lutrin du XVe siècle, un triptyque et une Vierge en bois des XVIe et XVIIe siècles, de belles pierres tombales.

Vault-de-Lugny
Le bourg possède une église du XVe siècle à chevet plat, consacrée à saint Germain. À l'intérieur, une peinture murale du milieu du XVIe siècle se déroule tout autour de la nef et du chœur, entre les grandes arcades et la retombée des ogives. Cette fresque, d'environ 70 m de longueur, représente 13 tableaux de la Passion du Christ. Les scènes sont traitées avec beaucoup d'habileté.

Pontaubert
La localité, qui s'étage sur la rive gauche du Cousin, détient une église de style roman bourguignon due aux moines hospitaliers.

> **Voitures officielles**
> Parmi celles-ci figurent la copie de la DS 19 dans laquelle De Gaulle roulait lors de l'attentat du Petit-Clamart, la Lincoln Continental de Kennedy, modèle de celle dans laquelle le président américain a été assassiné, la Lincoln « Papamobile » de Paul VI ou l'extravagante Cadillac (pare-brise d'avion) de l'émir d'Abou Dhabi...

Le bourg médiéval de Montréal compte parmi les plus caractéristiques de Bourgogne.

> **Marrault**
> À droite du village, se distinguent un château du XVIIIe siècle, où Pasteur fit plusieurs séjours, et aussitôt après, l'étang du Moulin.

★★ CHÂTEAU DE BAZOCHES

■ Cette fière demeure remonte au Moyen Âge. Son nom est sans doute moins célèbre que celui de son illustre propriétaire, le maréchal de Vauban. Lorsque ce dernier s'y établit après la victoire de Maastricht (où mourut d'Artagnan), il transforma le château en « bureau d'études », d'où il conçut pour le roi Louis XIV les fameuses places fortes du « Pré carré ».

Le nom
Bazoches vient du latin *basilica* qui désigne certes un édifice religieux, mais aussi un entrepôt commercial.

visiter

Proche d'Autun et des thermes de Saint-Père-sous-Vézelay, Bazoches fut un lieu d'échange durant la période gallo-romaine. Édifié à la fin du XIIe siècle, d'architecture trapézoïdale, avec trois tours rondes et un donjon rectangulaire, le château est typiquement féodal (la quatrième tour, à mâchicoulis, fut ajoutée au XIVe siècle).

Le maréchal de Vauban (1633-1707), qui aurait dû en hériter, fit l'acquisition de son *« petit patrimoine provincial qui l'oblige à beaucoup d'entretien »* en 1675 grâce à une rétribution pour la prise de Maastricht en moins de 15 jours, le transformant en garnison. Restauré et entièrement meublé, l'intérieur permet de mieux connaître ce brillant ingénieur, qui fut aussi un écrivain éclairé. La galerie que fit construire Vauban pour y travailler, avec ses ingénieurs, à l'édification de quelque 300 ouvrages et places fortes, a été brillamment reconstituée. Au fond de la salle est exposée l'armure du maréchal, sur laquelle figurent les traces des coups qu'il a reçus. À côté, une belle maquette illustre une fortification idéale, selon le système de défense mis au point par Vauban. De part et d'autre de la copie du plan-relief de Neuf-Brisach, les murs sont ornés des arbres généalogiques de la famille des propriétaires du château, descendants de Vauban. L'antichambre a conservé des ouvrages du maréchal.

La chambre de Vauban, habillée de brocart rouge, a gardé un ensemble de mobilier fort rare, composé d'un lit et de six fauteuils tapissés d'époque. Au rez-de-chaussée sont présentés trois bibliothèques et salons de lecture, riches de volumes anciens et d'éditions rares. Avec son plafond peint et ses portes intactes, la chambre de la maréchale retient l'attention. Elle abrite un superbe plan de Paris, dit « de Turgot », ainsi que le portrait de l'épouse de Vauban, administratrice de la propriété pendant ses campagnes ; elle mourut en 1705, deux ans avant lui. Enfin, une minuscule chapelle attirera l'attention par ses voûtes peintes attribuées à Jean Mosnier, décorateur de Chambord. C'est dans l'église (XIIe-XVIe siècle) de Bazoches que se trouve le tombeau de Vauban, son cœur reposant depuis 1809 dans le cénotaphe érigé à sa mémoire aux Invalides, à Paris.

La Dîme royale

Publié peu avant la mort de Vauban, cet ouvrage fait le bilan de ses observations effectuées au long de ses multiples périples, et les conclusions qu'il en tire sont d'ordre économique et fiscal. L'idée maîtresse est de taxer chaque individu en proportion de ses revenus. À une époque où la noblesse était exemptée d'impôts, les réactions de la Cour et du roi furent négatives jetant, d'après Saint-Simon, son auteur visionnaire dans la disgrâce.

Vauban conçut ici les fameuses places fortes pour le roi Louis XIV.

BEAUNE ★★

■ Au cœur du vignoble bourguignon, Beaune, prestigieuse cité du vin, est aussi une incomparable ville d'art. Son splendide hôtel-Dieu, son église Notre-Dame, sa ceinture de remparts dont les bastions abritent les caves les plus connues de la région, ses jardins et ses maisons anciennes constituent l'un des plus beaux ensembles de Bourgogne.

Le nom
C'est le dieu gaulois des eaux vives, Belenos, qui a donné son nom à la ville.

LES GENS
21 923 Beaunois, dont le peintre Félix Ziem et le physiologiste Étienne-Jules Marey. Mais la ville doit ses plus grands trésors à la puissante famille Rolin (voir Autun).

comprendre

LA CAPITALE... DU BOURGOGNE

Beaune ou Dijon ? – Sanctuaire gaulois puis romain, siège d'un parlement au Moyen Âge, Beaune a été jusqu'au XIVe siècle la résidence habituelle des ducs de Bourgogne, avant qu'ils ne se fixent définitivement à Dijon. Les archives de la ville possèdent la charte originale des libertés communales accordées par le duc Eudes, en 1203. L'enceinte et les tours, toujours en place de nos jours, ont été édifiées à partir du XVe siècle à la mort du dernier duc de Bourgogne, Charles le Téméraire, en 1477, la ville résiste avec opiniâtreté à Louis XI et ne se rend qu'après un siège de cinq semaines.

Une querelle de clocher – La rivalité entre Dijonnais et Beaunois a fait couler des flots d'encre fielleuse sous la plume du poète satirique Alexis Piron (1689). Un jour, à la suite d'un concours d'arquebusiers où ses concitoyens avaient été battus par les Beaunois, Piron compose une ode vengeresse, intitulée *Voyage à Beaune,* dans laquelle il compare les Beaunois aux ânes de leur pays – les frères Lasnes, commerçants de la région, avaient en effet pris pour enseigne cet animal, provoquant les quolibets de leurs concitoyens – et prétend leur couper les vivres en tranchant les chardons de tous les talus des environs. Ce poème lui valut d'être interdit de séjour à Beaune. Néanmoins, il a la témérité de s'y rendre un dimanche à la messe puis au spectacle. Bientôt, les gens le reconnaissent et lui manifestent si bruyamment leur courroux qu'un jeune spectateur, soucieux de ne rien perdre de la pièce, s'écrie : « *Paix donc ! On n'entend rien !* » Ce à quoi notre fanfaron réplique : « *Ce n'est pas faute d'oreilles.* » Les spectateurs se ruent sur lui et cette nouvelle plaisanterie lui aurait coûté cher si un Beaunois compatissant ne lui avait donné asile et fait quitter la ville nuitamment. À la fin du XVIIIe siècle, la population des deux cités était comparable : près de 20 000 habitants.

Les Trois Glorieuses – Chaque année, sous la halle médiévale, a lieu la célèbre vente aux enchères des vins des Hospices de Beaune. Les annonces du crieur ne sont plus guettées par les experts car le marteau et la voix du commissaire-priseur ont pris le relais. Seule la pièce de charité est encore vendue à la bougie, d'où son nom d'« enchères à la chandelle ».

Ville d'art par excellence, Beaune est notamment fière de ses célèbres Hospices.

Riches Hospices
*Les Hospices de Beaune (sous cette appellation sont rassemblés l'hôtel-Dieu, l'hospice de la Charité et le centre hospitalier) possèdent notamment un magnifique vignoble de 60 ha entre Aloxe-Corton et Meursault, comptant des crus universellement réputés.
C'est un titre de gloire que de figurer parmi les « vignerons des Hospices » (au nombre de 25).*

découvrir

HÔTEL-DIEU ★★★
Merveille de l'art burgondo-flamand, l'hôtel-Dieu de Beaune fut

LA BOURGOGNE

Dans l'immense salle des malades, l'impeccable alignement des lits à colonnes est frappant.

À l'intérieur de cet écrin médiéval parvenu intact jusqu'à nous, un service hospitalier a fonctionné jusqu'en 1971.

fondé en 1443 par le chancelier de Philippe le Bon, Nicolas Rolin. Et c'est d'ailleurs à la puissante famille Rolin *(voir Autun)* que la ville doit ses plus grands trésors. À l'intérieur de cet écrin médiéval, parvenu intact jusqu'à nous, un service hospitalier moderne a fonctionné jusqu'en 1971.

Façade extérieure – La vaste et haute toiture d'ardoise est le principal élément décoratif de cette sobre façade. Avec ses lucarnes, ses girouettes, ses fins pinacles et sa dentelle de plomb, elle est d'une parfaite élégance. Sur la porte aux beaux vantaux, guichet de fer forgé aux pointes acérées et heurtoir, magnifiques pièces ciselées datant du XVe siècle.

Cour d'honneur – Les bâtiments qui l'entourent forment un ensemble à la fois gai, intime et cossu, *« plutost logis de prince qu'hospital de pauvres »*. Les ailes de gauche et du fond sont surmontées d'une magnifique toiture de tuiles vernissées. Cette parure multicolore, ponctuée de tourelles, est percée d'une double rangée de lucarnes et hérissée de girouettes armoriées et d'épis de plomb ouvragés. Une galerie à pans de bois, desservant le premier étage, repose sur de légères colonnettes de pierre formant cloître au rez-de-chaussée. Le vieux puits, avec son armature de fer forgé et sa margelle de pierre, complète ce qui est devenu un tableau classique.

Grand-Salle ou « chambre des pôvres »★★★ – Cette immense salle des malades (50 m de long, 14 m de large et 16 m de haut) a conservé une magnifique voûte en carène de navire renversée, dont les longues poutres transversales sont comme « avalées » par des monstres marins multicolores symbolisant l'enfer. Dès l'entrée, l'impeccable alignement des 28 lits à colonnes, dont la blancheur éclatante des draps tranche avec le rouge des courtines, est frappant. Au fond de la salle, au-dessus de la grande porte, poignante statue en chêne d'un Christ de pitié de la fin du XVe siècle.

Chapelle – Une simple cloison de style flamboyant (reconstituée au XIXe siècle ainsi que le grand vitrail) séparait la grand-

BEAUNE

salle de la chapelle. Du fait de cette proximité, les malades pouvaient suivre les offices sans même devoir se déplacer. C'est dans ce lieu de prière, au-dessus de l'autel, qu'était autrefois accroché le fameux retable de Rogier Van der Weyden, commandé par Nicolas Rolin. Une plaque funéraire en bronze à la mémoire de Guigone de Salins, fondatrice de l'hôtel-Dieu qui, à la mort de son époux en 1461, veilla au bon fonctionnement de l'hôpital, capte l'attention.

Salle Sainte-Anne – Cette pièce était à l'origine dotée de lits réservés aux « âmes nobles ». Elle recrée aujourd'hui l'ambiance de l'ancienne lingerie.

Salle Saint-Hugues – Désaffectée depuis 1982, cette salle de malades a été partiellement réaménagée dans son décor du XVIIe siècle, les lits étant ceux en usage à la fin du XIXe siècle. Les peintures murales, d'Isaac Moillon, représentent neuf miracles du Christ ainsi que saint Hugues, en évêque et en chartreux.

Salle Saint-Nicolas – Ancienne infirmerie des malades « en danger de mort » créée grâce à la générosité de Louis XIV, elle abrite une exposition permanente sur l'histoire de l'hôtel-Dieu.

Cuisine – Un décor ancien a été reconstitué autour de la vaste cheminée gothique à double foyer, munie d'un étonnant tournebroche à automate datant de 1698.

Pharmacie – Ses murs lambrissés présentent une superbe collection de pots en faïence du XVIIIe siècle dans lesquels étaient stockées poudres, huiles et concoctions les plus diverses.

Site célèbre

À Beaune et à Meursault eut lieu, en 1966, le tournage d'un film resté longtemps à la première place au box-office français, La Grande Vadrouille.

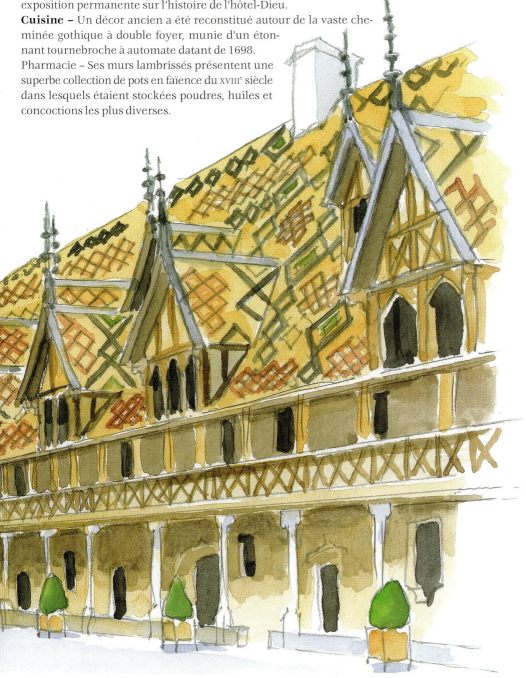

LA BOURGOGNE

« Polyptyque du Jugement dernier » (détail) par Rogier Van der Weyden.

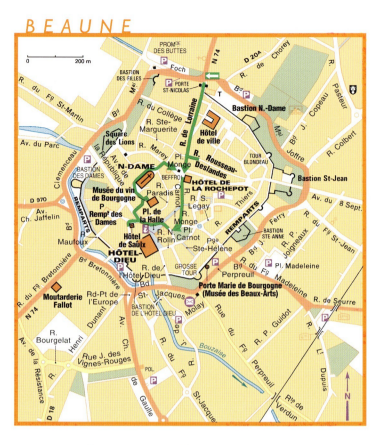

Itinéraire de visite conseillé

Salle du Polyptyque – Elle a été spécialement construite pour accueillir le tableau du *Jugement dernier* de Rogier Van der Weyden. Ce chef-d'œuvre extraordinaire de l'art flamand, réalisé entre 1445 et 1448, fut soigneusement restauré au XIXe siècle, quoique scié dans l'épaisseur afin de pouvoir exposer les deux faces simultanément.
Dans le panneau central du retable ouvert, le Christ préside au Jugement dernier ; il trône sur un arc-en-ciel au milieu de nuées d'or, évoquant le Paradis, au-dessus de saint Michel qui pèse les âmes avec un regard à la fois paisible et saisissant. Autour des deux grandes figures, la Vierge et saint Jean Baptiste implorent la clémence du Seigneur. Derrière eux prennent place les apôtres, quelques personnages importants intercédant en faveur de l'humanité, les damnés et les sauvés. Sur le mur latéral droit figure le revers du retable. Les admirables portraits de Nicolas Rolin et de sa femme sont accompagnés de grisailles représentant saint Sébastien et saint Antoine, qui fut le premier patron de l'hôtel-Dieu et la scène de l'Annonciation.

Salle Saint-Louis – Construite en 1661 sur l'emplacement d'une ancienne grange, elle abrite notamment des tapisseries de Tournai (début XVIe siècle) figurant la parabole de l'Enfant prodigue, ainsi qu'une série de tapisseries de Bruxelles (fin XVIe siècle) retraçant l'histoire de Jacob. Des coffres gothiques et une fontaine complètent le décor de cette pièce.

Bas-relief sur la façade de l'hôtel de ville de Beaune.

se promener

DANS LE CENTRE

L'hôtel de ville occupe les bâtiments de l'ancien couvent des Ursulines (XVIIe siècle). Les nos 18, 20, 22 et 24 de la rue de Lorraine forment un bel ensemble de maisons du XVIe siècle.

BEAUNE

Hôtel de la Rochepot★
Ne se visite pas. Sur la place Monge, cet édifice datant de 1522 possède une jolie façade gothique avec une galerie à trois étages. En face s'élèvent le beffroi avec sa couverture de poutrelles (XIVe siècle) et la statue de Monge, enfant du pays, par Rude. Aîné des quatre fils d'un commerçant forain de Beaune, Gaspard Monge (1746-1818) se révéla très tôt doué pour les sciences physiques et mathématiques. Créateur de la géométrie descriptive, ministre de la Marine pendant la Révolution, il fonda l'École polytechnique et participa à l'expédition d'Égypte.

Place de la Halle
On est au cœur de la ville. Autour de la place et dans les rues avoisinantes se remarquent les belles devantures des magasins de spécialités régionales : vins et alcools mais aussi confiseries. L'hôtel-Dieu domine l'ensemble par sa belle toiture de tuiles vernissées. À ses côtés flamboie le décor chargé de la Caisse d'épargne, construite en 1894.

Collégiale Notre-Dame★
Cette « fille de Cluny », entreprise vers 1120 et largement inspirée de Saint-Lazare d'Autun, reste, malgré des adjonctions successives, un bel exemple de l'art roman bourguignon.
Extérieur – Un large porche à trois nefs du XIVe siècle dissimule la façade. Le décor sculpté a été détruit pendant la Révolution, mais les beaux vantaux aux panneaux sculptés (XVe siècle) subsistent. Dans cet ensemble de belles proportions, déambulatoire et absidioles de pur style roman, chœur remanié au XIIIe siècle et arcs-boutants du XIVe siècle.
Intérieur – La haute nef, voûtée en berceau brisé, est flanquée d'étroits bas-côtés voûtés d'arêtes. Un triforium aux baies partiellement aveugles entoure l'édifice, qui offre un décor d'arcatures et de pilastres cannelés d'inspiration autunienne. Dans le chœur Vierge noire du XIIe siècle. Dans la deuxième chapelle, fresques du XVe siècle représentent la résurrection de Lazare, attribuées à l'artiste bourguignon Pierre Spicre, une Pietà du XVIe siècle et, dans la troisième chapelle, deux retables du XVe siècle. Dans le bas-côté sud au niveau de la première travée, la chapelle Renaissance est ornée d'un beau plafond à caissons.
Tapisseries★★ – Le plus beau se cache peut-être derrière le maître-autel : une magnifique suite de tapisseries, dites « de la vie de la Vierge », marquant le passage de l'art du Moyen Âge à la Renaissance. Cinq panneaux aux riches couleurs, tissés en laine et soie, retracent l'histoire de la Vierge en une série de 19 tableaux. Ils furent commandés en 1474, puis exécutés d'après les cartons de Spicre, sur les indications du cardinal Rolin et offerts à l'église en 1500 par le chanoine Hugues Le Coq. Les effets de profondeur et de moirage sont dus à l'emploi de demi-teintes.
Bâtiments monastiques – Une partie du cloître, qui date du XIIIe siècle, et la salle capitulaire ont été restaurées.

AUTOUR DES REMPARTS

Les remparts★
Assez bien conservés, ils forment autour de la vieille ville un chemin de ronde presque ininterrompu de 2 km, avec des enclaves privées ici et là. Leur ceinture de moellons, rectangulaire, est festonnée de quelques tours et de huit bastions de formes variées, à bossages.

HORS LES MURS

Église Saint-Nicolas
L'église (XIIIe siècle) du quartier des Vignerons possède une tour romane coiffée d'une belle flèche de pierre. Un porche du XVe siècle,

La collégiale Notre-Dame reste un bel exemple de l'art roman bourguignon.

Les remparts sont interrompus par des enclaves privées comme ici le château Bouchard.

pourvu d'une charpente couverte de tuiles et supportée par des piliers en pierre de taille, abrite un portail du XIIe siècle.

Parc de la Bouzaise
C'est un agréable but de promenade, avec ses beaux ombrages et son lac artificiel aux sources de la rivière et le départ de randonnées le long des sentiers beaunois.

Moutarderie Fallot
Une des dernières moutarderies traditionnelles a aménagé de petits espaces de découverte de la *Brassica juncea* et des règles de l'art pour la transformer en véritable moutarde de Dijon.

visiter

Musée du Vin
Il est installé dans l'ancien hôtel des ducs de Bourgogne, des XVe et XVIe siècles, où la pierre et le bois se complètent harmonieusement. La cuverie (XIVe siècle) abrite une impressionnante collection de pressoirs et de cuves. L'histoire du vignoble bourguignon et de la culture de la vigne est retracée. Le musée abrite notamment une Vierge au raisin (N.-D.-de-Beaune), statue en pierre polychrome du XVIe siècle. La salle d'honneur, dite « salle de l'Ambassade des vins de France », est décorée de tapisseries des ateliers d'Aubusson, l'une de Lurçat et les autres de Michel Tourlière.

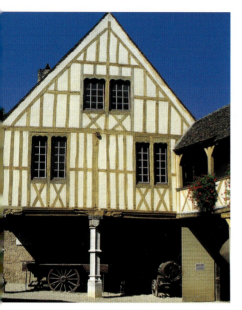

Le musée du Vin s'est installé dans le ravissant hôtel des ducs de Bourgogne.

Musée des Beaux-Arts
Fondé en 1850, ce musée présente ses collections de sculptures et de peintures, du XIIe au XXe siècle. Parmi les œuvres maîtresses, allégories des quatre éléments de l'atelier de Brueghel de Velours, la Croix vivante de la fin du XVIe siècle. Les tons lumineux des toiles de Venise par Félix Ziem (1821-1911), né à Beaune, dont le musée possède 31 tableaux, sont frappants.

alentours

Le vignoble de la Côte★★
La visite de la Côte et du vignoble est le complément indispensable de celle de Beaune.

Montagne de Beaune
De la table d'orientation située près du monument aux morts, vue étendue sur la ville aux jolis toits de tuiles brunes, sur le vignoble et, au sud, sur les monts du Mâconnais. La lumière y est plus belle encore l'après-midi !

Château de Savigny-lès-Beaune
Dans ce village connu pour ses vins de qualité se dresse un imposant château du XIVe siècle, construit par Jean de Frolois, maréchal de Bourgogne, qui accueille désormais de surprenantes collections. À l'entrée, le « petit château » (fin XVIIe siècle), remarquable par son appareillage en calcaire grossier, a été aménagé pour recevoir un espace de dégustation-vente de vins ainsi qu'une exposition... de voitures Abarth de compétition (courses de côte et d'endurance). Le parc révèle bien des surprises, avec une trentaine de prototypes de tracteurs-enjambeurs et, surtout, près de 80 avions de chasse. Le deuxième étage est réservé à la moto et aux maquettes d'avion. Réunissant plus de 250 exemplaires de motos de tous les pays, cet ensemble en présente les évolutions mécaniques et esthétiques depuis le début du XXe siècle.

Le parc du château de Savigny surprend avec son exposition d'avions de chasse !

Comblanchien

Le bourg est connu pour sa très belle pierre de calcaire dur que l'on extrait des falaises voisines : elle est fréquemment employée en remplacement du marbre, plus coûteux. Le village vécut dans la nuit du 21 au 22 août 1944 une épreuve terrible : soupçonné d'abriter des Résistants, il fut en grande partie incendié. Vingt-trois habitants furent emmenés en otage à Dijon : 12 furent libérés, 2 s'enfuirent, et 9 ne rentrèrent qu'en 1945 après avoir été déportés en Allemagne.

MONT BEUVRAY ★★

■ Situé à proximité de la source de l'Yonne, ce site a la forme d'un plateau qui se détache du massif du haut Morvan. Occupé dès l'époque néolithique, le mont Beuvray (alt. 821 m) fut choisi au IIe siècle avant J.-C. par la puissante tribu gauloise des Éduens pour y fonder sa capitale : Bibracte. Mis en valeur par les fouilles, qui offrent chaque année de nouvelles découvertes, un vaste musée et des reconstitutions, cet endroit est l'un des plus fréquentés du Morvan.

Le nom

Phonétiquement, le lien entre *Beuvray* et *Bibracte* est assez clair, ce dernier terme ayant été forgé par César à partir, semble-t-il, d'un mot d'origine indo-européenne signifiant « forteresse », précédé du préfixe « bi » marquant un redoublement. En effet, Bibracte était « deux fois fortifiée », c'est-à-dire défendue par une double ligne de fortifications – de type *murus gallicus*, en bois et terre habillés d'un parement de pierre.

> **La Pierre de la Wivre**
>
> *Selon la tradition, c'est du haut de ce rocher marquant l'origine volcanique du mont Beuvray, à l'ouest de la porte du Rebout, que Vercingétorix aurait harangué ses troupes après avoir été proclamé chef de la coalition contre César.*

comprendre

Un site historique national – Placé à un carrefour de voies de communication, Bibracte fut non seulement un centre politique, religieux et d'artisanat, mais aussi un important marché où s'échangeaient des biens de toute l'Europe celtique et méditerranéenne. Au début de l'ère chrétienne, sous le règne d'Auguste, la cité fut délaissée au profit de la ville nouvelle d'*Augustodunum* (Autun), à 25 km. La tradition commerçante s'est cependant perpétuée jusqu'au XVIe siècle par des foires qui animaient régulièrement le mont Beuvray. Les 200 ha enclos de ce vaste oppidum regorgent de vestiges, témoignages d'une importante activité. Les maisons d'habitation, constituées de murs en terre étayés par des poteaux de bois, abritaient peut-être 10 000 personnes. En cas de danger, la population agricole des environs pouvait trouver refuge derrière les remparts. Les premières fouilles scientifiques de l'oppidum ont été effectuées à la fin du XIXe siècle par Jacques-Gabriel Bulliot, et se sont poursuivies sous la conduite de son neveu Joseph Déchelette, l'un des fondateurs de l'archéologie protohistorique. Interrompues en 1907, elles ne reprirent qu'à partir de 1984, cette fois avec le concours de chercheurs originaires d'une dizaine de pays européens, tous concernés par la civilisation celtique.

La guerre des Gaules – En 52 av. J.-C., c'est dans l'enceinte de Bibracte que Vercingétorix, roi des Arvernes, est désigné par les tribus gauloises pour prendre la tête des troupes coalisées contre les Romains. Les éduens, alliés de Rome, avaient, cinq ans auparavant, demandé l'aide de César pour se défendre contre les Helvètes qui commençaient à envahir la région. L'habile proconsul entama alors la conquête des Gaules dans l'optique d'égaler le prestige militaire

« Les Chefs gaulois prêtent serment lors de la révolte de la Gaule contre les Romains, en 52 av. J.-C. » ; gravure de F. Thorigny.

de Pompée puis d'obtenir les pleins pouvoirs à Rome. Le renversement d'alliance opéré par les éduens lors de sa défaite à Gergovie, la capitale des Arvernes (proche du Clermont-Ferrand actuel), n'aura freiné qu'un temps sa marche en avant. Les armées confédérées des Gaulois parties de Bibracte pour défendre Vercingétorix assiégé à Alésia, autre ville éduenne, sont défaites et leur chef fait prisonnier (voir Alise-Sainte-Reine). L'hiver suivant, une fois l'insurrection réprimée, le vainqueur Jules César entreprend à Bibracte la rédaction de ses Commentaires sur la guerre des Gaules, dans lesquels l'usage de la troisième personne et un ton détaché masquent sous le couvert d'une chronique d'historien une immense ambition. Un grand pas aura été pour lui franchi, juste avant le Rubicon, entre Bibracte et Rome.

découvrir

Centre archéologique européen★
Musée de la Civilisation celtique★ – Quelles étaient exactement les relations entre Gaulois et Romains ? Comment se fait-il que l'habitat révèle une si forte influence romaine, bien avant la guerre des Gaules ? C'est le type de questions que les fouilles amènent à se poser. Ouvert au public depuis l'été 1996, le musée moderne présente au rez-de-chaussée le mobilier recueilli au cours des fouilles. La civilisation celtique est évoquée dans son ensemble à partir du matériel prélevé sur d'autres sites importants dont Alésia.

Oppidum de Bibracte
À condition d'avoir beaucoup d'imagination, la visite du site (135 ha) permet d'entrevoir ce que fut la cité gauloise, son étendue, ses différentes composantes, notamment le quartier artisanal du Champlain. Les vestiges les plus intéressants (fontaine Saint-Pierre, pâture du couvent) sont protégés par des abris.

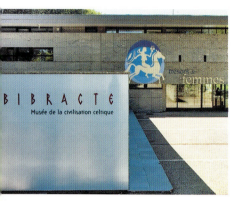

La civilisation celtique est évoquée ici à partir du produit des fouilles de la région.

★ BOURBON-LANCY

■ **Bâtie sur une colline volcanique d'où l'on découvre largement la vallée de la Loire et les plaines du Bourbonnais, Bourbon-Lancy est à la fois une ville au cachet ancien et une station thermale réputée. La Route des châteaux de Bourgogne du Sud passe non loin de là, au château de Saint-Aubin.**

Le nom
Issu du patronyme du fondateur du Prieuré, Ancel de Bourbon, autrement dit Bourbon d'Ancy. À moins qu'il ne s'agisse du dieu gaulois des Sources, *Borvo*.

LES GENS
5 634 Bourbonniens. Le personnage important de la cité fut sans conteste le ministre radical Ferdinand Sarrien, président du Conseil en 1906, juste avant que Clemenceau ne lui succède la même année. Il relança la station, sauva l'église Saint-Nazaire de la destruction, et légua à la commune une grande collection de porcelaine de Sèvres. Sa maison, un château du XVIIIe siècle, se trouve avenue du Général-De-Gaulle.

se promener

LA VIEILLE VILLE

Le beffroi
Près de la mairie, le beffroi (fin XIVe siècle) est élevé sur une porte fortifiée – actuelle tour de l'Horloge. Le « bredin », automate qui sonne les heures en tirant la langue, accroche l'œil. Rue de l'Horloge, maison de bois du XVIe siècle richement ornée.

BOURG-EN-BRESSE

Bourbon-Expo
Ce musée présente une rétrospective des machines agricoles, produites par l'usine Puzenat (1874-1956), qui révolutionnèrent les travaux des champs au début du XXe siècle : herses en Z, moissonneuses, batteuses... avant que l'on y monte des moteurs de poids lourds.

Église Saint-Nazaire et musée
Cet édifice de style roman, à plafond lambrissé et plan basilical augmenté d'un transept, dépendait du prieuré clunisien fondé par Ancel de Bourbon.
Il accueille depuis 1901 un musée qui expose des antiquités locales, fragments lapidaires provenant d'églises environnantes, ainsi que peintures et sculptures du XIXe siècle. L'église abrite également des œuvres de Puvis de Chavannes.

LE QUARTIER THERMAL

Hospice d'Aligre
Dans la chapelle, jolie chaire sculptée offerte en 1687 par Louis XIV à Mme Élisabeth d'Aligre, abbesse de Saint-Cyr. Sur le palier du grand escalier, se trouve une statue en argent de sa descendante, la marquise d'Aligre (1776-1843), bienfaitrice de l'hospice.

La station thermale
Au pied de la colline fortifiée, dans la cour des bains, les sources jaillissent à une température de 56 à 60 °C, débitant plus de 400 000 litres par jour. Utilisées dès l'Antiquité romaine, elles soignent les affections rhumatismales (arthrose) et circulatoires.

L'église Saint-Nazaire, de style roman, dépendait d'un prieuré clunisien.

alentours

Signal de Mont★
Du belvédère (alt. 469 m), panorama sur le Val de Loire, les monts du Morvan, le signal d'Uchon, le Charolais, la Montagne bourbonnaise et, par temps clair, sur les monts d'Auvergne.

Château de Saint-Aubin★
Dominant la Loire, l'élégante construction néoclassique de pierre blonde fut édifiée dans les années 1770 comme résidence de chasse pour le président du parlement d'Aix-en-Provence. De la salle à manger à la cuisine et du grand escalier aux appartements privés, le mobilier et la décoration sont raffinés.

BOURG-EN-BRESSE

■ Bourg est la capitale historique de la plantureuse région d'élevage de la Bresse. La production de volaille blanche assure son renom et, depuis le Moyen Âge, la ville est le grand centre de fabrication des meubles « rustique bressan » en bois fruitier et frêne, ainsi que des émaux. Mais c'est son monastère royal qui fait l'essentiel de sa renommée : une œuvre flamboyante où se grave une belle histoire.

Le nom
Il faut prononcer « *Bourk* » : ce terme d'origine germanique ayant signifié « château fort » avant de désigner « un gros village ».

LES GENS
40 666 Burgiens. L'homme politique Edgar Quinet est né à Bourg en 1803. Démocrate, anticlérical, il fut l'un des premiers à investir les Tuileries en 1848. Il dut s'exiler après le coup d'État de « Napoléon le Petit ».

LA BOURGOGNE

comprendre

DES TRAITÉS ET UN VŒU

D'un seigneur à l'autre – La lignée des seigneurs du pays s'éteint au XIIIe siècle. L'héritage revient aux puissants voisins, les ducs de Savoie, qui forment la province de Bresse. Bourg en deviendra la capitale. En 1536, lors de la 8e guerre d'Italie, le duc refuse la traversée de ses domaines à François Ier, qui veut envahir le Milanais. Le roi passe outre et, pour mieux assurer ses communications, met la main sur la Bresse, la Savoie, le Piémont. Le traité de Cateau-Cambrésis met un terme à la 11e guerre (1559), obligeant Henri II à restituer ces conquêtes au duc Emmanuel-Philibert. En 1600, au cours de la guerre franco-savoyarde, Bourg résiste à Henri IV, mais celui-ci finit par envahir le duché. Le traité de Lyon, signé en 1601, contraint le duc de Savoie à échanger la Bresse, le Bugey, le Valmorey et le pays de Gex contre le marquisat de Saluces, dernier vestige des possessions françaises en Italie. Bourg entre alors dans l'histoire de France.

D'une dame à l'autre – En 1480, Philippe, comte de Bresse, plus tard duc de Savoie, a un accident de chasse. Sa femme, Marguerite de Bourbon, la grand-mère de François Ier, fait vœu, s'il guérit, de transformer en monastère l'humble prieuré de Brou. Le comte se rétablit, mais Marguerite meurt sans avoir pu accomplir sa promesse. Elle en laisse le soin à son mari et à leur fils Philibert le Beau. Passé le péril, on oublie la promesse... Vingt années s'écoulent. Philibert, qui a épousé Marguerite d'Autriche en 1501, meurt inopinément. Sa veuve y voit un châtiment céleste. Pour que l'âme de son mari repose en paix, elle va se hâter de réaliser le vœu de Marguerite de Bourbon, d'autant plus volontiers que cela doit lui permettre d'affirmer sa propre souveraineté et de rivaliser en prestige avec sa belle-sœur Louise de Savoie, bientôt régente de France. Les travaux commencent à Brou, en 1506, par les bâtiments du monastère. L'église du prieuré est ensuite abattue pour faire place à un édifice qui servira d'écrin aux trois tombeaux où reposeront Philibert, sa femme et sa mère. Marguerite, qui réside en Flandre, confie le chantier à un maître maçon flamand, Van Boghem, qui sera à la fois architecte et entrepreneur général. Réalisateur remarquable, il réussit à élever l'édifice dans le temps record de 19 ans (1513-1532). Marguerite meurt deux ans avant la consécration, sans avoir jamais vu son église autrement que sur plans. Plus chanceuse que sa fondatrice, l'église de Brou traverse les guerres de Religion et la Révolution sans dommages irréparables. Le couvent est successivement transformé en étable à porcs, en prison, en caserne, en refuge pour mendiants, en asile de fous. Il devient séminaire en 1823 et abrite aujourd'hui le musée. Depuis quatre siècles, Brou est avant tout un symbole de l'amour conjugal...

Marguerite d'Autriche est à l'origine de la transformation en monastère de l'humble prieuré de Brou.

La maison Gorrevod offre un bel exemple d'édifice à pans de bois de la fin du XVe siècle.

se promener

Maisons anciennes

Deux édifices à pans de bois, de la fin du XVe siècle, attirent le regard : la maison Hugon, à l'angle de la rue Gambetta et de la rue V.-Basch, et la maison Gorrevod, dans la rue du Palais. Rue J.-Migonney, une rangée de maisons médiévales à pans de bois en encorbellement jouxte la porte des Jacobins, datant de 1437.

Église Notre-Dame

Commencée en 1505, cette collégiale n'a été terminée qu'au XVIIe siècle. Le portail central est surmonté d'une Vierge à l'Enfant, copie d'une œuvre de Coysevox (XVIIe siècle). L'intérieur est orné d'un mobilier et d'œuvres d'art dignes d'attention : dans l'abside, belles

BOURG-EN-BRESSE

stalles sculptées du XVIe siècle. Le maître-autel, l'aigle-lutrin, la chaire et le buffet d'orgues, tous en bois sculpté, sont du XVIIIe siècle ; le luxueux autel de la chapelle à gauche du chœur est du XIXe siècle. Dans la chapelle de l'Annonciation se trouve la Vierge noire du XIIIe siècle qui est à l'origine de la construction de l'église. La chapelle Saint-Crépin abrite une verrière de la Crucifixion, des statues polychromes et un diptyque représentant la Cène, exécutés au XVIe siècle.

Copie d'une œuvre de Coysevox, cette Vierge à l'enfant surmonte le portail de l'église Notre-Dame.

visiter

MONASTÈRE ROYAL DE BROU★★★
Église★★

Ce monument, où le gothique flamboyant est pénétré par l'art de la Renaissance, est contemporain du château de Chenonceau. En avant de la façade, à plat sur le sol, on peut voir un cadran solaire géant, recalculé en 1757 par l'astronome Lalande, enfant de Bourg.

Extérieur – La façade principale, au pignon trilobé, est très richement sculptée dans sa partie centrale. Toute une flore sculptée, gothique flamboyant (feuilles et fruits) ou d'inspiration Renaissance (laurier, vigne, acanthe), se mêle à une décoration symbolique où les palmes sont entrelacées de marguerites. Les façades du transept, plus simples, offrent un pignon triangulaire à pinacles. La tour, carrée, élève ses cinq étages sur le flanc droit de l'abside. Depuis 1996, la toiture de l'église de Brou a bénéficié d'une ambitieuse campagne de restauration pour lui redonner son aspect originel.

Nef – Après le cloître orné d'un magnifique magnolia nain étoilé, une clarté blonde baigne la nef et ses doubles bas-côtés. L'ensemble architectural a beaucoup de noblesse. La nef et le transept, accessibles aux fidèles, étaient séparés du chœur, domaine propre des religieux et sanctuaire des tombeaux, par le jubé.

Jubé★★ – La richesse ornementale des arcs en anse de panier formant comme une dentelle de pierre sur cette clôture de séparation entre la nef et le chœur est étonnante.

Chœur – Marguerite a tout mis en œuvre pour obtenir la perfection dans la magnificence. Prise dans son ensemble, l'ornementation sculptée de Brou frise l'excès ; mais le moindre détail est traité avec maîtrise.

Le jubé de l'église de Brou se distingue par une grande richesse ornementale.

LA BOURGOGNE

L'ensemble architectural, baigné de clarté, a beaucoup de noblesse.

Les stalles★★ – Elles bordent les deux premières travées de chœur. Au nombre de 74 (pour 12 moines), elles ont été taillées dans le chêne en deux ans seulement, de 1530 à 1532. Si leur structure est encore médiévale, l'esprit de la Renaissance flamande est présent dans les torsions des corps allongés et les gestes vifs. Les sièges, les dossiers, les dais présentent un luxe de détails ornementaux et de statuettes qui en font un des chefs-d'œuvre du genre.

Les tombeaux★★★ – De nombreux artistes ont collaboré à ces trois monuments, point culminant de l'épanouissement de la sculpture flamande en Bourgogne. Les plans ont été tracés par Jean de Bruxelles, qui a fourni aux sculpteurs des dessins « aussi grands que le vif ». L'ornementation et la petite statuaire sont dues, pour la plus grande part, à un atelier flamand installé à Brou auquel collaboraient également des artistes français (Michel Colombe), des Allemands et des Italiens. Les statues des trois personnages princiers ont été exécutées entre 1526 et 1531 par Conrad Meyt, artiste allemand installé à Malines, au service de Marguerite dès 1512. Les effigies du prince et des princesses sont taillées dans le marbre de Carrare. Philibert et les deux Marguerite sont représentés, sur chacun de leur tombeau, étendus sur une dalle de marbre noir, la tête sur un coussin brodé.

Les vitraux★★ – Les grandioses verrières ont été exécutées par des artistes lyonnais de 1525 à 1531. Elles illustrent surtout le thème de la résurrection.

Chapelles et oratoires – Sur la gauche du chœur s'ouvre la remarquable chapelle de Marguerite, dont un retable et un vitrail font l'orgueil. Le retable représente les Sept Joies de la Vierge. Exécuté en marbre blanc, il est dans un état de

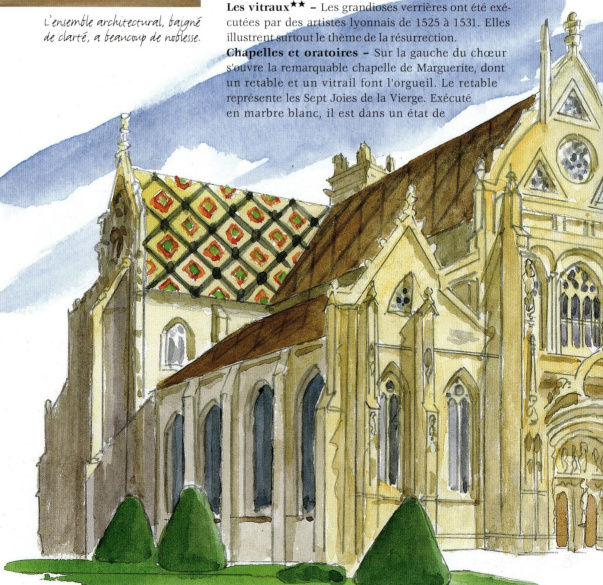

BOURG-EN-BRESSE

conservation rare. Trois statues couronnent le retable : la Vierge à l'Enfant est entourée de sainte Madeleine et de sainte Marguerite.

Musée★

Il est installé dans les bâtiments du monastère, qui s'organisent autour de trois cloîtres à étage, cas unique en France.

Petit cloître – Cloître originel de Brou, il permettait aux moines de se rendre à couvert du monastère à l'église. Une galerie du 1er étage desservait l'appartement que Marguerite d'Autriche s'était réservé ; l'autre devait lui permettre de gagner directement la chapelle haute en passant par le jubé. Au rez-de-chaussée se trouvaient la sacristie et la première salle du chapitre, maintenant réunies en une seule salle affectée aux expositions temporaires.

Grand cloître – C'était celui où les moines déambulaient en méditant. Il donne accès à la deuxième salle du chapitre, devenue salle d'accueil du musée.

Premier étage – Un escalier permet d'accéder au dortoir, où les cellules des moines abritent des collections de peinture, de mobilier et d'art décoratif. Sur le palier et dans le renfoncement situé au milieu du grand couloir, beaux meubles bressans et vitrine présentant des faïences de Meillonnas du XVIIIe siècle. Les cellules du côté sud sont dédiées à l'art du XVIe au XVIIIe siècle ; les pièces suivantes présentent des peintures des XVIIe et XVIIIe siècles de l'école italienne et de l'école française, ainsi que du mobilier bourguignon et lyonnais et des objets d'art religieux français. Sur le côté nord, les salles de droite sont consacrées à la peinture française du XIXe siècle ; celles de gauche au style troubadour et à la peinture du début du XXe siècle. La grande salle des États abrite une collection d'art contemporain. Dans l'angle sud-est du grand cloître, le réfectoire abrite des sculptures religieuses du XIIIe au XVIIe siècle.

Cloître des cuisines – Destiné aux communs, il conserve des traits caractéristiques de la région, tels les toits en pente douce couverts de tuiles creuses et les arcs en plein cintre.

Les trois cloîtres à étage du monastère abritent aujourd'hui le musée.

alentours

Saint-Rémy

Le bourg est dominé par sa petite église romane, intéressante par la belle charpente de sa nef et, dans le chœur, son harmonieuse arcature romane.

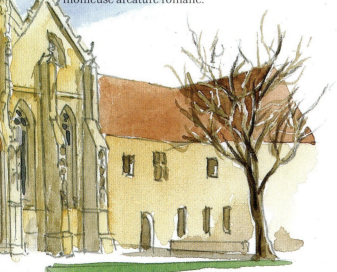

La façade principale de l'église, au pignon trilobé, se révèle harmonieuse et richement sculptée.

L'infortunée princesse

Sur le dais du tombeau de Marguerite d'Autriche est gravée sa devise : « Fortune infortune fort une », que l'on peut développer en « Fortune (le destin) infortune (accable, persécute) fort (durement) une (une femme) ».
Rappelons brièvement cette douloureuse destinée. Fille de l'empereur Maximilien et petite-fille de Charles le Téméraire, elle perd sa mère Marie de Bourgogne à l'âge de 2 ans. L'année suivante, elle est élevée à la cour de Louis XI et on la marie au dauphin Charles, encore enfant. La Franche-Comté constitue la dot de la fillette. Le mariage blanc annulé, Marguerite épouse, à 17 ans, l'infant d'Espagne. Elle perd son mari après quelques mois d'union et met au monde un enfant mort-né. Quatre ans plus tard, elle épouse en troisièmes noces Philibert de Savoie, jeune homme, volage et futile, qui la laisse pratiquement gouverner à sa place. Trois ans plus tard, Philibert est emporté par un refroidissement pris à la chasse. Veuve pour la seconde fois, à 24 ans, elle reste fidèle à la mémoire de Philibert jusqu'à son dernier soupir.

LA BOURGOGNE

Situé au pied du Revermont, le village de Cuisiat a fusionné avec celui de Treffort.

Meillonnas
Meillonnas fut longtemps célèbre pour ses faïenceries dont la production fut particulièrement prisée sous Louis XV. L'activité industrielle s'est éteinte en 1866, mais on l'a reprise artisanalement depuis 1967 selon des dessins traditionnels. Maisons du XVIe siècle autour de l'église.

Treffort
Cette ville fortifiée a conservé tout le charme de son cadre médiéval. L'église Notre-Dame (XIVe et XVe siècles), surmontée d'un clocher à dôme, offre un ensemble de vingt-neuf stalles portant de remarquables médaillons sculptés.

Cuisiat
L'ancienne mairie-école du village accueille le musée du Revermont, qui évoque la vie des hommes de la région du XVIIIe siècle à nos jours.

BRANCION

■ **Au cœur du pays de l'art roman, ce charmant bourg médiéval, soigneusement restauré, est perché sur une arête d'où se dessinent deux ravins profonds et s'étalent des monts boisés. Protégé par ses remparts et son château fort, c'est l'un des sites les plus vertigineux du Mâconnais.**

Le nom
Il a des affinités avec Briançon : le village est attesté au Moyen Âge sous le nom de *Brancidunum*, qui évoque d'une façon ou d'une autre la montagne.

LES GENS
L'association La Mémoire médiévale *s'efforce depuis 1972 de veiller à la préservation, à la défense et au rayonnement du site.*

découvrir

Après avoir franchi l'enceinte du XIVe siècle par la porte fortifiée à herses ouverte sur le village, il ne manque rien à ce tableau, sauf peut-être les chausses, pour se croire en plein Moyen Âge. Se succèdent tour à tour les restes imposants du château fort, les ruelles sinueuses bordées de maisons médiévales, les halles du XIVe siècle avec leur superbe charpente et, bien sûr, l'église fièrement perchée à l'extrémité du promontoire.

Château
Forts de leur position, les seigneurs de Brancion, batailleurs, furent souvent en conflit avec les moines de Cluny. Lors des croisades, ils lèvent une armée, mais celles-ci font leur ruine, les obligeant à céder leur fief aux ducs de Bourgogne. Le château féodal, entouré d'arbres et de buis, remonte au début du Xe siècle. Il a été démantelé pendant la Ligue, en juin 1594, par les troupes du colonel d'Ornano. Le donjon du XIIIe siècle a été restauré ainsi que quelques salles.

Église Saint-Pierre
C'est un bâtiment trapu de la fin du XIIe siècle, de style roman, surmonté d'un clocher carré et dont la pureté de ligne s'allie aux tons de la pierre calcaire et à la toiture de « laves » (pierres plates extraites de collines calcaires de la rive droite de la Saône).
À l'intérieur, fresques de la fin du XIIIe siècle, commandées par le duc Eudes IV de Bourgogne, et nombreuses pierres tombales.

Protégé par son château fort, Brancion est l'un des sites les plus vertigineux du Mâconnais.

LA BRESSE ★★

■ Terre de traditions et de gastronomie, la Bresse, qui s'étend au sud de la Bourgogne, est une région attachante, souvent méconnue. Parcourue de nombreux cours d'eau, elle offre un bel exemple de bocage. Les paysages sont aisément reconnaissables à la présence de la volaille blanche qui court dans les prés, de séchoirs à maïs et de belles fermes à pans de bois, parfois surmontées de singulières mitres et de moulins endormis.

Le nom
Humide, la région a pris le nom gaulois de « marécage » (racine : *bracu-*; *saltus Brexius* au Xe siècle).

LES GENS
Les Bressans ont conservé une tradition d'agriculture et d'artisanat très vive tout en délaissant progressivement leur traditionnelle autarcie.

comprendre

DISPARITÉS ET IDENTITÉ DE LA BRESSE

La Bresse louhannaise ou bourguignonne – La proximité du puissant duché de Bourgogne a éclipsé pendant des siècles les efforts du nord de la Bresse. Ces « terres d'outre-Saône », ayant longtemps constitué une zone frontalière, ont souvent été disputées. Peu fréquentée par la noblesse et longtemps privée d'administrations locales efficaces, la région louhannaise s'est progressivement affirmée grâce à l'essor de ses exploitations agricoles et à la naissance d'une bourgeoisie qui a pris en main la gestion de la ville et de ses environs.

La Bresse bressane ou savoyarde – Située dans l'actuel département de l'Ain, la Bresse du Sud est beaucoup mieux connue et a largement profité du dynamisme de sa capitale Bourg-en-Bresse. Contrairement à la partie nord, elle a connu très rapidement une unité politique amorcée par la famille de Bâgé. En 1272, le mariage de Sibylle de Bâgé et d'Amédée V le Grand, comte de Savoie, rattache la province à la maison de Savoie. Elle y restera jusqu'au traité de Lyon (1601) par lequel, grâce à la victoire de Chambéry, Henri IV obtient son retour à la couronne. La princesse Marguerite d'Autriche a considérablement renforcé le prestige et le rayonnement de la capitale bressane par l'exceptionnelle réalisation de Brou.

Le poulet de Bresse
La renommée de la volaille de Bresse remonte au XVIIe siècle. Son succès a fait la fortune de nombreux éleveurs et elle constitue, aujourd'hui encore, une ressource importante pour la région. Les contraintes du marché ont nécessité de strictes réglementations assorties de l'attribution d'une Appellation d'origine contrôlée en 1957.

La volaille de Bresse constitue une ressource importante pour la région.

circuits

LA BRESSE BOURGUIGNONNE★

Cuiseaux
Cuiseaux, à la vocation traditionnellement agricole, est réputée pour ses productions en charcuterie. Longtemps ville frontière très exposée, elle fut fortifiée au XIIe siècle. De son enceinte qui comptait alors 36 tours, elle conserve encore quelques vestiges. La vieille ville et les environs permettent d'agréables promenades.

Église – Le chœur de cet édifice moderne est intéressant ; outre des statues du XVIe siècle en bois polychrome, il renferme deux tableaux de primitifs italiens. De belles stalles du XVe siècle en bois sculpté viennent encore l'enrichir. Le bas-côté gauche abrite une statue de Vierge noire du XIIIe siècle, très vénérée.

Le Vigneron et sa vigne – Située dans l'enceinte du château des princes d'Orange, cette antenne de l'écomusée de la Bresse

LA BOURGOGNE

L'Écomusée de la Bresse bourguignonne s'est installé dans un élégant château entouré de verdure.

bourguignonne (siège à Pierre-de-Bresse) rappelle que Cuiseaux fut une zone de viticulture jusqu'à la fin du XIXe siècle. Elle présente le vignoble jurassien, les outils et ustensiles propres au vigneron ainsi qu'une « chambre à feu » (pièce à vivre).

Louhans★ *(voir ce nom)*

Saint-Germain-du-Bois
L'agriculture bressane – L'écomusée de la Bresse bourguignonne consacre cette antenne au monde paysan bressan ; elle retrace l'évolution du matériel agricole du XIXe siècle à nos jours et présente les productions traditionnelles avec le maïs et le poulet. Un espace est réservé au cheval.

Pierre-de-Bresse
Écomusée de la Bresse bourguignonne★ – Entouré d'un parc de 30 ha, c'est un bel édifice du XVIIe siècle en brique claire et à toits d'ardoise. Ses douves et son plan en U, flanqué aux quatre angles de tours rondes coiffées de dômes, trahissent sa construction sur l'emplacement d'une maison forte. L'aile centrale du château abrite l'écomusée. Sur trois niveaux, des expositions permanentes et temporaires présentent le milieu naturel, l'histoire, la vie traditionnelle et l'économie actuelle du terroir.

Château de Terrans
Le dessin du château, dont la construction débuta en 1765, est d'une grande sobriété. Une belle grille en fer forgé ferme la cour d'honneur, laissant apparaître une élégante façade dont la porte d'entrée est précédée d'un escalier encadré de deux lions.

Saint-Martin-en-Bresse
Maison de la forêt et du bois de Perrigny – Au centre du secteur boisé de la Bresse, l'écomusée de la Bresse bourguignonne présente ici les différentes essences de la forêt bressane (sculptures d'Alan Mantle) et les métiers directement liés au bois.

LA BRESSE SAVOYARDE★★

Bourg-en-Bresse★★ *(voir ce nom)*

Buellas
L'église, précédée d'un auvent rustique, est intéressante par la belle arcature romane du chœur et son ensemble de statues. Le geste des anges soutenant la gloire où s'inscrit le Christ capte l'attention.

Vandeins
L'église est ornée d'un portail sculpté datant du XIIe siècle. Au tympan, le Christ bénissant est une belle œuvre romane.

Vonnas
Cette paisible petite ville abondamment fleurie est une fameuse étape gastronomique aux confins de la Bresse et de la Dombes.
Musée des Attelages, de la Carrosserie et du Charronnage – Installé dans un moulin, ce musée présente une collection de charrettes et de voitures à cheval, ainsi que les métiers du bois, du cuir et du fer.

Pont-de-Veyle
Arrosée par la Veyle, ceinturée par d'anciens fossés en eau, la bourgade s'est développée dès le XIIIe siècle et a servi de havre aux protestants mâconnais jusqu'à la révocation de l'édit de Nantes (1685). Elle a conservé de beaux vestiges.

Deux mots d'ordre à Vonnas : tranquillité et gastronomie.

LA BRESSE

Saint-Cyr-sur-Menthon

La commune rassemble plusieurs exemples exceptionnels d'architecture rurale. Au nord de la N 79, on peut encore voir l'une des plus grandes poypes (mottes féodales) de la région : 46 m de diamètre et 9,50 m de haut.

Un peu plus loin, le hameau de la Mulatière a conservé plusieurs fermes à cheminée sarrasine dont la plus importante est celle du domaine des Planons.

Musée de la Bresse – Domaine des Planons★ – Ce très bel exemple d'architecture bressane accueille le musée de la Bresse, aménagé dans un bâtiment d'architecture contemporaine, semi-enterré. Il présente toute la Bresse à travers les collections de costumes et de parures, dont de superbes émaux bressans, ainsi que les produits du terroir.

Saint-André-de-Bâgé

L'église romane, bâtie à la fin du XIe siècle grâce aux moines de Tournus, est isolée au milieu d'un cimetière. Un clocher octogonal très élégant, coiffé d'une flèche en pierre, domine l'abside et ses deux absidioles. Le chœur est tout à fait intéressant pour ses colonnettes et ses chapiteaux historiés.

Pont-de-Vaux

Cette cité est attachée à la mémoire du général Joubert, commandant en chef de l'armée d'Italie, glorieux compagnon de Bonaparte, mort à Novi en 1799 (souvenirs au musée) et inhumé dans l'église de Pont-de-Vaux. Sa disparition obligea Sieyès à choisir un autre militaire (Bonaparte) pour opérer le coup d'État contre le Directoire…

Autrefois ville frontière de Savoie, la petite cité s'est développée dans une boucle de la Reyssouze, affluent de la Saône bien connu des pêcheurs. Le cours aval de celui-ci, canalisé, permet aux plaisanciers naviguant sur la Saône de faire escale dans cette bourgade au cadre agréable (maisons à pans de bois, édifices ou façades des XVIe et XVIIe siècles) et qui accueille en décembre l'une des quatre Glorieuses de Bresse (concours de volailles).

Musée Chintreuil – Il expose notamment d'intéressantes toiles de Jules Migonney et d'Antoine Chintreuil.

Église Notre-Dame – Elle remonte au XVe siècle. Sa façade, de style jésuite, est ornée de coquilles baroques. Faute de place, l'église fut bâtie tout en longueur et s'achève par un chœur de style gothique flamboyant éclairé par de grandes verrières. L'église est ornée de onze grandes peintures dues à un élève de Boucher, Nicolas Brenet (XVIIIe siècle).

Saint-Trivier-de-Courtes

Ancienne possession stratégique des sires de Bâgé, la ville fut érigée en comté en 1575.

Elle est aujourd'hui célèbre pour les nombreuses fermes à cheminée sarrasine conservées dans les environs :

Ferme-musée de la Forêt★ – Cette jolie ferme des XVIe et XVIIe siècles a été restaurée et transformée en musée fermier bressan.

Montrevel-en-Bresse

Ancien fief de la famille de Montrevel, la ville est aussi la patrie de saint Pierre Chanel (1803-1841), missionnaire martyrisé dans l'île de Futuna et devenu saint patron de l'Océanie.

Le village de Cuet, rattaché à la commune, perpétue le souvenir du saint (Musée océanien). La ferme du Sougey a conservé sa belle mitre carrée (XVIIe siècle).

Les cheminées sarrasines

Particulièrement répandues dans la Bresse savoyarde, elles ont été construites sur l'ancien domaine des sires de Bâgé depuis le XIIIe siècle. Une trentaine seulement, bâties entre le XVe et le XVIIIe siècle, sont conservées aujourd'hui ; elles se caractérisent à l'intérieur par un énorme foyer et un conduit de fumée en torchis et pans de bois. Ces « foyers chauffant au large » étaient répandus dans toute la France, mais la spécificité de ceux de Bresse est la présence d'une mitre ressemblant à un petit clocher qui coiffe le conduit. De plan rond, carré ou octogonal, et d'inspiration romane, gothique ou parfois byzantine, ces mitres sont ajourées sur un ou plusieurs étages et se terminent par un cône, une pyramide ou un clocheton de style baroque surmontés d'une croix en fer forgé.

Cheminée sarrasine au domaine des Planons.

LA BOURGOGNE

BRIARE

■ Cette charmante ville, dotée d'un port de plaisance bien équipé, propose de nombreuses croisières sur le canal. C'est avec plaisir qu'on se promène sur les berges de la Loire et qu'on admire la magnifique architecture métallique du célèbre pont-canal dont la maçonnerie fut réalisée par la société Eiffel.

LES GENS

5 994 Briarois. On peut sans exagération compter au nombre des célébrités locales le très inventif fabricant de boutons industriels Jean-Félix Bapterosses, et Gustave Eiffel, le génial concepteur du pont-canal.

Le nom

Briare doit son nom à l'ancienne *Brivoduro*, que nos savants étymologistes décomposent ainsi : *brivo*, le pont et *duro*, la forteresse, aujourd'hui disparue.

comprendre

Le canal de Briare – Entrepris en 1604 sur l'initiative de Sully par la Compagnie des seigneurs du canal de Loyre en Seine, il ne fut terminé qu'en 1642. C'est le premier canal à bief de partage construit en Europe : long de 57 km, il unit la Loire à la Seine via le Loing. Le bief de partage des eaux séparant les bassins de la Loire et de la Seine s'étend entre Ouzouer-sur-Trézée et Rogny-les-Sept-Écluses.

Boutons et mosaïques – « Cité des perles », Briare fut célèbre et prospère au début du XXe siècle grâce à sa manufacture de boutons de porcelaine, de perles, de jais et surtout de mosaïques de revêtement de sol en céramique, dites « émaux de Briare ».

Un incontournable : une paisible croisière sur le canal de Briare...

BRIARE

découvrir

Pont-canal★★
Construit en 1890, contemporain de la tour Eiffel, cet ouvrage d'art exceptionnel permet au canal latéral à la Loire de franchir le fleuve pour s'unir au canal de Briare. La gouttière métallique contenant le canal est formée de plaques assemblées, comme la Tour, par des millions de rivets. Longue de 662 m, large de 11 m (avec les chemins de halage), elle repose sur 14 piles en maçonnerie réalisées... par la société Eiffel. Le tirant d'eau est de 2,20 m.

Musée de la Mosaïque et des Émaux
Dans l'enceinte de la manufacture encore en activité, on commence par une infinie variété de boutons.
Le musée retrace la carrière de Jean-Félix Bapterosses, père de la première machine à fabriquer des boutons de façon « industrielle », devançant même l'Angleterre dont l'outillage ne pouvait frapper qu'une seule pièce à la fois. Mécanicien averti, Bapterosses invente de nouveaux procédés et se lance dans la fabrication des perles dont on peut voir aussi de nombreux modèles réalisés tant pour l'Europe que pour l'Afrique et l'Asie.
En 1882, c'est au tour de la mosaïque de sortir de l'atelier. Pour la décoration artistique de ces « émaux », il est fait appel à l'un des précurseurs de l'Art nouveau : Eugène Grasset. Les pièces exposées témoignent du grand talent de l'ornemaniste, d'autres, plus récentes, de celui de Vasarely.

Musée des Deux Marines et du Pont-Canal
La Loire a été un moyen de communication et d'échanges privilégiés et même une des artères économiques principales entre la Méditerranée et l'Atlantique. Une intense activité se développa autour de la voie d'eau. C'est l'histoire de tout un peuple, des relations avec « les gens d'à terre » et entre ceux du fleuve et du canal (qui ne s'aimaient pas !) qui est évoquée.

Le célèbre pont-canal permet au canal latéral à la Loire de franchir le fleuve pour s'unir au canal de Briare.

alentours

Ouzouer-sur-Trézée
Ce petit village, construit à flanc de coteau au bord de l'eau, possède une église gothique de la fin du XIIe siècle. La nef, d'une grande unité, est fermée par un chœur plat d'influence cistercienne.

Château de Pont-Chevron
Cet édifice d'aspect classique a été, en réalité, construit à la fin du XIXe siècle pour le comte Louis d'Harcourt. Il dresse sa noble façade blanche au milieu de bois et d'étangs aux confins de la Puisaye et du Gâtinais. Dans un pavillon à l'entrée du domaine sont exposées des mosaïques gallo-romaines du IIe siècle apr. J.-C.

La Bussière
Ce village s'inscrit dans un tranquille paysage de bois, d'étangs et de cultures. La proximité des nombreux réservoirs d'eau qui alimentent le canal de Briare en fait le rendez-vous de nombreux pêcheurs.
Château des Pêcheurs★ – Imposante demeure seigneuriale reconstruite sous Louis XIII, l'édifice est intéressant par son architecture à chaînages de brique. Il fut, en 1577, pendant les guerres de Religion, le théâtre d'un épisode sanglant : le massacre par les protestants d'un groupe de prêtres giennois venus trouver refuge en ces lieux. Entouré de larges douves, le logis principal abrite une importante collection d'œuvres d'art sur le thème de la pêche.

On peut admirer au domaine de Pont-Chevron quelques mosaïques gallo-romaines de toute beauté.

LA BOURGOGNE

★★ LE BRIONNAIS

■ Cette jolie région, dont l'élevage des bovins constitue la ressource principale, est jalonnée de splendides églises romanes éparpillées le long des Chemins du roman. Le Brionnais formait autrefois l'un des 19 bailliages du duché de Bourgogne, dont la capitale était alors Semur-en-Brionnais.

Ligne de partage

Le Brionnais est un peu « la ligne de partage des mots » entre le nord et le sud de la France, où débutent les dialectes issus du franco-provençal.

comprendre

Une floraison de pierre – Dans l'étroit espace compris entre l'Arconce et le Sornin se dressent une douzaine d'églises romanes construites sous l'influence de Cluny et plusieurs châteaux. Si le granit et le grès ne permettent d'obtenir que des effets de ligne ou de masse comme à Varenne-l'Arconce, Bois-Sainte-Marie, Châteauneuf ou Saint-Laurent-en-Brionnais, le calcaire, au contraire, se prête au travail du sculpteur – d'où la beauté des façades et des portails décorés. Les mêmes thèmes se déclinent autour des expressions et des attitudes des personnages. Au tympan apparaît le Christ en majesté, ou bien le Christ de l'Ascension, nimbé. Les linteaux ont une décoration particulièrement fouillée : nombreux personnages assistant au triomphe du Christ. La disproportion met bien en évidence la hiérarchie entre le Christ, les évangélistes, la Vierge et les apôtres.

circuit

ÉGLISES ET CHÂTEAUX EN BRIONNAIS★

La Bénisson-Dieu

Dans la vallée de la Teyssonne, le village possède une église précédée d'une grande tour carrée du XVe siècle. Ce sont les seuls vestiges de l'abbaye fondée au XIIe siècle par les disciples de saint Bernard et qui devint un couvent de femmes au XVIIe siècle. La nef de l'église, du début de la période gothique, est couverte d'une superbe toiture aiguë à tuiles vernissées disposées en losanges. Dans le bas-côté droit sont réunies de belles œuvres du XVe siècle : stalle abbatiale, statues en pierre du Père éternel et de sainte Anne, la Vierge et l'Enfant (de l'école de Michel Colombe). La chapelle de la Vierge est une adjonction du XVIIe siècle due à l'abbé de Nérestang : peintures murales et belle Vierge en marbre blanc.

L'église trapue d'Iguerande occupe le sommet d'une butte d'où la vue est imprenable sur la vallée de la Loire.

Iguerande

Son église trapue (début XIIe siècle), aux lignes très pures, occupe le sommet d'une butte dominant la vallée de la Loire, le Forez et les monts de la Madeleine. Les modillons sculptés du chevet et, dans la nef et le chœur, de curieux chapiteaux dont celui du « cyclope » musicien attirent l'attention. À deux pas de l'église, le musée du Reflet brionnais occupe les trois niveaux d'une maison ancienne. Bien mis en scène, ses « personnages » évoquent la vie brionnaise entre 1850 et 1950 : le triporteur de l'épicier, la fanfare, la pêche, la vie quotidienne à la maison, le travail de la vigne et les costumes.

Art roman

Résonances romanes *fédère en Bourgogne du Sud les trois centres d'études d'art roman, dont le Centre international d'études des patrimoines en Charolais-Brionnais, qui a mis en place une signalétique pour suivre les Chemins du roman.*

Marcigny

Ville natale d'Irène Popard (1894-1950), créatrice de la gymnastique rythmique, Marcigny est agréablement situé à proximité de la Loire, sur les dernières pentes du Brionnais. La ville a conservé autour de l'église

LE BRIONNAIS

des maisons à pans de bois du XVIe siècle. Marcigny est le siège, depuis 1850, d'une fabrique de poterie culinaire renommée, Émile Henry.

Tour du Moulin – Cette grande tour, vestige des remparts protégeant un ancien prieuré de dames bénédictines autour duquel s'est propagée la ville, est une belle construction du XVe siècle, aux murs curieusement ornés de boulets de pierre en relief. Un musée consacré à l'histoire locale y a été installé.

Anzy-le-Duc★

Agréablement campé sur les hauteurs, dans la vallée de l'Arconce, le village s'est développé autour de son prieuré fondé au IXe siècle par le monastère de Saint-Martin d'Autun. Comme tant d'autres, le prieuré est tombé en décadence avant de disparaître à la Révolution. Son église a traversé les siècles et reste l'un des plus beaux exemples d'art roman dans la région, sur le même modèle que Charlieu.

Église★ – Sa construction aurait été entreprise au début du XIe siècle. La beauté de l'édifice, surmonté d'un magnifique clocher roman, tour polygonale à trois étages de baies, est rehaussée par les tons dorés de la pierre. La nef, couverte de voûtes d'arêtes et éclairée par des fenêtres hautes, est très pure de ligne. Les chapiteaux, fort bien conservés, représentent des scènes bibliques et des allégories. Bien qu'en assez mauvais état, les fresques montrent une grande qualité d'exécution. Un portail primitif percé dans le mur d'enceinte comporte un tympan représentant à gauche l'Adoration des Mages, à droite le Péché originel, le linteau figurant la séparation des élus et des damnés.

Montceaux-l'Étoile

Au portail de l'église, sous le cintre, le tympan et le linteau sculptés dans un seul bloc de pierre figurent l'Ascension, comme à Anzy-le-Duc et à Saint-Julien-de-Jonzy.

Varenne-l'Arconce

Le transept saillant et le clocher carré de type « Paray-le-Monial » donnent à l'église une silhouette massive. Le grès dont elle est bâtie a restreint la décoration sculptée. L'intérieur contient des statues en bois, dont certaines polychromes, ainsi qu'un christ du XVIe siècle.

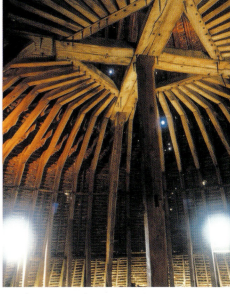

La charpente de la tour du Moulin de Marcigny mérite elle aussi le coup d'œil.

Curieusement, les murs de la Tour du Moulin sont ornés de boulets de pierre en relief.

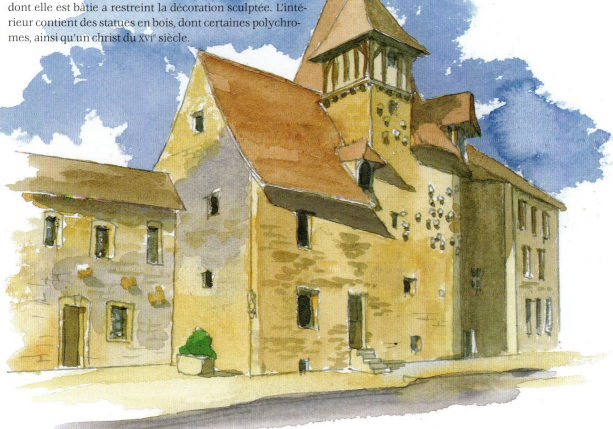

> **Les Jardins romans** – En haut du village, ce petit domaine est organisé en jardins à thèmes : le jardin des aromatiques, le cloître des senteurs, les jardins aquatiques…

Château de Chaumont
La façade Renaissance du château est flanquée d'une tour ronde ; l'autre façade, de style gothique, est moderne. L'ampleur de ses bâtiments est saisissante.

Semur-en-Brionnais★
L'ancienne capitale du Brionnais apparaît sur un promontoire couvert de vignes et d'arbres fruitiers. Un château, une église romane, un ancien prieuré et un auditoire de justice (mairie) du XVIIIe siècle composent un ensemble architectural séduisant.
Église Saint-Hilaire★ – De style clunisien, elle présente un très beau chevet ; son aspect trapu est atténué par la hauteur des murs pignons à l'extrémité du chœur et des bras du transept, et sa sévérité par les corniches de modillons sculptés qui règnent à la base des toits. L'élégant clocher octogonal qui la domine est remarquable par son double étage d'arcatures romanes géminées. La nef est très harmonieuse.
Château Saint-Hugues – Le donjon rectangulaire bâti au IXe siècle, où naquit saint Hugues, le fameux abbé de Cluny et deux petites tours aménagées en prison au XVIIIe siècle subsistent à ce jour.

Saint-Julien-de-Jonzy
Édifié sur l'une des plus hautes collines de la région, le village offre un beau panorama sur les paysages vallonnés du Brionnais et du Beaujolais. D'un édifice roman du XIIe siècle, l'église actuelle, raccourcie, conserve un clocher carré et un joli portail sculpté dont certains détails rappellent le porche de Charlieu.

Châteauneuf
L'église est, comme le château du Banchet, mise en valeur par un cadre boisé. Une des dernières constructions romanes en Bourgogne, elle se signale par sa façade massive, son portail latéral droit dont le linteau porte une sculpture naïve des 12 apôtres.

Par certains détails, le portail sculpté de l'église de Saint-Julien rappelle celui de Charlieu.

★ CHÂTEAU DE BUSSY-RABUTIN

■ La riche et originale décoration intérieure n'est pas signée et ne le méritait pas. Mais faut-il le regretter ? Roger de Rabutin ne s'y est pas trompé : le seul vrai artiste du château, c'est lui. Et c'est lui, par son amertume, son brillant esprit du Grand Siècle et son incroyable insolence, qui capte l'imagination.

comprendre

Les mésaventures de Roger de Rabutin – L'art de la plume, si favorable à Mme de Sévigné, sa cousine, causa bien des ennuis à Roger de Rabutin, comte de Bussy (1618-1693), que Turenne décrivait au roi comme « le meilleur officier de ses armées, pour les chansons », malgré une brillante carrière militaire. S'étant compromis, en compagnie

---

Un destin malheureux

Tout dans le château rappelle le destin de Roger de Rabutin :
« Nous pénétrerons dans un château rempli d'emblèmes qui peignent l'amour trompé dans son espoir et l'ambition malheureuse dans ses projets. » (A. L. Milin).

CHÂTEAU DE BUSSY-RABUTIN

de libertins, dans une orgie au cours de laquelle il improvisa et chanta des couplets tournant en ridicule les amours du jeune Louis XIV et de Marie Mancini, il fut exilé en Bourgogne par ordre du roi. Rejoint dans sa retraite par sa tendre maîtresse, la marquise de Montglas, il composa, pour la divertir, une *Histoire amoureuse des Gaules*, chronique satirique des aventures galantes de la Cour. Par la trahison d'une femme, ce libelle conduisit son auteur, pourtant fraîchement élu à l'Académie française, tout droit à la Bastille. Il y séjourna un peu plus d'un an avant d'être autorisé à retourner en exil sur ses terres (en 1666), mais célibataire cette fois, la belle marquise s'étant montrée fort oublieuse. Sa fille, veuve de Coligny, l'y rejoignit plus tard.

Le château de Bussy-Rabutin présente une belle ordonnance.

découvrir

Ce château fort du XVe siècle fut racheté à la Renaissance par les comtes de Rochefort, lesquels dotèrent les ailes d'une décoration raffinée. La façade est du XVIIe siècle.

Intérieur - Toute la décoration intérieure des appartements, cage dorée où l'exilé exhale sa nostalgie de l'armée, de la vie de Cour, son ressentiment envers Louis XIV et sa tenace rancune amoureuse, a été conçue par Bussy-Rabutin lui-même.

Cabinet des Devises ou salle à manger - Panneaux figuratifs ou allégoriques et savoureuses devises composées par le maître de maison forment un assemblage imprévu. Le mobilier est Louis XIII.

Antichambre des hommes de guerre - Les portraits de 65 hommes de guerre célèbres, de Du Guesclin jusqu'à notre hôte, « maître de camp, général de la cavalerie légère de France », sont disposés sur deux rangs tout autour de la pièce. Quelques-unes de ces toiles sont des originaux, la plupart des copies exécutées au XVIIe siècle. Les boiseries et les plafonds sont décorés de fleurs de lys, de trophées, d'étendards et des chiffres enlacés de Bussy et de la marquise de Montglas.

Chambre de Bussy - Parmi les portraits de vingt-cinq grandes dames de la Cour et favorites se distinguent ceux de Gabrielle d'Estrées, Ninon de Lenclos, Mme de Maintenon, Mme de La Sablière (par Mignard), Mme de Sévigné...

Tour Dorée★ - L'exilé s'est surpassé dans la décoration de cette pièce où il avait installé son bureau (il s'y est fait représenter en empereur romain). Entièrement couverte de peintures, les sujets empruntés à la mythologie et à la galanterie de l'époque sont accompagnés de quatrains et de distiques ravageurs. Sous le plafond à caissons richement décoré, une série de portraits (copies) des grands personnages des règnes de Louis XIII et de Louis XIV couronne l'ensemble.

Chapelle - À voir, un retable de pierre du XVIe siècle représentant la résurrection de Lazare et Visitation du XVIIIe siècle en pierre polychrome avec costumes bourguignons.

Jardins et parc - Un parc de 34 ha, étagé en amphithéâtre avec de beaux escaliers de pierre, compose une magnifique toile de fond aux jardins attribués à Le Nôtre, à la foisonnante statuaire (XVIIe au XIXe siècle), aux fontaines et aux pièces d'eau.

Cousin, cousine

Mme de Sévigné est très présente au château, mais en portrait seulement. Elle était proche de Roger de Rabutin, son cousin, par bien des aspects : l'esprit, l'amour des belles-lettres (il fut académicien), le goût de plaire. Elle était à son goût, mais repoussa ses avances. On peut lire sur un mur cette inscription en latin : « Plus elle est froide, plus je m'enflamme. »

alentours

Bussy-le-Grand

Le village possède une grande église du XIIe siècle, restaurée, d'extérieur sobre, et dont l'intérieur séduit par son architecture, ses sculptures et son mobilier des XVIIe et XVIIIe siècles.

Musée Gorsline – Animé par la femme de l'artiste, le musée présente des œuvres originales du peintre américain Douglas Gorsline (1935-1985), connu pour ses illustrations de livres et de magazines.

Pas moins de vingt-cinq grandes dames de l'époque furent immortalisées sur les murs de la chambre de Bussy !

L'église abbatiale de Cluny fut la plus vaste d'Europe jusqu'à la construction de Saint-Pierre de Rome.

CHABLIS

■ « Porte d'or » de la Bourgogne, petite ville baignée par le Serein, Chablis est la capitale du prestigieux vin blanc de Bourgogne. Le paysage vallonné, couvert de vignobles, offre un cadre agréable aux amoureux de la nature.

Le nom
Capulum ou *Schabl* serait à l'origine du nom de Chablis, autrement dit un câble, celui qui servait à passer le gué de la rivière avec plus de sérénité.

LES GENS
2 594 Chablisiens. Nombre d'entre eux prennent soin du prestigieux vignoble.

comprendre

Le vin de Chablis – Ce très ancien vignoble, dont on peut situer la naissance vers la fin de l'Empire romain, fut relancé par les moines cisterciens de Pontigny au Moyen Âge et connut au XVIe siècle sa plus grande prospérité. Il y avait alors à Chablis et dans la région plus de 700 propriétaires viticulteurs. De nos jours, le vin de Chablis, vif et élégant, est toujours fort apprécié pour sa saveur fine et son bouquet minéral (pierre à fusil, silex). Sa robe or vert est à nulle autre pareille. Son parfum particulier s'élabore vers le mois de mars qui suit la récolte et conserve longtemps une remarquable fraîcheur. L'unique cépage est le chardonnay qui révèle ici toute l'expression d'un terroir, dans les vins blancs exclusivement. L'aire de production s'étend sur une vingtaine de communes, de Maligny et Ligny-le-Châtel, au nord, à Préhy et Poilly-sur-Serein, au sud ; de Viviers et Béru, à l'est, à Beines et Courgis, à l'ouest.

Ce vignoble regroupe quatre appellations. Les chablis grands crus, les plus prestigieux, sont groupés sur les coteaux abrupts de la rive droite du Serein (101 ha). Ils sont constitués par 7 « climats » : Vaudésir, Valmur, Grenouilles, les Clos, les Preuses, Bougros et Blanchots. Les chablis premiers crus s'étendent sur les deux rives du Serein, sur le territoire de Chablis et des huit communes environnantes (750 ha). Ensuite viennent les chablis dont le vignoble est le plus étendu (3 000 ha), puis les petits chablis (650 ha).

Le paysage vallonné de Chablis offre un cadre agréable aux amoureux de la nature.

LA BOURGOGNE

visiter

Collégiale Saint-Martin

Les chanoines de Saint-Martin-de-Tours, ayant fui devant les Normands, fondèrent ici cette collégiale afin d'y abriter les reliques de leur saint. Elle fut reconstruite après 1220. L'intérieur forme un ensemble homogène, inspiré de Saint-Étienne de Sens. Au chevet de la collégiale, dans le beau bâtiment des XVe et XVIe siècles qui appartenait aux chanoines, est visible un ancien pressoir en bois.
La ville est riche en jolis bâtiments : l'église Saint-Pierre, le prieuré Saint-Cosme (XIIIe siècle), l'hôtel-Dieu et la porte Noël.

★ CHALON-SUR-SAÔNE

> **LES GENS**
> 50 124 Chalonnais. Né à Chalon en 1732, l'architecte Émiland Gauthey a marqué la Bourgogne de son style.

■ Centre portuaire, industriel et commercial d'une grande activité, Chalon est la deuxième agglomération de Bourgogne, et la capitale d'une riche zone de culture et d'élevage, au cœur d'un vignoble dont certains crus sont dignes de leurs illustres voisins. Ses foires et les fêtes du carnaval attirent une foule considérable.

Le nom
Cavillonum fut fondée à l'époque gallo-romaine sur les bases d'un port (déjà !) éduen.

Bordée par la Saône, Chalon se démarque par son activité trépidante.

CHALON-SUR-SAÔNE

comprendre

De l'Empire romain à l'empire Schneider – Sa situation en bordure d'une grande voie navigable et à un important carrefour de routes fit choisir cette place par Jules César comme entrepôt de vivres au temps de ses campagnes en Gaule. Du Moyen Âge, on retiendra les foires aux sauvagines, témoins du rôle de carrefour européen joué par la cité. Chalon doit en effet une part de sa célébrité à ces peaux de petits animaux à fourrure tels que renards, fouines ou blaireaux... Les foires, qui y avaient lieu deux fois par an et duraient un mois, comptaient parmi les plus fréquentées d'Europe. Mais si la fourrure a longtemps été chez elle à Chalon, le marché du cuir s'est en grande partie substitué à cette ancienne activité, la mode du vêtement de cuir s'étant bien développée au cours des dernières décennies. La création du canal du Centre (fin XVIIIe-début XIXe siècle), puis celle des canaux de Bourgogne et du Rhône au Rhin ont encore développé le commerce régional par voie d'eau. En 1839, les usines Schneider du Creusot installent au débouché du canal du Centre une importante usine dite « Le Petit Creusot », devenue « Creusot-Loire ». Les chantiers navals entreprennent dès lors la construction d'une longue série de bateaux métalliques : torpilleurs, sous-marins et contre-torpilleurs. C'est ainsi que 81 torpilleurs ont été montés pour le compte de la Marine nationale et des marines bulgare et turque entre 1889 et 1906. L'unité la plus importante fut le torpilleur *Mangini*, lancé en décembre 1911 pour la marine bolivienne. Long de 78,10 m, il avait un tirant d'eau de 3,08 m, trop fort pour pouvoir descendre le cours de la Saône. C'est avec un bateau porteur qu'il dut gagner la Méditerranée. Plus tard, les habitants de Chalon-sur-Saône ont pu voir des submersibles de type SC 1 croiser le long des quais de la ville. Cette dernière fabrication, destinée à la Bolivie et au Japon, ne s'arrêta qu'avec la Seconde Guerre mondiale. Spécialisée dans la métallurgie lourde, Creusot-Loire subit de plein fouet la crise sidérurgique de 1984. Cependant, d'autres industries se sont implantées depuis les années 1970, dont Saint-Gobain, Framatome, L'Air Liquide et Kodak.

Un génie inventif – Chalon voit naître Joseph Nicéphore Niépce en 1765. Nicéphore ? Ce prénom, Joseph Niépce se l'attribue après avoir été... remercié d'un poste d'instituteur. Nicéphore est à la fois le patriarche des iconostases et « celui qui apporte la victoire ». Tout un programme pour un chercheur de génie, passionné par la peinture et les arts... Niépce met au point, avec son frère Claude, un moteur dont le principe est celui du moteur à réaction, le « pyréolophore ». Il dessine aussi une version de la draisienne, qu'il appelle « la machine à courir assis ». Passionné par la lithographie (gravure sur pierre), il réussit, en 1816, à fixer en négatif l'image obtenue au moyen de la chambre noire puis, en 1822, à avoir une image positive fixée. Après ces résultats, Niépce élabore vers 1826 un procédé de photogravure : l'héliographie. Il meurt à Chalon en 1833, six ans avant la consécration officielle de sa trouvaille par Arago.

Images de Niépce

Une statue (quai Gambetta), un musée à son nom et un monument à Saint-Loup-de-Varennes, où fut mise au point sa découverte, perpétuent son souvenir. Quant à la toute première photographie, *Le Toit des Cras*, prise de sa fenêtre à Saint-Loup après dix heures de temps de pose, sur une plaque d'étain recouverte de bitume de Judée, elle est précieusement conservée dans un bain d'hélium à l'université d'Austin, au Texas.

se promener

Maisons anciennes
Certaines des demeures séculaires du vieux Chalon méritent d'être signalées, surtout dans le quartier Saint-Vincent, où de belles façades à pans de bois ont été dégagées.

Cathédrale Saint-Vincent
Sanctuaire de l'ancien évêché de Chalon (supprimé en 1790), Saint-

Nicéphore Niépce est né à Chalon ; la ville lui rend hommage avec une statue et un musée à son nom.

LA BOURGOGNE

À la pointe de l'île, la tour du Doyenné domine le fleuve.

CHALON-SUR-SAÔNE

Vincent ne présente pas un aspect homogène. Ses parties les plus anciennes remontent à la fin du XIe siècle ; le chœur est du XIIIe siècle. Sa façade et ses clochers néogothiques (1825) lui donnent un air étrange. À l'intérieur, les piliers cantonnés de pilastres cannelés et de colonnes engagées sont dotés pour certains de chapiteaux semblables à ceux d'Autun. Dans la chapelle donnant accès à la sacristie, une voûte à cinq clefs pendantes et un beau vitrail représentant la femme aux douze étoiles de l'Apocalypse suscitent l'intérêt. Le bras droit du transept ouvre sur la chapelle Notre-Dame-de-Pitié (Pietà du XVe siècle et tapisseries Renaissance) ainsi que sur un cloître du XVe siècle, restauré, où se trouvent quatre belles statues en bois ; la cour du cloître a retrouvé son puits.

Hôpital

Seul le bâtiment à degrés d'inspiration flamande date de la construction initiale (1528). Le réfectoire et le couloir des cuisines, meublé de vaisseliers remplis d'étains et de cuivres, sont remarquables. La pharmacie (1715) présente une collection de pots du XVIIIe siècle classés selon les potions qu'ils contiennent : écorces, racines, bois, feuilles, etc. La chapelle, d'architecture métallique (1873), a recueilli des œuvres d'art provenant des parties démolies à l'époque : boiseries armoriées, chaire du XVIIe siècle, rare Vierge à l'encrier et verrières Renaissance.

Tour du Doyenné

Jadis proche de la cathédrale, ce beffroi du XVe siècle fut démonté en 1907, puis reconstruit à la pointe de l'île. À ses côtés se dresse un beau tilleul provenant des pépinières de Buffon.

Roseraie Saint-Nicolas

Cette prestigieuse roseraie (comptant quelque 25 000 plants) dissémine ses parterres au milieu d'immenses pelouses semées de bosquets.

Église Saint-Pierre

Construite de 1698 à 1713 dans un style italien, cette ancienne chapelle bénédictine présente une façade imposante. À l'intérieur

L'imposante façade de l'église Saint-Pierre est marquée par le style italien.

CHALON-SUR-SAÔNE

s'ouvrent une vaste nef et un chœur sous coupole peuplés de statues, dont certaines sont du XVIIe siècle. Dans le chœur, stalles sculptées et orgue d'époque Régence surmonté d'un Saül jouant de la harpe.

visiter

Musée Denon★

Installé dans une annexe (XVIIIe siècle) de l'ancien couvent des Ursulines, dotée pour lui d'une façade néoclassique, ce musée porte le nom de l'une des gloires de la ville : le baron Dominique Denon, dit Vivant Denon. Les riches collections du musée couvrent l'art pictural du XVIIe au XXe siècle. Les pièces archéologiques exposées ont pour la plupart été retrouvées lors de fouilles subaquatiques ou de dragages de la Saône : les « feuilles de laurier », les vases et les fibules en bronze gaulois et les dagues du Moyen Âge témoignent de la présence ancienne de l'homme en Chalonnais.

Musée Nicéphore-Niépce★★

Situé dans l'hôtel des Messageries royales (XVIIIe siècle), au bord de la Saône, le musée conserve une très riche collection d'images et matériels, qui permet de suivre la découverte et les évolutions de la photographie. La présentation permet de suivre les progrès spectaculaires de l'image : projection lumineuse (lanternes magiques), vues stéréoscopiques (relief), premières éditions d'albums par W. H. Fox Talbot (*The Pencil of Nature*, 1844), photographies en couleurs, photochromies de Louis Ducos du Hauron (1868), holographie (1948-1970)... Cette progression s'accélère au XXe siècle, qui voit l'apparition du format 24 x 36 (1923) et le succès populaire de la « photo ».

alentours

Saint-Loup-de-Varennes

Musée de la Première Photo – Il abrite la chambre d'où fut prise la première photographie, le grenier qui abritait les expériences de Niépce et de Daguerre. Dans les lieux mêmes de l'invention figurent les premiers procédés et appareils photo reproduits et commentés.

Saint-Ambreuil

Abbaye de la Ferté – Dernier vestige de l'abbaye, avec le réfectoire en voûtes d'ogives, cette aile du XVIIe siècle correspond à l'ancien logis de l'abbé. Dans l'amusante galerie des sciences sont réunis à la fois instruments de mesure et ouvrages scientifiques, ainsi que des portraits et bustes de la savante dynastie familiale : elle compte l'inventeur de l'eau oxygénée et celui du célèbre crayon Conté !

circuit

LA CÔTE CHALONNAISE

Givry

Givry produit des vins appréciés depuis longtemps : ils constituaient l'ordinaire du bon roi Henri IV. La localité offre l'aspect d'une tranquille petite cité de la fin du XVIIIe siècle, avec son hôtel de ville installé dans une porte monumentale de 1771, ses fontaines et son église. Chef-d'œuvre de Gauthey, cette dernière est couverte de coupoles et de demi-coupoles. La halle ronde, ancien marché aux grains, dont les grandes arcades laissent apercevoir la jolie spirale de l'escalier central, date du début du XIXe siècle.

> ### Souriez !
> Au musée, on remarque les premiers appareils de Nicéphore Niépce et de Daguerre (son associé en 1829, lequel développe un matériel commercialisable : le daguerréotype), le Grand Photographe de Chevalier (vers 1840), les appareils Dagron ou Bertsch pour la photographie microscopique, les Dubroni (photographie instantanée, 1860), les canons à ferrotypes (support métallique au lieu du verre), les cyclographes (photographie panoramique, 1890) de Damoiseau, la « photosculpture » de Givaudan...

L'appareil photographique a bien évolué depuis le daguerréotype...

LA BOURGOGNE

Le château de Rully présente une intéressante architecture militaire.

Château de Germolles
Cette maison forte du XIIIe siècle – que précède une ferme du XIVe siècle, à fenêtres à meneaux – fut rachetée au XIVe siècle par Philippe le Hardi et transformée en « maison de plaisance ducale » pour Marguerite de Flandre.

Vallée des Vaux
C'est le nom donné à la pittoresque haute vallée de l'Orbise. À partir de Mellecey, les villages situés à mi-côte présentent le type des cités viticoles avec les celliers attenants aux maisons : Saint-Jean-de-Vaux, Saint-Mard-de-Vaux.

Rully
Ce gros village, ouvert sur la Saône, consacré au vin, possède un château médiéval doté d'un donjon du XIIe siècle bien conservé.

CHAPAIZE

■ À proximité du Bisançon, rivière que borde à l'est la belle forêt de Chapaize, ce petit village agricole abrite quelques maisons typiques du vignoble de la Côte, dont certaines remontent au XVIIIe siècle. Il est dominé par une église très originale, dernier témoin d'un prieuré roman fondé au XIe siècle par les bénédictins de Chalon.

LES GENS
159 Chapaizois dans ce petit village agricole.

Le nom
Chapaize pourrait dériver du latin *campus* et désigner la plaine qui jouxte la forêt. La présence d'un monastère lui a valu pendant longtemps le nom de Mouthier-en-Chapaize.

visiter

Église Saint-Martin★
Construite du premier quart du XIe siècle au début du XIIIe siècle en belle pierre calcaire locale, dans un style roman marqué d'influences lombardes (des maçons venus d'Italie ont sans doute participé à sa réalisation), elle se fait remarquer par la hardiesse de son clocher.
Extérieur – De plan basilical à nef centrale rehaussée au XIIe siècle, l'église montre des murs latéraux épaulés d'épais contreforts et une sobre façade au pignon triangulaire souligné d'arcatures. Véritable campanile lombard (milieu du XIe siècle), toutefois bâti sur la croisée du transept où il s'élève à une hauteur inattendue (35 m), le clocher, symbole de pouvoir, est un privilège inscrit dans la féodalité : autrement dit, le seigneur du village étant maître du clocher, plus ce dernier est beau et élevé, plus le sire est puissant.
Intérieur – L'intérieur à trois nefs, d'un sombre dépouillement, surprend dès l'entrée par deux singularités : les proportions des piliers (4,80 m de circonférence) et leur dévers accentué, surtout vers la gauche. La croisée du transept est voûtée d'une admirable coupole ovoïde sur trompes, soutenue par des arcs en plein cintre.

L'église Saint-Martin, en belle pierre calcaire locale, se fait remarquer par la hardiesse de son clocher.

alentours

Lancharre
Le hameau englobe les vestiges d'un couvent de chanoinesses établi

au XIe siècle par les sires de Brancion. L'ancienne église conventuelle, émouvante dans son abandon, réunit deux édifices accolés des XIIe et XIVe siècles composant le chevet et le transept sur lequel s'élève un clocher carré percé de grandes baies ogivales. De la nef disparue, où prend place le cimetière, il ne subsiste qu'un pan de mur et la première travée jouxtant le chœur.

Chissey-lès-Mâcon
L'église du XIIe siècle, à l'élégant clocher clunisien, abrite de très curieux chapiteaux historiés.

Blanot
Ce village aux vieilles maisons clôturées par de jolis murs de pierres sèches occupe un site charmant au pied du mont Saint-Romain. L'église, couverte de lauzes, forme avec l'ancien prieuré voisin un ensemble plein de cachet.

Ancien prieuré★ – Le logis principal, fortifié, de ce prieuré clunisien du XIVe siècle présente une harmonieuse façade en pierre sèche.

Église – De la fin du XIe siècle, elle a conservé une abside à frise ajourée et un curieux clocher roman à toiture débordante, orné d'arcatures lombardes.

Grottes – Les grottes s'enfoncent à plus de 80 m de profondeur. Au cours des temps géologiques, la voûte s'est effondrée, créant un chaos de pierres gigantesques. En fin de circuit, une vitrine présente un échantillonnage de silex taillés et d'ossements d'animaux retrouvés sur place depuis 1988 et datés de l'époque moustérienne (100 000 à 40 000 ans avant notre ère).

Dans l'ancienne église conventuelle de Lancharre, plusieurs dalles funéraires ont été gravées d'effigies de dames.

LA CHARITÉ-SUR-LOIRE ★

■ Enjambée par un beau pont de pierre en dos d'âne, la Loire vient baigner les quais de cette cité historique, adossée à des remparts. Ses maisons anciennes et ses ruelles étroites, pressées autour d'une superbe église prieurale qui fut, après celle de Cluny, la plus grande de France, sont de toute beauté…

Le nom
La Charité-sur-Loire fut fondée sur l'ancien site de Seyr (« ville au soleil » en phénicien).

LES GENS
5 515 « Charitois ». La tradition caritative se perpétue dans l'activité de l'hôpital psychiatrique, le plus gros employeur de la ville.

comprendre

La pucelle et le brigand – Fortifiée au XIIe siècle, la ville, « poste considérable à cause du passage de la Loire », allait être l'enjeu de luttes entre les Armagnacs et les Bourguignons au cours de la guerre de Cent Ans. Occupée par les premiers, partisans de Charles VII, la ville est prise en 1423 par Perrinet-Gressard, aventurier payé à la fois par le duc de Bourgogne et par les Anglais. En décembre 1429, Jeanne d'Arc, venant de Saint-Pierre-le-Moûtier, met le siège devant La Charité. Mais l'insuffisance des troupes, les rigueurs du froid et peut-être une « merveilleuse finesse », jamais élucidée, de Perrinet-Gressard l'obligent à lever le siège. Quant à Perrinet-Gressard, il ne

LA BOURGOGNE

rendra la ville à Charles VII qu'après 1435 et la signature de la paix d'Arras entre Armagnacs et Bourguignons, moyennant une forte rançon et la charge à vie de capitaine de La Charité. La ville fera à nouveau l'objet de plusieurs changements de main, cette fois entre les catholiques et les protestants (1559-1577). En 1570, elle fait partie des quatre places de sûreté des huguenots en France.

se promener

Place Sainte-Croix

C'est ici que l'imbrication de la ville et du prieuré est la plus manifeste : cette place est en fait à l'intérieur de l'ancienne église prieurale détruite en 1559. En effet, le 31 juillet 1559 démarre un grand incendie qui ravage 6 travées de Notre-Dame, le clocher, la chapelle axiale, la nef de Saint-Laurent, le dortoir, le cloître, les logis des officiers, la cuisine, le chauffoir et de nombreuses maisons en ville.
Le prieuré était « flambant neuf » aux deux sens du terme : vingt ans auparavant, le prieur Jean de la Madeleine de Ragny avait financé sa remise en état. Il se signale par les arcatures du faux triforium sous lesquelles ont été encastrées des habitations au XIXe siècle, après la vente des biens nationaux.

Église prieurale Notre-Dame★★

Le pape Pascal II consacra l'église en 1107. La Charité resta toujours dépendante de sa maison mère, Cluny, mais engendra 400 nouvelles fondations. Malgré ses blessures, l'édifice reste l'un des plus dignes représentants de l'architecture romane en Bourgogne.
Avec ses cinq nefs, 122 m de longueur, 37 m de largeur et 27 m de hauteur sous la coupole, elle était, après celle de Cluny, la plus grande de France et pouvait contenir cinq mille personnes. Elle faisait partie des cinq privilégiées honorées du titre de « fille aînée de Cluny » et ne possédait pas moins d'une cinquantaine de « filiales », jusqu'à Constantinople. Lorsque Cluny décide cette nouvelle fondation, c'est à dessein qu'elle la préfère monumentale. Bien implantée sur les routes des pèlerinages, plus au sud, elle pose un bastion en terre vierge dans le diocèse d'Auxerre. Cet ancrage lui permettra de rayonner et d'essaimer dans la partie nord de la France.

Extérieur – Isolée du reste de l'édifice par l'incendie de 1559 qui ravagea une bonne partie de la ville, la façade se dresse place des Pêcheurs. L'ample tour Sainte-Croix a été édifiée au XIIe siècle. De plan carré, à deux étages de fenêtres, elle est surmontée d'une flèche couverte d'ardoise remplaçant l'originale en pierre. Les deux portes sont murées ; l'une d'elles conserve son tympan, avec une rare scène de la Nativité où Marie est représentée couchée et, au-dessus d'elle, l'enfant Jésus réchauffé par l'âne et le bœuf.

Intérieur – L'église actuelle occupe les quatre premières travées de la nef originelle, le transept et le chœur. De l'entrée, la taille de l'église et la surélévation du sol, visible au pied du pilier et due à l'accumulation de remblais, ainsi que la déclivité avec le portail sont frappantes. Fort mal restaurée en 1695, la nef a perdu son intérêt, mais le transept constitue avec le chœur un magnifique ensemble roman. Les vitraux modernes sont l'œuvre de Max Ingrand.
Le tympan de la Transfiguration à droite de la porte se signale par le mouvement des prophètes Moïse et Élie qui encadrent le Christ : ils semblent danser, les courbes de leur corps épousant celles du tympan. En dessous, l'Adoration des Mages et la Présentation au Temple. Décors et frises sont admirablement soignés.

Ancien prieuré

Une ambitieuse campagne d'achat et de restauration redonne vie et

---

> **Noble vocation**
>
> L'abbaye de La Charité, réorganisée au XIe siècle, attirait voyageurs, pèlerins et pauvres. Connaissant l'hospitalité des moines, beaucoup venaient solliciter « la charité des bons pères ». « Aller à la charité » passa dans le langage courant, et le nom fut attribué à la localité. Les armes de la ville, trois bourses d'or ouvertes sur champ d'azur, rappellent la prodigalité des religieux.

L'église Notre-Dame, malgré ses blessures, reste l'un des plus dignes représentants de l'architecture romane en Bourgogne.

LA CHARITÉ-SUR-LOIRE

unité à ce vaste ensemble (250 m de côté), qui a gardé de très beaux éléments : salle capitulaire (XIVe siècle), cloître (XVIIIe siècle), réfectoire, salon et salle à manger du prieur...

Cour du château
Au fond de la cour figurent la tour du Logis du prieur, du XVIe siècle, avec sa jolie tourelle à sept pans, et le cellier, du XIIIe siècle. Entre les deux, un bâtiment néogothique du XIXe siècle.

Les remparts
Leur origine remonte à 1164. De leurs diverses tours, jolies vues sur l'église, la Loire et la vieille ville.

Le quartier des pêcheurs
Il en reste peu de chose : des ruelles étroites et, rue Basse-de-Loire, le « guichet », sous le quai Foch, témoin du lien vital entre ce quartier et le fleuve.

Le quartier des commerçants
Sur la place des Pêcheurs, la maison de la Revenderie, du XIIIe siècle, était le lieu où l'abbaye vendait ses productions. Au rez-de-chaussée, un linteau en demi-cercle typique abrite la porte, la fenêtre et le banc d'échoppe. Ces façades, fréquentes, manifestent l'activité du quartier au Moyen Âge.

Le quartier bourgeois
C'est l'élévation plus importante des immeubles, récents ou très transformés, qui signale le prestige de la Grande-Rue. La porte de la Madeleine (XVIe siècle) entre les nos 23 et 25 attire le regard.

Le quartier des guêtrots
C'est surtout l'uniformité de l'ensemble qui frappe dans le quartier des rues Sainte-Anne, Saint-Jacques et des Halles. Ces petites maisons des XVIIIe et XIXe siècles sont celles des vignerons (qui portaient des guêtres).

> ### La Charité, « Ville du livre »
> Depuis l'an 2000, La Charité est devenue « Ville du livre ». En témoignent les nombreux libraires, bouquinistes et artisans du livre dans le centre historique de la cité : place des Pêcheurs, rue du Pont, rue des Hôtelleries, rue du Petit-Rivage, Grande-Rue ou encore rue de la Verrerie.

visiter

Musée
Dans l'hôtel Adam (XVIIIe siècle), une large place est faite aux objets découverts lors des fouilles réalisées entre 1975 et 1994 au chevet de l'église prieurale Notre-Dame. Sont présentées par ailleurs des œuvres du sculpteur Alfredo Pina (1885-1966), proche de Rodin, des céramiques de la manufacture de Sèvres et une belle collection de vases Art nouveau et Art déco de Lalique, Daum et Gallé. La salle des Tailleurs de limes évoque cette activité, qui fut importante dans le canton de 1830 à 1960 environ.

alentours

Pouilly-sur-Loire
Localité célèbre pour ses vignobles, qui produisent des vins blancs au goût de terroir très caractéristique.
Pavillon du milieu de Loire – À l'emplacement des anciens abattoirs, en bord de Loire, cet espace présente de façon moderne et ludique la faune et la flore du fleuve et de ses abords.
Réserve naturelle du Val-de-Loire – Couvrant un tronçon de Loire entre Pouilly et La Charité, elle abrite quelques familles de castors et de nombreux oiseaux migrateurs.

L'origine des remparts remonte à 1164, leur état n'est donc pas parfait...

Pouilly-sur-Loire... le nom vous rappelle bien entendu le célèbre vin blanc...

LA BOURGOGNE

Forêt des Bertranges

Distante de quelque 5 km à l'est de la Loire, cette vaste et belle forêt domaniale couvre environ 10 000 ha de ses belles futaies de chênes mêlées de hêtres, de sapins et de mélèzes. Elle abrite des blaireaux, des martres ou des renards. Comme l'indique le nom des villages de Saint-Aubin-les-Forges ou Beaumont-la-Ferrière, le massif fut, du XIVe au XIXe siècle, le lieu d'une intense activité métallurgique, grâce au charbon de bois, à la présence généreuse de minerai de fer et au port de La Charité, très animé du temps de la navigation sur la Loire.

CHARLIEU

■ Marché actif dès l'époque médiévale, sur la voie reliant la vallée de la Saône à celle de la Loire, Charlieu devint au XIXe siècle un grand centre de tissage de soierie, tant en usine qu'au sein d'ateliers familiaux. Mais c'est surtout à la qualité de ses trésors architecturaux que la cité doit sa renommée.

LES GENS

3 582 Charliendins, à la frontière de l'influence bourguignonne.

Le nom

C'est la première communauté de moines bénédictins qui rebaptisa celle qui s'appelait jusqu'alors Sornin, *carus locus*, « cher lieu ».

découvrir

Abbaye bénédictine★

Fondée vers 870 et rattachée à Cluny vers 930, l'abbaye fut transformée en prieuré un siècle plus tard. En entreprenant leurs recherches, les archéologues ont découvert sur le site de l'abbaye une succession de constructions. Lorsque la tourmente révolutionnaire arrive, le prieuré bénédictin ne compte plus que six moines. Il est sécularisé en mars 1789 et les bâtiments – dont l'église Saint-Fortuné, « la plus parée des filles de Cluny » – sont en grande partie démolis. Le site entame alors une longue période de déclin qui se poursuivra jusque vers la fin du XIXe siècle. De Saint-Fortuné ne subsistent aujourd'hui que la dernière travée dont les chapiteaux sont typiques du Brionnais, et l'avant-nef ajoutée au XIIe siècle.

Façade★★★ – La façade nord de l'avant-nef s'ouvre par un grand portail du XIIe siècle, véritable chef-d'œuvre de l'art roman. Bien que toutes les têtes aient été brisées ou martelées à la Révolution, il continue d'éblouir par la qualité de sa décoration sculptée. Le tympan figure le Christ en majesté dans une mandorle, soutenue par deux anges et entourée des symboles des quatre évangélistes ; sur le linteau sont représentés la Vierge assistée de deux anges et les douze apôtres. La précision des vêtements est saisissante. Au-dessus de l'archivolte, l'agneau pascal retient l'attention. Le même travail de la toison se retrouve dans la peau de bête dont est vêtu Jean-Baptiste. Le tympan du petit portail, à droite, est lui aussi intéressant : des animaux sont amenés vers un personnage assis pour être sacrifiés, la scène s'inspire des représentations antiques de sacrifices païens pour évoquer le temple de Jérusalem et les rites de l'ancienne Alliance. Elle est surmontée par les Noces de Cana, premier

La cité de Charlieu doit sa renommée à la qualité de ses trésors architecturaux.

CHARLIEU

miracle du Christ. À l'archivolte, la Transfiguration du Christ est dominée par un nuage : des nuées sortaient le visage et le bras de Dieu (martelés) pour désigner son fils. Ce portail résume par ses scènes successives le passage de l'ancienne à la nouvelle Alliance.

Centre des visiteurs – Aménagé dans l'ancien dortoir des novices, à l'entrée de l'abbaye, le centre des visiteurs propose une présentation sur l'univers monastique.

Avant-nef – Édifice rectangulaire de 17 m de longueur sur 10 m de largeur environ, il comprend deux salles superposées, voûtées d'arêtes, dont une abrite un sarcophage gallo-romain, trouvé au cours des fouilles.

Salle du chartrier – À l'est, la grande baie offre une vue d'ensemble sur les fondations des trois sanctuaires des IXe, X^e et XIe siècles qui se sont succédé à cet emplacement et que distinguent la couleur des joints et la verdure de la pelouse. La vue englobe également la tour Philippe-Auguste, l'hôtel du Prieur et les toits de la ville.

Cloître – Il a été édifié au XVe siècle, en remplacement du cloître roman. Un vieux puits subsiste, adossé à la galerie ouest.

Parloir – Cette belle salle voûtée du début du XVIe siècle abrite un musée lapidaire où, à côté d'anciens chapiteaux du prieuré, figurent deux bas-reliefs intéressants.

Cave – Voûtée de deux berceaux en plein cintre, elle accueille un musée d'Art religieux comportant un bel ensemble de statues en bois polychrome du XVe au XVIIIe siècle, dont une Vierge à l'oiseau provenant de l'église d'Aiguilly, près de Roanne, et une Vierge à l'Enfant, toutes deux gothiques (XVe siècle). Les visages des petits chantres (XIXe siècle) sont particulièrement expressifs.

Salle capitulaire – Elle date du début du XVIe siècle. Ses ogives reposent sur un pilier rond portant un lutrin sculpté dans la masse.

Chapelle du prieur – Édifiée à la fin du XVe siècle, elle est surmontée d'un clocheton couvert de lamelles de bois. Le carrelage de terre cuite a été reconstitué sur le modèle ancien.

Hôtel du prieur – Ce logis borde une élégante cour ornée en son centre d'un puits au couronnement en fer forgé. La construction (1510) comprend deux tours d'angle aux

Construite au XIIe siècle, cette tour de pierre ocrée faisait partie du système défensif de l'abbaye.

À l'intérieur de l'hôtel du prieur, meubles et objets évoquent le cadre de vie des prieurs au XVIIIe siècle.

LA BOURGOGNE

toitures couvertes de petites tuiles de Bourgogne. À l'intérieur, meubles et objets évoquent le cadre de vie des prieurs au XVIIIe siècle.

Tour Philippe-Auguste
Cette imposante tour, de belle pierre ocrée, faisait partie du système défensif de l'abbaye construit sur ordre du roi vers 1180. Philippe Auguste estimait la place forte de Charlieu *« très utile à la couronne »*.

se promener

VIEILLE VILLE

La vieille ville abrite de nombreuses habitations du XIIIe au XVIIIe siècles. La maison des Anglais est la plus jolie. Datant du début du XVIe siècle, elle est dotée de fenêtres à meneaux séparées par une niche gothique, d'une galerie et de deux échauguettes qui flanquent la façade. La maison des Armagnacs (XIIIe et XIVe siècles) présente deux fenêtres géminées, surmontées d'arcs trilobés, décorés à gauche d'un motif floral, à droite d'une tête humaine ; l'étage à pans de bois surplombe le tout.

Dépourvue de transept, l'église Saint-Philibert abrite dans sa nef de beaux objets d'art.

Église Saint-Philibert
Commencée au XIIIe siècle, cette église a reçu son tympan au XXe siècle. Sans transept, elle possède une nef de cinq travées, flanquée de bas-côtés et d'un chœur rectangulaire, caractéristique de l'art bourguignon. Elle abrite de beaux objets d'art : chaire en pierre monolithe du XVe siècle, stalles des XVe et XVIe siècles. Ces dernières sont accompagnées de panneaux peints. La statue de Notre-Dame-de-Septembre, patronne de la corporation des tisserands, est portée chaque année lors de la procession qui a lieu le 2e dimanche de septembre. Dans la chapelle Sainte-Anne, à droite du chœur, le retable peint sur pierre (XVe siècle) représente la Visitation et la Nativité. Dans la chapelle Saint-Crépin, à gauche du chœur, se dévoilent une Pietà du XVIIe siècle et la statuette de saint Crépin, patron des cordonniers et des bourreliers, en pierre polychrome.

Ancien hôtel-Dieu
Ce bâtiment du XVIIIe siècle, à la belle façade, regroupe deux musées.
Musée de la Soierie★ – Ce musée témoigne des traditions du tissage de la soie à Charlieu. La ville est d'ailleurs le siège de la dernière corporation de tisserands en France. Le beau choix de soieries, accompagnant les imposants métiers à tisser, offre un reflet de l'évolution des techniques depuis le XVIIIe siècle.
Musée hospitalier – L'hôtel-Dieu, où officièrent pendant trois siècles les religieuses de l'ordre de Sainte-Marthe, a cessé son activité en 1981. Transformé en musée, il témoigne de l'atmosphère quotidienne d'un petit hôpital, de la fin du XIXe siècle aux années 1950. L'apothicairerie a conservé son aménagement du XVIIIe siècle et la lingerie ses belles armoires régionales.

HORS LES MURS

Couvent des Cordeliers★

À Saint-Nizier, le couvent des Cordeliers a souffert de la guerre de Cent Ans, mais conserve autour du cloître quelques chapiteaux intéressants.

C'est au XIIIe siècle que les bourgeois de Charlieu firent appel aux franciscains, qui s'établirent à Saint-Nizier-sous-Charlieu. Situés hors des remparts de la ville, les bâtiments de leur couvent ont souffert de la guerre de Cent Ans. Les galeries du cloître (fin XIVe-XVe siècle) sont décorées de motifs végétaux très variés. Les chapiteaux de la galerie nord sont les plus intéressants. Ils représentent les vices et vertus dont on reconnaît : l'hermine (la pureté), le félin (la prudence),

CHAROLLES

le porc-épic (la justice), l'agneau (la douceur), le coq et l'écureuil (le travail), le chien (la fidélité). L'église (XIVᵉ siècle) à nef unique, sans transept, avec trois chapelles latérales au sud (fin XVᵉ-début XVIᵉ siècle), a été en partie restaurée. Entièrement peinte à l'origine, elle conserve quelques fragments de son décor dans le chœur.

alentours

Saint-Hilaire-sous-Charlieu
Le Grand Couvert – Cette grange aux pans très inclinés est typique de l'architecture rurale de la région. Ces témoins datent généralement du XVIIIᵉ ou du XIXᵉ siècle. Des panneaux et des écrans présentent l'ouvrage et le pays de Charlieu.

CHAROLLES

■ L'Arconce, la Semence et les canaux qui y serpentent valent à l'ancienne cité de Charles le Téméraire le surnom de « Petite Venise du Charolais ». Avec ses quais, ses vieilles rues et ses placettes fleuries, elle constitue un excellent point de départ pour découvrir, dans un rayon de 30 km, Cluny, La Clayette, les églises romanes du Brionnais ou Mont-Saint-Vincent.

Le nom
Du celte *Kadrigel*, « forteresse entourée d'eau », la ville devint *Quadrigillae*, puis *Carolliae* à l'époque gallo-romaine.

LES GENS
3 027 Charollais, qui seraient peut-être aujourd'hui hongrois si le roi Raoul de Bourgogne n'avait repoussé ces envahisseurs en 929 (il fonda le prieuré de la Madeleine pour commémorer cette victoire).

comprendre

De main en main – Racheté par Philippe le Hardi en 1390, le comté se trouve dans l'héritage de Charles le Téméraire. À sa mort, Louis XI nomme un bailli royal à Charolles, qui passe à l'Autriche avec la dot de Marguerite de Bourgogne. Le statut particulier de la cité perdurera jusqu'en 1761, où elle sera rattachée à la couronne de France.
La race charolaise – La richesse des herbages en Charolais et en Brionnais, le savoir-faire des éleveurs sont à l'origine du succès de cette race bovine, mondialement reconnue pour son rendement et la qualité de sa viande.

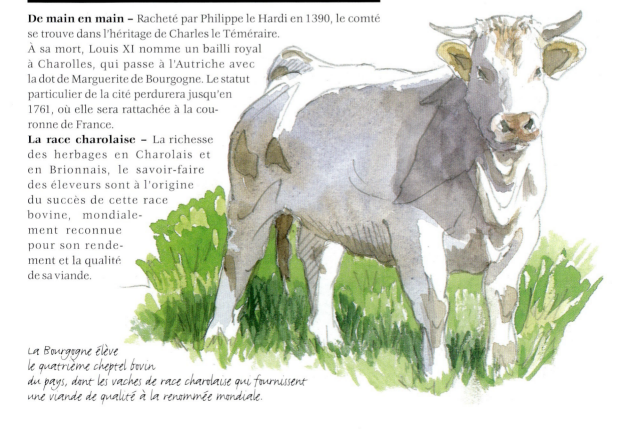

La Bourgogne élève le quatrième cheptel bovin du pays, dont les vaches de race charolaise qui fournissent une viande de qualité à la renommée mondiale.

LA BOURGOGNE

> ## se promener

Du XIVe siècle, la ville conserve les vestiges du château des comtes de Charolais, avec la fière tour du Téméraire et la tour des Diamants, aujourd'hui occupée par l'hôtel de ville.

Musée du Prieuré
Logé dans un bâtiment du XVe siècle, le musée rassemble une belle collection de faïences de Charolles. Il présente également des œuvres des peintres régionaux Jean Laronze (1852-1937) et Paul-Louis Nigaud (1895-1937). Dans la chapelle sont regroupées des sculptures de René Davoine (1888-1962). La salle capitulaire (XVe siècle) se distingue par ses poutres sculptées, décorées de masques grimaçants.

Maison du Charolais
Ce parcours qui mène du pré aux champs de foires à bestiaux permet de tout savoir sur la race charolaise et son terroir de production.

alentours

Vendenesse-lès-Charolles
Des travaux de restauration ont rendu aux fours à chaux du village, classés Monument historique en 1998, l'aspect qu'ils avaient au début du XXe siècle.
Construites en 1870, ces curieuses installations produisirent, au plus fort de leur actvité, quelque 1 000 tonnes de chaux. Leurs imposantes cheminées de brique témoignent d'une activité industrielle locale aujourd'hui disparue.

Mont des Carges★
D'une esplanade où s'élèvent les monuments au maquis de Beaubery et au bataillon du Charolais, une vue presque circulaire embrasse le pays de Loire à l'ouest, tout le Charolais et le Brionnais au sud, les monts du Beaujolais à l'est.

Butte de Suin★
À mi-chemin entre Charolles et Cluny se dresse la butte de Suin (593 m), qui portait jadis un oppidum ainsi qu'un temple dédié à Mercure. Magnifique panorama sur la vallée de la Saône et le Charolais.

La ville conserve les vestiges du château des comtes de Charolais ; ses fières tours sont occupées par les services municipaux.

★ CHÂTEAU-CHINON

LES GENS
2 307 Château-Chinonais.
On ne présente plus leur ancien député-maire, François Mitterrand, à qui ils doivent le fameux musée du Septennat.

■ **La capitale du Morvan, sur la ligne de faîte séparant les bassins de la Loire et de la Seine, bénéficie d'un site privilégié. Du haut de sa colline, facile à défendre, la ville accueillit tour à tour un oppidum gaulois, un camp romain, un monastère, un château féodal et, des siècles plus tard, devint le fief d'un célèbre maire, futur président de la République. Combats, sièges en règle, hauts faits d'armes et soirées d'élections valent à la cité sa devise : « Petite ville, grand renom ».**

Le nom
À l'époque des Éduens, le nom du site évoquait une « cime blanche ». Au XIIe siècle, le château *Castro Canino* donna son nom à la ville.

CHÂTEAU-CHINON

se promener

Panorama du calvaire★★
Érigé à l'emplacement d'un oppidum gaulois, sur les vestiges d'un ancien château fort, le calvaire (alt. 609 m) se compose de trois croix de pierre. Il offre une admirable vue d'ensemble de Château-Chinon et ses toits d'ardoise, avec au loin les croupes boisées du Morvan.

Promenade du château★
Une route, à flanc de coteau, fait le tour de la butte.

Le vieux Château-Chinon
Principaux pôles d'intérêt : la porte Notre-Dame, vestige d'un rempart édifié au XVe siècle, les ruelles au cachet médiéval, la fontaine monumentale, composée de sculptures articulées dues à Jean Tinguely et Niki de Saint-Phalle, ainsi que le quartier des Gargouillats, aux bâtiments conçus avec des matériaux traditionnels, mais dans un style futuriste.

visiter

Musée du Septennat★
Logé dans un ancien couvent de clarisses (XVIIIe siècle) au sommet de la vieille ville, ce musée rassemble les cadeaux protocolaires reçus en sa qualité de chef d'État par François Mitterrand durant ses deux septennats. La variété des collections est étonnante. Ainsi, des vestiges antiques (hydrie à figures rouges offerte par Caramanlis) côtoient des objets portant la marque de maisons prestigieuses ou les créations plus modestes d'artisans locaux. Les pièces richement ouvragées provenant des pays du golfe (maquette d'un boutre avec voile en or et palmier d'or ciselé) ou encore les somptueux meubles et objets asiatiques finement travaillés (vases de laque du Vietnam) suscitent l'admiration.

On trouve les cadeaux protocolaires les plus divers au musée du septennat...

Musée du Costume
Installé dans l'ancien hôtel du XVIIIe siècle de la famille Buteau-Ravisy, le musée présente une importante collection de costumes français, essentiellement du XVIIIe au XXe siècle, en particulier du second Empire.
Il expose également des accessoires de mode et de toilette, dentelles, bourses, éventails, des gravures et revues de mode anciennes, des tissus d'ameublement.

alentours

Lac de Pannecière-Chaumard★
Le plus grand des lacs morvandiaux se répand sur près de 7,5 km dans un joli site de collines boisées, plus sauvage que celui des Settons. Une route franchit la crête du barrage, d'où la vue s'étend sur les ramifications de la retenue, tandis qu'à l'horizon se profilent les sommets du haut Morvan.
Barrage de Pannecière-Chaumard – Construit en 1949, long de 340 m et haut de 50 m, il est constitué de multiples voûtes minces, prolongées sur chaque rive par des digues massives en béton ; 12 contreforts prennent appui sur le fond de la gorge. Par sa retenue de 82,5 millions de mètres cubes, il régularise le régime des eaux du bassin de la Seine. Une usine hydroélectrique, installée en aval, produit près de 18 millions de kWh par an.

Le lac de Pannecière-Chaumard est le plus grand des lacs du Morvan.

> **Arleuf**
> Ici, presque tous les pignons des maisons, tournés vers l'ouest, présentent cette particularité d'être revêtus d'ardoises qui les protègent des pluies. Tout près du village des Bardiaux, les ruines d'un théâtre gallo-romain de 700 places peuvent faire encore illusion.

CHÂTILLON-COLIGNY

■ Sur les bords du Loing et du canal de Briare, agrémentés de vieux lavoirs, Châtillon-Coligny, avec sa surprenante église, son temple et les vestiges de son château, porte encore les stigmates d'une histoire mouvementée. La « porte sud du Gâtinais » offre aux amateurs de chasse et de pêche des territoires appréciés.

LES GENS

1 946 Châtillonnais. Les Becquerel se distinguèrent grâce aux quatre savants de la famille, dont Henri, qui reçut en 1903 le prix Nobel de physique pour ses recherches sur la radioactivité. Autre célébrité, Sidonie Colette épousa H. Gauthier-Villars, alias Willy, à Châtillon-Coligny, où elle vivait chez ses parents et voyait quotidiennement son demi-frère, le docteur Robineau.

Le nom
Autrefois Châtillon-sur-Loing, la commune a adopté en 1896 le patronyme de son seigneur, Gaspard de Coligny.

comprendre

Un huguenot amiral de France – Né en 1519 à Châtillon, Gaspard II de Coligny avait les faveurs d'Henri II lorsqu'il passa à la Réforme. Après avoir mené des batailles auprès du connétable de Montmorency, il participa activement avec Condé aux guerres de Religion et fut victime des massacres de la Saint-Barthélemy. C'est lui qui fonda à Châtillon en 1562 le seul collège protestant pour tout le Berry et l'Orléanais. Celui-ci resta ouvert jusqu'à la révocation de l'édit de Nantes, en 1685, et marqua durablement l'histoire de la ville. En 1937, un monument fut érigé dans le parc du château, à l'emplacement de la chambre où Gaspard de Coligny était né ; ce monument fut financé par une souscription de la cour des Pays-Bas, afin de rappeler l'union de Louise de Coligny, fille de l'amiral, avec Guillaume d'Orange, gouverneur général des Provinces-Unies.

visiter

Château
Au début du XVIe siècle, le maréchal de Châtillon (Gaspard Ier de Coligny) se fit construire une somptueuse demeure près du château médiéval et du donjon roman polygonal, très original, édifié entre 1180 et 1190 par le comte de Sancerre. La Révolution n'a épargné que le donjon, haut à l'origine d'une cinquantaine de mètres (dont 26 en pierre), et les souterrains qui le desservaient. En contrebas, l'église des XVIe et XVIIe siècles est flanquée d'un campanile édifié sur une tour des anciens remparts.

Musée
Installé dans l'ancien hôtel-Dieu fondé au XVe siècle, le musée présente des portraits et documents concernant les familles de Coligny et de Montmorency, propriétaires successifs du domaine de Châtillon et l'histoire douloureuse du protestantisme en France. Une section du musée est consacrée à l'archéologie locale, tandis qu'à l'étage est retracé l'étonnant parcours de la famille Becquerel, qui vit quatre générations de savants poursuivre la même recherche et permettre

Portrait de Gaspard II de Coligny, amiral de France ; musée de Blois.

CHÂTILLON SUR SEINE

la découverte de la radioactivité. L'incroyable publicité de 1905 vantant la lotion au radium, cure miraculeuse contre la chute des cheveux, donne le frisson...

alentours

Montbouy
Les vestiges d'un amphithéâtre gallo-romain du Ier siècle sont visibles au nord du village.

Cortrat
La petite église rurale est entourée de son cimetière. Le tympan sculpté (XIe siècle) est d'une facture primitive ; les personnages et les animaux représenteraient la création du monde.

Arboretum national des Barres
Au cœur d'un énorme complexe forestier (290 ha), cet arboretum de 35 ha, propriété du ministère de l'Agriculture, rassemble près de 3 000 espèces et variétés végétales réparties en trois collections : systématique, ornementale et géographique.

Rogny-les-Sept-Écluses★
La construction des écluses de Rogny, entreprise sur ordre d'Henri IV en 1605 pour faire passer les eaux du canal de Briare sur un dénivelé de 34 m du vallon de la Trézée à la vallée du Loing, s'inscrivait dans le vaste projet d'unir la Méditerranée à l'Atlantique et à la Manche. La réalisation de cet ouvrage d'art, considérable pour l'époque, mobilisa 12 000 ouvriers, sous la direction de l'architecte Hugues Cosnier. Livré à la navigation en 1642, il est désaffecté depuis 1887. Actuellement, six autres écluses plus espacées et contournant la colline assurent le trafic du canal de Briare.

Longé par le canal de Briare, Rogny a conservé un charme certain.

CHÂTILLON-SUR-SEINE ★

■ Baignée par une Seine encore chétive, Châtillon reçoit les eaux abondantes de la Douix, source de type vauclusien émergeant au cœur de la cité dans un joli cadre verdoyant. Rien ne laisserait présager, dans les vieux quartiers de cette coquette ville, qu'elle recèle en ses murs les fruits d'une extraordinaire découverte archéologique : des objets issus d'une tombe princière celte, découverts non loin de Châtillon, sur la butte du mont Lassois...

Le nom
Dérivé de « château ». La ville s'est en effet développée au IXe siècle autour d'une forteresse, qui servira plus tard d'avancée au duché de Bourgogne.

comprendre

Un peu d'histoire – À un siècle d'intervalle, Châtillon a vécu des

> ### LES GENS
> 6 269 Châtillonnais. Une place porte ici le nom d'Auguste de Marmont, né à Châtillon en 1774, fidèle de Napoléon (aide de camp en Italie, fait duc de Raguse en 1808 et maréchal d'Empire l'année suivante). Il conclut, fin mars 1814, un cessez-le-feu pour les troupes qu'il commandait avant de rejoindre Talleyrand. Sa tombe se trouve au cimetière Saint-Vorles.

LA BOURGOGNE

heures historiques. En février 1814, alors que Napoléon Ier défend pied à pied les approches de la capitale, a lieu à Châtillon un congrès entre la France et les puissances alliées – Autriche, Russie, Angleterre, Prusse. Napoléon repousse les propositions qui lui sont faites (les coalisés demandent le retour aux frontières antérieures de 1792) ; la lutte reprend et se termine par la chute de l'Empire.

En septembre 1914, les troupes françaises battent en retraite devant la violente poussée des Allemands. Le général Joffre, commandant en chef des armées françaises, a installé son quartier général à Châtillon-sur-Seine ; c'est de là qu'il lance son fameux ordre du jour du 6 septembre : « *Au moment où s'engage une bataille dont dépend le salut du pays, il importe de rappeler à tous que le moment n'est plus de regarder en arrière…* » L'avance allemande est stoppée et la contre-attaque française sur la Marne prend l'ampleur d'une grande victoire.

Commerce florissant

L'élevage du mouton fut la grande ressource des plateaux du Châtillonnais. C'est pourquoi le commerce de la laine connut à Châtillon une activité très florissante jusqu'au XVIIIe siècle.

se promener

LA VIEILLE VILLE

Quelques jolies façades du XVIIIe siècle attirent l'œil. La maison des Barrodeau au 46, rue du Bourg à Mont (XIIIe siècle) est la plus ancienne du bourg. Autres pôles d'intérêt : la grille de l'ancien couvent des Carmélites, l'ancienne chapelle des Carmélites (XVIIe siècle), successivement transformée en lieu de culte de l'Être suprême et tribunal civil ; la rue des Avocats compte de belles demeures du XVIIIe siècle. La bibliothèque municipale a hérité à la Révolution d'un fonds exceptionnel : 18 000 volumes, récupérés

Entourée de verdure, la source de la Douix jaillit dans un site ravissant.

CHÂTILLON-SUR-SEINE

des abbayes et couvents voisins. Dans la rue Saint-Nicolas, les vitraux Renaissance de l'arbre de Jessé et du miracle du pèlerin de Saint-Jacques pendu et dépendu de l'église sont admirables.

Église Saint-Vorles

L'église domine le quartier du Bourg. À proximité se dressent les ruines du château et la tour de Gissey. L'édifice a plus de 1 000 ans. Modifié au début du XIe siècle par l'évêque de Langres (le chœur est roman), il conserve des éléments de l'art préroman carolingien.
La chapelle basse Saint-Bernard garde le souvenir de saint Bernard, qui y vécut le « miracle de la lactation » devant une représentation de Notre-Dame-de-Toutes-Grâces. Le bras nord du transept renferme une Mise au tombeau Renaissance, sculptée vers 1530 par un artiste de l'école champenoise.

Source de la Douix★

Elle jaillit dans un site ravissant, au pied d'un escarpement rocheux haut de plus de 30 m, environné de verdure. Cette source est dite de type vauclusien parce qu'elle collecte les eaux des infiltrations du plateau calcaire pour ressurgir à la verticale. Le débit normal est de 600 litres par seconde, mais peut atteindre 3 000 litres en période de crue, l'hiver. La source coule à l'ombre de magnifiques marronniers.

visiter

Musée du Châtillonnais★

Il est installé depuis 1950 dans la maison Philandrier, jolie demeure d'époque Renaissance. Des fouilles, pratiquées depuis plus de cent ans dans la région, notamment à Vertault (20 km à l'ouest de Châtillon), avaient déjà mis au jour les vestiges d'une agglomération gallo-romaine exposés dans ce musée, lorsque, en janvier 1953, eut lieu près de Vix une extraordinaire découverte archéologique.

Trésor de Vix★★ – C'est au pied de l'oppidum du mont Lassois que MM. Moisson et Joffroy découvrirent, sous un tumulus, une tombe princière du premier âge du fer (vers 500 avant J.-C.). Près de la dépouille d'une femme celte d'environ 40 ans ont été exhumés un char d'apparat, des éléments de vaisselle en bronze, en céramique et en argent, un splendide torque (collier) de 480 g en or, et un gigantesque cratère à volutes en bronze, trouvaille exceptionnelle prouvant la vitalité des échanges avec le monde méditerranéen.

L'agglomération de Vertault a livré de nombreux objets qui illustrent la vie quotidienne et l'artisanat à l'époque gallo-romaine.

alentours

Mont Lassois

La butte du mont Lassois (ou mont Saint-Marcel) domine d'une centaine de mètres la plaine environnante. Au sommet s'élève la petite église romane (XIIe siècle) de Saint-Marcel, couverte de « laves » (pierres plates). C'est au pied de la butte, à proximité de la Seine, que fut découvert le fameux « trésor de Vix » exposé au musée de Châtillon-sur-Seine.

Lac de Marcenay

Ce lac dispose d'une agréable plage de sable.

Le vase de Vix, le plus grand vase métallique de l'Antiquité parvenu jusqu'à nous, fait partie du trésor dont le musée du Châtillonnais assure la protection.

Le vase de Vix

Ses dimensions en font le plus grand vase métallique de l'Antiquité qui soit parvenu jusqu'à nous. Il n'y en a pas de plus grand, même en Grèce : haut de 1,64 m, large de 1,27 m, d'un poids de 208 kg, il pouvait contenir 1 100 litres de vin. Le couvercle original du cratère est disposé dans une autre vitrine. La richesse de sa décoration – frise formée de motifs d'appliques en haut relief figurant une suite de guerriers et de chars, têtes de Gorgones sur les anses – permet de le rattacher aux œuvres les plus abouties des bronziers du sud de l'Italie (la Grande Grèce) au VIe siècle.

Le château de Montigny-sur-Aube a subi de nombreux remaniements, mais arbore toujours d'élégantes façades.

Château de Montigny-sur-Aube

Construit à la place d'une forteresse féodale dont subsiste une tour du XIIe siècle, le château ne conserve de ses quatre corps de logis du XVIe siècle que l'aile méridionale. Côté village, l'élégante façade de l'édifice présente une ordonnance classique où se superposent les ordres dorique, ionique et corinthien. La chapelle, isolée aujourd'hui du château, offre un excellent exemple du style Renaissance classique : à la sobriété de l'architecture s'oppose la richesse de la décoration et des ornements intérieurs.

Forêt de Châtillon

Au sud-est de Châtillon-sur-Seine s'étend une vaste forêt domaniale de 9 000 ha – la plus grande forêt de feuillus de Bourgogne –, qui offre aux promeneurs le dépaysement et les richesses d'une nature préservée. Haut lieu de la Résistance pendant la dernière guerre, elle est jalonnée de stèles commémoratives. Le grand Monument de la forêt rappelle la mort de 37 maquisards, fusillés en juin 1944.

Leuglay

Maison de la forêt★ – Elle apporte une foule d'informations passionnantes : identification de traces d'animaux, de chants d'oiseaux, d'écorces, de feuilles et de bois…

Abbaye du Val-des-Choues

La tradition attribue l'origine de l'abbaye du Val-des-Choues au frère Viard, chartreux de Lugny. Les parties conventuelles, dont l'abbatiale, ont été détruites par des vendeurs de biens. Dans les vastes bâtiments du XVIIe siècle qui subsistent sont rassemblées des collections sur la forêt, la chasse et le gypse. Le parc, doté d'un grand bassin, accueille une oisellerie et quelques cervidés.

Nod-sur-Seine

C'est dans ce petit village qu'eut lieu, le 12 septembre 1944, la jonction entre les premiers éléments de l'armée de De Lattre de Tassigny débarquée en Provence et la 2e division blindée du général Leclerc. Une stèle a été élevée en souvenir de l'événement.

Abbaye de Molesme

Les vicissitudes de la Révolution ont laissé peu de chose de ce qui était devenu une riche et importante abbaye : la salle à manger et les salons des moines (XVIIIe siècle), leur cellier (XIIIe siècle) et l'hôtellerie (XVIIIe siècle).

Marais du Cônois

Voici une rareté, une « bizarrerie » de la nature : des marais à flanc de coteaux. Les eaux de pluie filtrent à travers la roche calcaire du plateau, puis rencontrent une couche imperméable de marnes. C'est à la hauteur de ces marnes que jaillissent une multitude de petites sources sur plusieurs hectares.

Juste avant Cîteaux

Robert de Molesme installe ici sa première fondation en 1075. Il y arrive avec une douzaine de moines, parmi lesquels les fervents Étienne Harding et Albéric. Désireux de réformer la règle bénédictine, il se heurte à l'opposition de la plupart des moines ; il fondera donc, vingt-trois ans après Molesme… Cîteaux. Bruno, le premier des Chartreux, passa lui aussi deux ans à Molesme, mais préféra chercher un lieu plus désert pour une règle plus exigeante. Tous (Robert, Étienne Harding, Albéric, Bruno) furent canonisés.

ABBAYE DE CÎTEAUX

LES GENS
Une cinquantaine d'habitants… des moines cisterciens (ou bernardins).

■ Haut lieu de la chrétienté en Occident, tout comme Cluny, l'abbaye de Cîteaux connut des débuts difficiles, avant de prendre son essor sous la prodigieuse impulsion du futur saint Bernard et de devenir une école de spiritualité. Ce rameau détaché de Cluny rayonna alors à travers le monde. Il offre aujourd'hui une occasion unique de découvrir la vie cistercienne et son histoire.

ABBAYE DE CÎTEAUX

comprendre

Un peu d'histoire – C'est ici que **Robert de Molesme**, recherchant avec ses compagnons l'esprit de la règle de Saint-Benoît (silence, pauvreté, éloignement du monde), fonda parmi les roseaux (« cistels » en vieux français) l'ordre des Cisterciens en 1098.

En 1113, trois ans avant de devenir abbé de Clairvaux, Bernard de Fontaine vint à Cîteaux donner un élan au « nouveau monastère ». Pendant l'abbatiat de l'Anglais Étienne Harding (1109-1134), organisateur de l'unité de l'Ordre, Cîteaux donna naissance à quatre « filles » : La Ferté, Pontigny, Clairvaux et Morimond.

Au Moyen Âge, plus de 3 000 couvents avaient adopté l'observance rigoureuse de la règle de Saint-Benoît. L'abbaye de la Trappe, rattachée à l'Ordre en 1147 et réformée en 1664, laissa elle aussi son nom à nombre de ces monastères.

En 1892, une scission s'opéra officiellement pour donner deux observances : l'ordre de Cîteaux, dont les membres pouvaient s'adonner à un ministère pastoral, intellectuel (enseignement) ou charitable (missions dans les pays en voie de développement) et l'ordre des Trappistes, à vocation contemplative (stricte observance). Expulsés pendant la période révolutionnaire, qui faillit être fatale à l'abbaye (l'Ordre ayant alors été supprimé par l'Assemblée nationale), les moines ne revinrent qu'en 1898. Cîteaux fut de nouveau proclamée la première de l'Ordre, titre reconnu par les trappistes.

Le canal de la Cent-Fons

Comme c'était l'usage, le site de Cîteaux fut choisi par les moines parce qu'il y avait de l'eau à proximité. Mais, au XIIe siècle, cet apport d'eau devint insuffisant. La communauté opta pour la construction d'un canal d'amenée d'eau de 10 km de long, qui déviait la rivière Cent-Fons (de « cent fonts », cent sources, souvent orthographiée à tort Sansfond). Cette déviation apporta à l'abbaye l'eau et la pente dont elle avait besoin pour faire fonctionner des moulins. Compte tenu de la pente naturelle très faible (1 %), c'est un exploit technique.

découvrir

Abbaye Notre-Dame de Cîteaux

Très durement malmenée après sa vente en 1791 à des spéculateurs qui la pillèrent et la démantelèrent, Cîteaux a tout de même conservé des bâtiments intéressants. Au rez-de-chaussée de la bibliothèque, les cellules du cloître des copistes (1260), rénové en 2001, accueillirent jusque vers le milieu du XIVe siècle le travail des moines copistes, enlumineurs et relieurs.

L'immense salle voûtée de l'étage servait, quant à elle, de salle de lecture. Son fonds de quelque 10 000 manuscrits fut saisi à la Révolution ; de superbes exemplaires (notamment la Bible d'Étienne Harding) sont conservés à la bibliothèque municipale de Dijon. Parallèle à la rivière, un long bâtiment de 80 m appelé le définitoire (1699), où se réunissait l'exécutif du chapitre général et de facture plus récente (1722), est un bel édifice dû à Nicolas Lenoir, où résident actuellement les moines.

Si l'église, qui renfermait les tombeaux des premiers ducs de Bourgogne (dont celui de Philippe Pot, conservé au Louvre), a totalement disparu, un nouveau lieu de culte a été construit et inauguré en mars 1998, à l'occasion des 900 ans de la fondation de l'abbaye.

La bibliothèque se distingue par sa façade de briques émaillées et se compose de deux niveaux aux fonctions bien distinctes.

alentours

Bagnot

À proximité de la forêt de Cîteaux, le village de Bagnot possède une petite église d'origine romane dont le chœur est orné de peintures murales, datant de la fin du XVe siècle, surnommées « les Diables de Bagnot » sur le thème du Jugement dernier.

CLAMECY

■ Perchée sur un éperon dominant le confluent de l'Yonne et du Beuvron, cette petite ville aux rues étroites et sinueuses et aux toits de tuiles rouge-brun se situe au cœur du joli pays des Vaux d'Yonne, véritable charnière entre le Morvan, le Nivernais et la basse Bourgogne. Ancienne plaque tournante du flottage du bois, elle offre aux visiteurs d'agréables environs boisés se prêtant aux activités de plein air.

LES GENS

4 806 Clamecycois. Clamecy, où il vécut son enfance, est toujours la « ville des beaux reflets et des souples collines » qu'évoque dans ses écrits Romain Rolland (1866-1944). Il l'a dépeinte avec verve dans son roman « folklorique » Colas Breugnon. Pendant l'Occupation, l'auteur de Jean-Christophe se retira à Vézelay. Il repose en terre nivernaise, non loin de sa ville natale.

Telle une figure de proue, le buste en bronze de Jean Rouvet, inventeur du « flottage », rappelle que ce mode de transport fit la fortune de Clamecy pendant trois siècles.

découvrir

Les évêques de Bethléem – On comprend mal aujourd'hui l'existence d'un évêché à Clamecy, compte tenu de l'importance des évêchés voisins, Auxerre, Nevers et Autun. Il faut donc remonter aux croisades pour en avoir l'explication. Parti pour la Palestine en 1167, Guillaume IV de Nevers y contracta la peste et mourut à Saint-Jean-d'Acre en 1168. Dans son testament, il demandait à être enterré à Bethléem et léguait à l'évêché de ce lieu l'un de ses biens de Clamecy : l'hôpital de Pantenor (fondé afin d'héberger les pèlerins malades revenus de Terre sainte), à condition que celui-ci serve de refuge aux évêques de Bethléem, au cas où la Palestine tomberait aux mains des infidèles.

Lorsque s'effondra le royaume latin de Jérusalem et qu'il fut chassé par les Ottomans, l'évêque de Bethléem vint se réfugier à Clamecy dans le domaine légué par le comte. De 1225 à la Révolution, cinquante évêques *in partibus* se succédèrent ainsi, ce qui valut au quartier son nom de Bethléem. Aujourd'hui, seules Notre-Dame-de-Bethléem, curieux édifice de style oriental en ciment armé (1927) et quelques ruines de l'église primitive des évêques de Bethléem (XIIe siècle) viennent rappeler ce passé.

Le flottage à bûches perdues – Ce mode de transport du bois, qui remonte au XVIe siècle, fit pendant près de trois siècles la fortune du port de Clamecy. Les bûches, coupées dans les forêts du haut Morvan, étaient empilées sur le bord des rivières et marquées suivant les propriétaires. Au jour dit, on ouvrait les barrages retenant l'eau des rivières et on jetait les bûches dans « le flot » qui les emportait en vrac vers Clamecy. C'était le flottage à « bûches perdues ». Le long des rives, des manœuvres régularisaient la descente et, à l'arrivée, des barrages arrêtaient le bois, c'était le « tricage ». À l'époque des hautes eaux, les bûches étaient assemblées et formaient d'immenses radeaux appelés « trains » qui descendaient par l'Yonne et la Seine jusqu'à Paris, afin d'être utilisés pour le chauffage. Dès la création du canal du Nivernais, on préféra à ce mode de transport celui par péniches. Le dernier flot à bûches perdues eut lieu en 1923.

se promener

Maisons anciennes
De nombreuses maisons anciennes bordent les rues de la ville.

Vues sur la ville
Du quai des Moulins-de-la-Ville, jolie vue sur les maisons qui dominent le bief, du quai du Beuvron, sur le pittoresque quai des Îles, et du pont de Bethléem, qui porte une statue élevée en

CLAMECY

souvenir des « flotteurs », sur la ville et les quais. En amont, à la pointe de la chaussée séparant la rivière d'un canal, s'élève, telle une figure de proue, le buste en bronze de Jean Rouvet, marchand de bois à Paris, l'inventeur du « flottage ».

« L'Homme du futur »
La grande statue en bronze de César (1921-1998), érigée en 1907, est visible à l'extrémité du boulevard Misset.

visiter

Église Saint-Martin★
Édifiée de la fin du XIIe au début du XVIe siècle (pour la tour), elle offre une façade richement décorée de style gothique flamboyant. Sur les voussures du portail (mutilées à la Révolution) sont représentés des épisodes de la vie de saint Martin. À l'intérieur, le plan rectangulaire et le déambulatoire carré, typiquement bourguignon, retiennent l'attention. La chapelle de la Croix, au bas-côté droit, renferme un triptyque peint sur bois du début du XVIe siècle (le Crucifiement) et deux bas-reliefs provenant de l'ancien jubé du XVIe siècle (détruit en 1773), représentant la Cène et la Mise au tombeau, l'ensemble étant éclairé à travers de beaux vitraux. Grand orgue de Cavaillé-Coll (1864).

Musée d'Art et d'Histoire Romain-Rolland
Situé dans l'ancien hôtel du duc de Bellegarde, ce musée, vaste et moderne, abrite au rez-de-chaussée la donation François-Mitterrand, quelque 165 tableaux reçus par l'ancien président de la République et offerts au musée, ainsi qu'un espace consacré à l'archéologie gallo-romaine, autour de la reconstitution de tombes et de leur mobilier. Au premier étage, des peintures des écoles française, italienne et hollandaise jouxtent la section réservée à Charles Loupot (1892-1962), célèbre affichiste de l'entre-deux-guerres qui vécut à Chevroches. Au dernier étage, des vitrines renferment des faïences de Nevers et de Clamecy (dont des assiettes révolutionnaires). L'œuvre de l'écrivain Romain Rolland est présentée à travers des éditions originales et des objets personnels. Une salle est également consacrée à l'histoire du flottage des bois.

alentours

Druyes-les-Belles-Fontaines
Le château féodal de Druyes (XIIe siècle) dresse encore au sommet d'une colline des ruines imposantes.
Dans le bas du village, l'église romane Saint-Romain (XIIe siècle) présente un beau portail. Près de l'église, dans un site pittoresque, jaillissent les sources de la Druyes.

Carrière souterraine d'Aubigny
Cette vaste carrière (16 000 m²) fait partie d'une entité naturelle de plusieurs milliers d'hectares appelée La Forterre, célèbre pour son gisement de calcaire oolithique dont les pierres servirent notamment à la construction du Louvre, des pieds de soutènement de la tour Eiffel et de la cathédrale de Sens.
À l'époque gallo-romaine, la carrière d'Aubigny était déjà exploitée, à des fins essentiellement religieuses (sarcophages et sculpture sacrée). Son exploitation se poursuivit au Moyen Âge et à la Renaissance, mais connut son véritable apogée au second Empire, lors du réaménagement de Paris par le baron Haussmann. Sur ce chantier,

> **Natif célèbre**
>
> Les quais de Clamecy ont vu naître en 1943 un marin de premier ordre, cas rare en dehors des côtes : Alain Colas. Disciple de Tabarly, adepte du Pen-Duick et acteur central de la promotion de la voile en France, il bat le record du tour du monde en solitaire en 1974 à bord de Manureva. Quatre ans après, sur la route du Rhum, il disparaît avec ce même bateau.

La façade et le clocher de l'église Saint-Martin offrent un riche décor de style gothique flamboyant.

Seuls les murs extérieurs du château de Druyes ainsi que la tour-porche se dressent à peu près intacts.

à 60 m de profondeur, la pierre brute livre peu à peu tous ses secrets, des techniques d'extraction aux outils de taille du carrier, en passant par les origines géologiques des différentes roches de la région.

Dans des salles baignées d'ombre et de lumière sont exposées des œuvres d'inspiration tantôt classique, tantôt moderne, taillées et sculptées par les Compagnons. Car le savoir-faire de ces artisans de talent a trouvé ici un lieu d'exposition privilégié.

LA CLAYETTE

■ Réputée pour ses courses et concours hippiques, cette « ville du cheval » bénéficie de surcroît d'un riche patrimoine architectural. Elle s'étage au-dessus de la vallée de la Genette, petite rivière qui alimente un lac ombragé de platanes. À l'extrémité de ce plan d'eau tranquille se dresse un imposant château fortifié et, non loin de là, un autre château, celui de Drée, doté d'un somptueux intérieur et d'agréables jardins à la française.

LES GENS
2 070 Clayettois, et beaucoup de chevaux !

Illustre tradition
Les armes de la ville portent un cheval, témoin d'une très ancienne tradition, puisqu'on dit que le cheval blanc d'Henri IV aurait été élevé ici !

Le nom
Prononcez « La Claite », car au Moyen Âge, La Clayette s'écrivait « La Claète », marquant une sorte de frontière entre les terres royales du Mâconnais et... le duché de Bourgogne.

visiter

Château
Entouré de douves peuplées d'énormes carpes, ce château du XIVe siècle subit d'importantes transformations aux XVIIIe et XIXe siècles. Ses vastes communs à tourelles du XIVe siècle et son orangerie du XVIIIe siècle ne manquent pas de caractère.

Musée ACCLC – Logé dans les dépendances du château, ce musée présente chaque année une cinquantaine de nouveaux véhicules du XXe siècle, rares, voire même uniques au monde.

alentours

Château de Drée★
Ce château du XVIIe siècle multiplie les trompe-l'œil, en façade comme à l'intérieur.

Les pièces de réception et les chambres sont ornées d'un beau mobilier d'époques Louis XIV, Louis XV et Louis XVI, de tapis de la Savonnerie et de superbes tentures. La salle à manger Directoire et le salon d'angle, d'époque Louis XV, sont de toute beauté.

Entièrement restauré, un parc de 10 ha entoure le château. Les magnifiques jardins à la française, plantés de plus de 40 000 buis, la fraîche roseraie agrémentée d'un bassin orné de jets d'eau, le jardin des topiaires, les élégantes terrasses, attirent de nombreux visiteurs.

Flanqué de tourelles, le château de La Clayette ne manque pas de caractère.

Bois-Sainte-Marie
Bâtie au XIIe siècle, l'église, au clocher ajouré et à l'imposant chevet, fut restaurée au XIXe siècle. À l'intérieur, égayée par la coloration rouge et blanc alternée des arcs doubleaux de la voûte, l'abside est

entourée d'un déambulatoire très bas avec colonnes jumelées dont la disposition est originale.

Varennes-sous-Dun
Filature Plassard – Elle permet de découvrir les métiers de la laine dans le moulin, qui remonte au XVIIe siècle ; 25 races de moutons sont réparties dans la moutonthèque.

Montagne de Dun
Le nom de Dun provient du celte *dun* qui a donné *dunum* à l'époque gallo-romaine, « lieu fortifié et élevé », comme *Augustodunum* (Autun). L'esplanade s'ouvre sur une belle vue circulaire.

Mussy-sous-Dun
Un important viaduc ferroviaire (561 m), réalisé à la fin du XIXe siècle, traverse la vallée. Certaines de ses piles sont hautes de 60 m.

Jardin du Zéphyr★
Le parfum des roses embaume dès la montée par un chemin rocailleux. De l'autre côté de la grille et de la haie, avec vue sur les monts environnants, s'offre à la vue et à l'odorat un foisonnement de roses, de vivaces et d'arbustes choisis et cultivés avec goût.

Chauffailles
Chef-lieu d'un canton très verdoyant, Chauffailles a longtemps profité de la prospérité de son industrie textile, comme en témoigne encore son musée du Tissage, où sont présentées toutes les étapes de la fabrication.
Automusée du Beaujolais – Il accueille en permanence une centaine de voitures de collection de 1900 à 1975. La plupart des modèles exposés sont en vente.

La coloration rouge et blanc alternée des arcs doubleaux égaie joliment la nef de l'église de Bois-Sainte-Marie.

CLUNY ★★

■ Saccagée à la Révolution, puis démontée et vendue pierre par pierre, celle qui fut longtemps la plus grande église de la chrétienté ne nous est parvenue qu'à l'état de maigres fragments. Ces vestiges donnent pourtant une idée de l'étendue et de la richesse de ce haut lieu du christianisme, qui exerça une influence considérable sur la vie religieuse, intellectuelle, politique et artistique de l'Occident tout entier.

Le nom
Cluniacum à l'époque gallo-romaine, appellation peut-être basée sur un nom gaulois, *Clunius*.

comprendre

LUMIÈRE DU MONDE

L'ascension – L'abbaye bénédictine connaît, peu après sa fondation en 910 par Guillaume d'Aquitaine, un développement très rapide. *« Partout où le vent vente, l'abbaye de Cluny a rente »*, a-t-on coutume de dire dans la région. L'ordre voit quelques-uns de ses fils élus pape : Sylvestre II, dont la papauté dure de 999 à 1003, et Urbain II qui, reconnaissant lui-même le pouvoir de Cluny, lance en 1098 à l'atten-

> ### LES GENS
> *4 376 Clunisois. Hormis les abbés et les papes, le personnage célèbre du pays est le peintre Prud'hon (1758-1823) qui, adhérant aux idées révolutionnaires, partit de Cluny en 1789. Ses portraits des membres la famille impériale, à la fois intenses et mélancoliques, annoncent le romantisme.*

LA BOURGOGNE

Trois grandes étapes

Cluny I – première église, de taille modeste, construite dans la tradition carolingienne (début Xe siècle).
Cluny II – seconde église, exemple précoce du premier art roman (début XIe siècle). Elle reçoit, dès sa consécration, des reliques de saint Pierre et saint Paul.
Cluny III – basilique Saint-Pierre-et-Saint-Paul, dont le chantier débute vers 1085. Elle est environ 6 fois plus étendue que Cluny II !

tion de l'abbé Hugues la fameuse phrase : « *Vous êtes la lumière du monde.* » Lorsque saint Hugues meurt, après soixante ans de « règne », il a légué au monastère une prospérité inouïe. La construction de la gigantesque église abbatiale qu'il avait lancée s'achève sous Pierre le Vénérable, abbé de 1122 à 1156. L'abbaye compte alors 460 moines.

La décadence – Le train de vie des moines qui dirigent alors un véritable empire monastique les expose très vite aux stigmatisations de saint Bernard. Celui-ci dénonce ces évêques qui « *ne peuvent s'éloigner à quatre lieues de leur maison sans traîner à leur suite soixante chevaux* », et pour qui « *la lumière ne brille que dans un candélabre d'or ou d'argent* ».

La guerre de Cent Ans correspond pour Cluny à une ère de moindre rayonnement. Les abbés se partagent entre la Bourgogne et Paris. Tombée en commende au XVIe siècle (c'est-à-dire que l'abbé est nommé par le roi), la riche abbaye, qui n'est plus qu'une proie, est dévastée durant les guerres de Religion. Pillée, elle perd alors ses plus précieux ouvrages.

La destruction – En 1791, l'abbaye ferme. Commencent alors les profanations. En septembre 1793, la municipalité donne l'ordre de démolir les tombeaux et d'en vendre les matériaux. Les bâtiments sont achetés en 1798 par un marchand de biens de Mâcon, qui entreprend consciencieusement la démolition de la nef. L'abbatiale est peu à peu mutilée. En 1823 ne restent debout que les parties encore visibles de nos jours.

CLUNY

se promener

Maisons romanes
Beaux logis romans, en particulier aux n°s 17, 25 et 27 de la rue de la République, aux n°s 6 (l'hôtel des Monnaies, du XII° siècle), 12 et 15 de la rue d'Avril, et au n° 17 de la rue Lamartine.

Tour des Fromages
De la tour du XI° siècle, vue sur l'abbaye et le clocher de l'Eau-Bénite, le Farinier et la tour du Moulin, le clocher de Saint-Marcel, la place et l'église Notre-Dame.

Église Notre-Dame
L'église, au clocher quadrangulaire, bâtie peu après 1100, fut l'une des premières à être transformées et agrandies à l'époque gothique. Les stalles et les boiseries datent de 1644.

Église Saint-Marcel
Elle possède un clocher roman octogonal à trois étages, surmonté d'une élégante flèche polygonale en brique, haute de 42 m, du XVI° siècle.

Hôtel de ville
Il est installé dans le logis construit par les abbés Jacques et Geoffroy d'Amboise à la fin du XV° siècle et au début du XVI° siècle. La façade sur jardin a une décoration originale, dans le goût de la Renaissance italienne.

Les vestiges des bâtiments donnent une bonne idée de l'étendue et de la richesse de ce haut lieu du christianisme.

L'abbaye de Cluny exerça une influence considérable sur la vie religieuse, intellectuelle, politique et artistique de l'Occident tout entier.

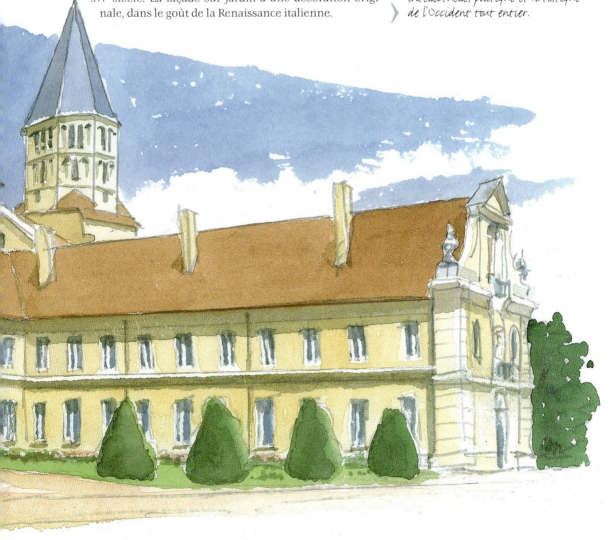

La tour Ronde ponctuait l'enceinte médiévale aujourd'hui disparue.

Dans les vitrines du musée d'Art et d'Archéologie sont exposés de précieux documents tels que le grand antiphonaire des fêtes solennelles.

Tour Fabry et tour Ronde
Du jardin proche de l'hôtel de ville, vue sur la tour Fabry (1347), au toit en poivrière, et la tour Ronde, à l'est, plus ancienne, qui ponctuaient l'enceinte médiévale.

découvrir

ANCIENNE ABBAYE★★

Élevée en grande partie de 1088 à 1130, l'église Saint-Pierre-et-Saint-Paul fait suite à celle de Cluny II, dont on a retrouvé les fondations au sud, à la place du cloître actuel. Symbole de la primauté de l'ordre clunisien à son apogée, Cluny III fut la plus vaste église de la chrétienté (longueur intérieure de 177 m) jusqu'à la reconstruction de Saint-Pierre de Rome au XVIe siècle (186 m). De cette merveille ne restent que les bras droits des deux transepts.

Avant-nef – Le mur en bel appareil régulier scandé de pilastres et de demi-colonnes est visible. Cette partie de la basilique, fréquente dans les sites clunisiens, assurait la transition entre le monde extérieur et le lieu même de la piété : on l'appelle aussi « galilée », par référence à cette région de transition entre les mondes païen et juif du temps du Christ. Le pèlerin prenait le temps de s'y recueillir avant de pénétrer, en descendant plusieurs paliers, dans le sanctuaire. Sur la place de l'Abbaye se dresse une longue façade gothique, dite « du pape Gélase », mort à Cluny en 1119. Avec beaucoup de recul, le clocher et le haut de la tour de l'Horloge sont visibles.

Maior Ecclesia★ – Grâce à la magie du virtuel, l'église Cluny III apparaît au temps de sa splendeur. Le film restitue sur grand écran les immenses volumes de l'abbatiale.

Cloître et bâtiments abbatiaux – Abritant l'École des arts et métiers, les bâtiments abbatiaux construits au XVIIIe siècle autour d'un immense cloître forment un ensemble harmonieux. Dans la cour, beau cadran solaire.

Passage Galilée – Cet ancien passage du XIIe siècle, permettant de relier le galilée (ou avant-nef) de Cluny II au collatéral sud de la grande église de Cluny III, était emprunté par les grandes processions des bénédictins.

Vestiges de la basilique Saint-Pierre-et-Saint-Paul – Les dimensions du bras sud du grand transept, aussi long à lui seul que la cathédrale d'Autun (80 m), permettent d'imaginer les proportions audacieuses de l'abbatiale. Son élévation (32 m sous la coupole) est exceptionnelle dans l'art roman, dont il est un pur spécimen.

Farinier – Construit à la fin du XIIIe siècle contre la tour du Moulin (début du XIIIe siècle), et long de 54 m, il fut amputé de près de 20 m au XVIIIe siècle, pour dégager la partie sud de la façade de l'édifice claustral donnant sur les jardins. La salle haute, couverte d'une forte charpente en chêne, forme un cadre de secours admirable aux sculptures provenant de l'abbaye. Ces pièces soustraites à la ruine sont les premiers témoins de la sculpture romane bourguignonne qui allait s'épanouir à Vézelay, Autun, Saulieu.

Musée d'Art et d'Archéologie★

Le gracieux logis qui abrite le musée, construit au XVe siècle par Jean de Bourbon, était le palais abbatial. À côté d'œuvres marquantes de la sculpture civile, y sont conservés les vestiges de l'abbaye découverts lors des fouilles.

Dans l'entrée, une grande maquette de la ville de Cluny au XIIIe siècle permet de mieux appréhender les dimensions de l'abbaye et de voir que la ville actuelle a gardé son organisation médiévale : la rue principale est toujours la même, les jardins se cachent toujours derrière

CLUNY

les façades. La bibliothèque contient plus de 4 500 ouvrages, dont la moitié est issue de celle de l'abbaye (quelques incunables). Dans des vitrines sont exposés de précieux documents tels que le grand antiphonaire des fêtes solennelles, enluminé à Cluny en 1704.

Haras national

Napoléon Ier décida sa création en 1806. Les écuries, construites en 1807 et 1880 avec les pierres de la basilique, abritent des étalons et des juments, suitées ou non de poulains, confiées au haras pour la « monte ».

circuit

ÉGLISES DU CLUNISOIS

Taizé

Ce village perché sur les collines de la Grosne accueille en été des dizaines de milliers de jeunes du monde entier, venus prier dans un esprit fraternel. La communauté, à laquelle le pape Jean-Paul II rendit visite en 1986, comprend aujourd'hui une centaine de frères issus des diverses Églises chrétiennes et originaires d'une vingtaine de pays, qui ont pour but la réconciliation des peuples séparés et des chrétiens divisés.

Certains frères vivent dans les quartiers déshérités des grandes villes du globe pour soutenir les plus défavorisés.

Église de la Réconciliation – Inaugurée en 1962, c'est le lieu de la prière commune, trois fois par jour.

Église paroissiale – Cette église romane du XIIe siècle, éclairée de petits vitraux, a été aménagée dans un style dépouillé. Utilisée également pour la prière œcuménique de la communauté, elle est surtout consacrée à la prière personnelle et silencieuse.

Ameugny

Construite en beau calcaire rouge de la région, l'église, d'aspect massif, est du XIIe siècle. La nef de trois travées est voûtée en berceau brisé. À la croisée du transept, une coupole sur trompes supporte le lourd clocher carré, au beffroi ajouré.

Malay

L'église romane de ce doyenné de Cluny (XIIe siècle), dans le cimetière, présente une partie chœur-transept-abside de fière allure avec son solide clocher carré à baies géminées et les hauts pignons des bras du transept.

Saint-Hippolyte

Au sommet de l'éminence portant le hameau s'élève l'ancienne église priorale, à demi ruinée. Contigu à l'ancien couvent (transformé en ferme), cet édifice roman (XIe siècle) a gardé son beau chevet à triple abside et surtout son singulier et puissant clocher, visible de loin. Tout près de là se situe le curieux village de Besanceuil, tout en pierre blonde, avec ses maisons groupées au pied d'une échine boisée dominant la vallée, son château du XIVe siècle aux tours carrées et sa belle chapelle romane du XIe siècle au porche en charpente.

Bezornay

Le joli hameau de Bezornay, juché sur une crête, fut au Moyen Âge une dépendance de Cluny, comme en témoignent les restes de son enceinte, sa tour de défense et son ancienne chapelle (aujourd'hui habitation privée) à la curieuse abside en forme de cône renversé.

Page de l'antiphonaire enluminé à Cluny en 1704.

Frère Roger

Né en Suisse en 1915, il vient s'installer à Taizé en 1940 et y crée une communauté. En 1949, ils sont sept à s'engager pour la vie par les vœux monastiques. Frère Roger devient prieur et, en 1952, il rédige la règle de Taizé. Cet apôtre de l'œcuménisme est assassiné le 16 août 2005 par une déséquilibrée. Il avait déjà choisi son successeur, frère Aloïs.

Un solide clocher donne fière allure à l'église romane de Malay.

LA BOURGOGNE

> **Saint-Vincent-des-Prés**
> Sa petite église romane (XIe siècle) présente un clocher à arcatures aveugles élevé sur le chœur au-dessus d'une abside, elle aussi ornée d'arcatures et de colonnes engagées. Le chœur est à coupole sur trompes, l'abside à cul-de-four.

★★ CHÂTEAU DE CORMATIN

LES GENS
Petit-fils d'Henri de Lacretelle, confident de Lamartine, le romancier Jacques de Lacretelle (1888-1985) est né au château de Cormatin, alors propriété de son père diplomate.

■ Voici un château que l'on peut qualifier de royal : il fut conçu par un architecte des bâtiments du bon roi Henri IV et l'on y rend hommage à Louis XIII. Tandis qu'à Paris, la plupart des décors du XVIIe siècle ont disparu, ceux de Cormatin plongent dans l'univers raffiné des Précieuses, alors très en vogue. L'entretien des lieux, diligemment mené, a fait du château de Cormatin une attraction « souveraine » qui connaît aujourd'hui un grand succès.

Cormatin revêt une architecture sobre aux lignes rigoureuses, caractéristiques du début du XVIIe siècle.

découvrir

Extérieur – En 1598, sous Henri IV, l'édit de Nantes met fin aux luttes

entre catholiques et protestants. Édifié de 1605 à 1616, au lendemain des guerres de Religion, par le gouverneur de Chalon, Antoine Du Blé d'Huxelles, Cormatin revêt une architecture sobre aux lignes rigoureuses, caractéristiques de l'époque. Les façades illustrent le style « rustique français » prôné par Du Cerceau : refus des ordres antiques (sauf pour les deux portes monumentales de la cour), haut soubassement de pierre, chaînages des angles et des encadrements de fenêtres... Les larges fossés en eau et les imposants pavillons d'angle à échauguettes et canonnières lui donnent une apparence défensive. D'importants travaux de restauration ont déjà été accomplis.

Intérieur – La somptueuse décoration Louis XIII de l'aile nord est l'œuvre du marquis Jacques Du Blé (fils d'Antoine) et surtout de son épouse Claude Phélipeaux qui y vécut plus longtemps. Intimes de Marie de Médicis, habitués du salon littéraire des Précieuses, ils voulurent recréer dans leur résidence d'été la sophistication de la mode parisienne. Les ors, peintures et sculptures qui couvrent murs et plafonds témoignent d'un maniérisme érudit où tableaux, décors et couleurs sont chargés d'un sens allégorique. L'aile nord possède un rare escalier monumental à cage unique (1610) dont les trois volées droites, flanquées de vigoureux balustres, tournent autour d'un vide central. C'est le plus ancien et le plus vaste spécimen de ce type (23 m de haut), succédant aux escaliers Renaissance à deux volées séparées par un mur médian.

Jardins★★ – Redessinés et plantés en 1992, ils sont arrivés aujourd'hui à maturité et font se succéder plusieurs espaces distincts, très ordonnés, réalisés dans l'esprit bien compris des jardins à la française. Du haut de la volière, la vue d'ensemble permet de comprendre la parabole, très typique du XVIIe siècle, qu'exprime le plan du parc : le parterre est un aperçu du paradis, avec au centre la fontaine de vie. Dans un triangle, un pommier évoque le fruit défendu et le paradis perdu (le thème étant repris par la sculpture de la fontaine). Le labyrinthe représente l'errance et les difficultés.

De l'extérieur à l'intérieur, les sept allées figurent les sept ciels et donc l'idée d'élévation pour parvenir au septième. Des alignements de liquidambars et un passage dans l'agréable potager complètent cette luxuriante flânerie.

Le plan du parc, avec son labyrinthe et sa fontaine de vie centrale, exprime la parabole du paradis typique du XVIIe siècle.

COSNE-COURS-SUR-LOIRE

■ Situé au débouché de la vallée du Nohain, sur la rive droite de la Loire, ce petit centre artisanal et industriel actif est relié par un pont suspendu à une charmante île boisée. Les méandres sauvages de la Loire et les vignobles du coteau du Giennois offriront aux amateurs de plein air d'agréables lieux de promenade.

Le nom

Cosne s'est développé sur le site de la ville gallo-romaine de Condate (terme celte signifiant « confluent »), dont des vestiges sont exposés à la Maison des Chapelains (la visite est réservée aux groupes). Elle doit son nom actuel à la fusion, en 1973, de Cosne-sur-Loire et de Cours.

LES GENS

11 399 Cosnois. La foire de la Saint-Michel (22 septembre) et celle des Rameaux attirent beaucoup de monde. Les Mariniers ont disparu, mais quelques passionnés font revivre la fameuse gabare, embarcation à fond plat utilisée aux XVIIIe et XIXe siècles.

LA BOURGOGNE

Ce petit centre artisanal et industriel actif se situe sur la rive droite de la Loire.

comprendre

Un arsenal convoité – Au XVIIIe siècle, Cosne était célèbre pour ses forges et ses manufactures de canons, mousquets, ancres de marine. Sa situation lui permettait de profiter des ressources houillères et forestières toutes proches du Nivernais, de la force motrice du Nohain et de la Loire, pour expédier ses produits vers les ports de l'Atlantique. Jacques Masson, déjà propriétaire des forges de Guérigny, acquit celles de Cosne en 1738 et Babaud de La Chaussade racheta l'ensemble sept ans plus tard. Elles prirent sous son nom un essor prodigieux, si bien que Louis XVI les acheta en 1781 pour la somme astronomique de 2 500 000 livres. La quasi-banqueroute de l'État, puis la Révolution privèrent de son indemnité le baron qui mourut presque dans la gêne. Transférée à Guérigny en 1872, l'activité des forges « nationalisées » s'est maintenue au service de la Marine jusqu'en 1971. Aujourd'hui, le site des forges de la Chaussade révèle d'intéressants vestiges industriels, notamment des chemins d'eau et des bâtiments orientés vers la Loire, comportant de beaux ouvrages de ferronnerie.

visiter

Église Saint-Agnan

Cette église d'un prieuré clunisien a conservé de sa construction primitive un portail roman et une abside romane. La décoration des chapiteaux attire le regard. Derrière l'église, sur la promenade des Marronniers bordant la Loire, le souvenir des forges royales est évoqué par la grille d'entrée (fin XVIIe siècle) et l'ancre de 2 580 kg (1861).

Musée de la Loire

Le rez-de-chaussée est consacré à la Loire moyenne, ses activités et sa marine. À l'étage, un riche fonds de peintures et de dessins des années 1910-1920 présente des œuvres de Vlaminck, Chagall, Utrillo, Dufy, Derain, Zingg et bien d'autres modernistes. Le musée abrite aussi des faïences de Delft ou du Nivernais, ainsi qu'une collection d'étains allemands et anglais du XVIIIe siècle.

Place de la Pêcherie

Les maisons de mariniers y rappellent l'intense activité de la batellerie ligérienne d'autrefois.

alentours

Musée paysan de Cadoux

Dans une vieille grange du XVe siècle, un musée des traditions paysannes expose divers outils agricoles et artisanaux du XIXe siècle, ainsi que du mobilier présenté dans des intérieurs reconstitués.

Donzy

Cette ancienne baronnie du Moyen Âge, dont les puissants seigneurs devinrent par alliance comtes de Nevers, se trouve au confluent du Nohain et de la Talvanne. Son patrimoine tient surtout dans un bel ensemble de maisons. Autour de l'église Saint-Caradeuc, refaite au XIXe siècle, se concentrent des demeures à pans de bois et des façades Renaissance. La spécialité de Donzy est une douceur : le croquet aux amandes.

Moulin de Maupertuis – Situé en plein centre de la localité, c'est l'un des 57 moulins qui jalonnaient le Nohain et ses affluents. Il cessa de fonctionner en 1961. Les mécanismes qui permettaient de moudre les grains sont encore en place.

Dangereuses crues

La Loire est sujette à de fortes crues. Celle du 6 décembre 2003 atteignit un pic de 4,60 m, inégalé depuis octobre 1907, où la montée catastrophique des eaux avait déjà causé d'importants dommages.

Chef-d'œuvre de la sculpture romane, le tympan de l'église de Donzy est orné d'une belle Vierge à l'Enfant entre deux prophètes.

Donzy-le-Pré – Les ruines d'un prieuré clunisien (début du XIIe siècle) sont intéressantes, en particulier un tympan du XIIe siècle, chef-d'œuvre de la sculpture romane bourguignonne, qui représente la Vierge et l'Enfant, entre le prophète Isaïe et l'ange de la Visitation.

Château des Granges

Cet élégant château classique date de 1605. Entouré de douves, il abrite d'importants communs et une chapelle dans son enceinte cantonnée de tours rondes.

LA CÔTE ★★

■ Pour les amateurs de vin, ce nom est mythique. De Dijon à Santenay, sur 65 km, se déploie l'un des plus célèbres vignobles du monde. À chaque étape de cette voie triomphale s'inscrit un nom prestigieux ; chaque village, chaque coteau possède un titre de gloire. C'est, pour dire les choses simplement, la région des grands crus de Bourgogne…

Le nom

Ce sont les collines de « la Côte », au versant oriental planté de vignes, qui auraient donné leur nom au département Côte d'Orient.

LES GENS

On compterait plus de 20 000 personnes travaillant le vignoble dans cette partie de la Côte d'Or, qui couvre 9 000 hectares sur le département !

comprendre

Les grands crus – La N 74 sépare sur une grande partie de son parcours les cépages de vins nobles des autres, les grands crus s'étalant en général à mi-pente. Pour les vins rouges, le cépage est le pinot noir fin, roi des ceps bourguignons. Les grands vins blancs sont produits à partir du chardonnay. Après la crise du phylloxéra, à la fin du XIXe siècle, le vignoble fut entièrement reconstitué sur des porte-greffes américains. À quelque chose, malheur est bon, dit-on. Le maudit parasite a eu des effets paradoxalement bénéfiques : les petits vignerons ont retrouvé leurs droits en rachetant des parcelles de grandes propriétés et la réduction des quantités s'est accompagnée d'une amélioration de la qualité. Les deux grandes côtes, de Nuits et de Beaune, se partagent la célébrité : celle de Nuits, pour le feu de ses crus ; celle de Beaune, pour leur délicatesse. Chacune d'elle possède son arrière-côte, dont les crus peuvent, sans prétendre à la renommée des côtes, satisfaire l'amateur le plus averti. Ils sont en outre nettement plus accessibles. La côte de Nuits s'étend de Fixin à Corgoloin. Elle produit presque uniquement de très grands vins rouges. Ses crus les plus fameux sont, du nord au sud : le chambertin, le musigny, le clos-vougeot et la romanée-conti. Très riches et corsés, ses vins demandent huit à dix ans pour acquérir leurs incomparables qualités de corps et de bouquet. La côte de Beaune s'étend du nord au sud, d'Aloxe-Corton à Santenay, et produit d'abord de grands vins blancs, mais aussi d'excellents vins rouges. Ses principaux crus sont, en rouge, le corton, le volnay, le pommard et le beaune, et, en blanc, le meursault et le montrachet.

Taille et brûlage : l'entretien du vignoble s'étend sur toute l'année.

circuits

CÔTE DE NUITS

La route passe au pied de collines couvertes de vignes et traverse

Dans le vieux village de Chenôve, la cuverie abrite deux grands pressoirs du XIIIe siècle (ou leurs répliques).

villages ou villes aux noms évocateurs. Une impression d'opulence se dégage de ces gros bourgs viticoles.

Chenôve
Le Clos du Roi et le Clos du Chapitre rappellent qui étaient les anciens propriétaires de ce vignoble, les ducs de Bourgogne et les chanoines d'Autun. Dans le vieux village fleuri, la cuverie des ducs de Bourgogne abrite deux magnifiques pressoirs du XIIIe siècle – ou leurs répliques, exécutées au début du XVe siècle, selon certains historiens – qui pouvaient presser en une fois la vendange de 100 pièces de vin.

Marsannay-la-Côte
Ce village produit des vins rosés (AOC) appréciés, obtenus par fermentation rapide des raisins noirs du pinot.
Musée de la Société viticole traditionnelle – La maison du patrimoine et du tourisme abrite ce musée consacré à la vie des vignerons et l'économie liée à la vigne.

Fixin
Producteur de vins au bouquet profond – certains se classent parmi les meilleurs de la côte de Nuits –, le village de Fixin (prononcez « Fissin ») perpétue le souvenir d'un touchant témoignage de fidélité. Dans le parc de sa propriété, Noisot, ancien capitaine de la Garde impériale, fit élever, en 1847, un monument à la gloire de Napoléon par son ami le sculpteur Rude. Dévoué jusqu'à la mort, le vieux soldat a voulu être enterré face à son empereur, qu'il avait accompagné sur l'île d'Elbe. La tombe du fidèle Noisot est dominée par le mausolée, mais aussi par une esplanade qui offre une vue étendue sur le val de Saône, le Jura et les Alpes.

Brochon
À la limite de la côte de Nuits, Brochon produit des vins estimés. Le château fut construit en 1900 par le poète Stephen Liégeard. Le titre de l'un de ses ouvrages, couronné en 1887 par l'Académie française, est passé à la postérité : Côte d'Azur. Il avait inventé l'appellation.

Gevrey-Chambertin
C'est ici le type même de l'agglomération viticole immortalisée par l'écrivain régionaliste Gaston Roupnel (1872-1946). La ville s'échelonne entre les coteaux du vignoble.
Château – Dans la partie haute du village, cette forteresse à tours carrées fut édifiée au Xe siècle par les sires de Vergy et donnée aux moines de Cluny au XIe siècle. Dans la grosse tour, la salle de guet et celle des archers sont restées intactes. Les caves voûtées en anse de panier renferment sur deux niveaux les récoltes de vin.
Église – Des XIIIe, XIVe et XVe siècles, elle a conservé un portail roman.

Vougeot
Ses vins très appréciés sont placés sous l'autorité d'un seigneur : le clos de Vougeot. Propriété de l'abbaye de Cîteaux du XIIe siècle à la Révolution, le clos de Vougeot (50 ha) est toujours un vignoble célébrissime. Prononcer son nom est déjà une fête.
Château du Clos de Vougeot★ – Il abrite le grand cellier (XIIe siècle), où ont lieu les cérémonies de l'ordre du Tastevin, la cuverie (XIIe siècle) aux quatre pressoirs gigantesques, la cuisine (XVIe siècle) avec son immense cheminée et sa voûte nervurée soutenue par une unique colonne centrale, et enfin le dortoir des frères convers qui présente une spectaculaire charpente du XIVe siècle.

Le chambertin

Parmi les vins de la côte de Nuits, vins très corsés qui acquièrent en vieillissant tout leur corps et tout leur bouquet, le chambertin, qui se compose des deux « climats », chambertin-clos-de-bèze et chambertin, est le plus fameux. Le bourg est mentionné dès l'an 640, lors de la fondation de l'abbaye de Bèze, devenue propriétaire du clos. C'est ainsi que l'un des plus célèbres crus de toute la Bourgogne est aussi le plus ancien. Le « champ de Bertin », devenu « chambertin », était le vin préféré de Napoléon Ier.

Gevrey-Chambertin est le type même de l'agglomération viticole, échelonnée entre les coteaux du vignoble.

LA CÔTE

Chambolle-Musigny
Gaston Roupnel disait du très élégant chambolle-musigny qu'il est « de soie et de dentelle »... Les grands crus sont le musigny et les bonnes mares.

Reulle-Vergy
Ce village possède une église du XIIe siècle et une curieuse petite mairie élevée sur un lavoir.
Musée des Arts et Traditions des hautes-côtes – Une grange abrite ce musée consacré à l'histoire et aux traditions de la région.

Vosne-Romanée
Son vignoble ne produit que des vins rouges riches, fins et délicats. Parmi les « climats » qui le constituent, ceux de romanée-conti (le prince de Conti en fut propriétaire en 1760), de la tâche et de richebourg sont de réputation mondiale.

Nuits-Saint-Georges
La coquette petite ville de Nuits, capitale de la Côte à laquelle elle a donné son nom, a ajouté au sien, en 1892, celui de son cru le plus coté, le saint-georges, constitué en vignoble dès l'an mille. Cependant, la célébrité des vins de Nuits remonte à Louis XIV. Son médecin Fagon ayant conseillé au Roi-Soleil de prendre à chaque repas quelques verres de nuits et de romanée, à titre de remède, toute la Cour voulut en goûter. Bien qu'aucun de ses vins ne soit classé « grand cru », ils sont mondialement connus. Ils sont plus corsés que les autres bourgognes. Diversifié, Nuits produit aussi du cassis et du crémant, du marc de Bourgogne et du jus de raisin.
Église Saint-Symphorien – Ce vaste édifice fut bâti au début du XIIIe siècle dans un style roman de transition. À l'intérieur, la nef principale, très haute et voûtée d'arêtes, abrite un buffet d'orgues

Capitale de la Côte, la petite ville de Nuits-Saint-Georges est célèbre pour ses vins prestigieux depuis Louis XIV.

Le château du clos de Vougeot a appartenu à l'abbaye de Cîteaux du XIIe siècle à la Révolution.

Les chevaliers du Tastevin

En 1934, un petit groupe de Bourguignons, réunis dans une cave de Nuits-Saint-Georges, décidait, pour lutter contre la mévente des vins, de fonder une société destinée à mieux faire connaître les « vins de France en général et ceux de Bourgogne en particulier ». Ainsi fut fondée cette célèbre confrérie, propriétaire du château du Clos de Vougeot depuis 1944, et dont la renommée allait bientôt gagner l'Europe et l'Amérique. Chaque année se tiennent dans le grand cellier du château plusieurs chapitres de l'ordre. Cinq cents convives participent à ces disnées, à l'issue desquelles de nouveaux chevaliers sont intronisés selon un rite scrupuleusement établi en pseudo latin, inspiré du Malade imaginaire de Molière.

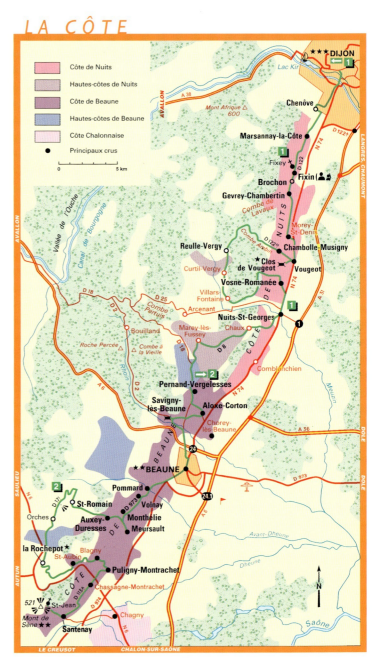

Voltaire définissait les vins d'Aloxe-Corton comme « les plus francs de la Côte de Beaune ».

sculpté (XVIIIe siècle) et surtout une rare cage d'escalier tournant, curieux cylindre de bois ajouré de la fin du XVIe siècle.

Musée – Dans les caves voûtées, la vie quotidienne des Gallo-Romains est évoquée tandis qu'une reconstitution de sépultures vient illustrer l'époque mérovingienne.

CÔTE DE BEAUNE

Aloxe-Corton

Sur une colline isolée, Charlemagne posséda des vignes, d'où le nom de corton-charlemagne, vin blanc de grande allure, très corsé, ferme comme de l'acier. Cependant, Aloxe-Corton produit surtout des vins rouges, déjà appréciés par Voltaire – qui les définit comme « *les plus francs de la Côte de Beaune* » – dont le bouquet s'affine avec l'âge, tout en conservant du corps et de la chaleur.

Savigny-lès-Beaune *(voir Beaune)*

LA CÔTE

Beaune★★ *(voir ce nom)*

Pommard
Pommard tire son nom d'un temple antique dédié à Pomone, divinité des fruits et des jardins. Ses vins rouges « fermes, colorés, pleins de franchise, et de bonne conservation » furent recherchés par les rois et les poètes : Ronsard, Henri IV, Louis XV, Victor Hugo…

Volnay
Ses vins rouges, au bouquet très délicat et au goût suave, furent, dit-on, très appréciés de Louis XI. En 1477, ce roi, ayant acquis le duché et, avec lui, les vignes, fit apporter toute la production de volnay à son château de Plessis-lès-Tours.

Meursault
Cette petite ville, située sur l'emplacement d'un ancien camp romain, que domine la belle flèche gothique en pierre de son église, devrait son nom à une coupure séparant nettement la côte de Meursault et la côte de Beaune, appelée « saut du Rat », en latin *muris saltus*. Elle est devenue célèbre depuis le tournage de *La Grande Vadrouille*. Vestiges de l'ancien château fort (1337), les tuiles vernissées de la tour (actuel hôtel de ville) ont été posées en 1870. Les meursault, les puligny-montrachet et les chassagne-montrachet passent pour les « meilleurs vins blancs du monde » : ils ont un goût particulier de noisette, un arôme luxuriant de grappe mûre qui s'allient à une franchise et une finesse exquises. Particularité fort rare, ils sont à la fois secs et moelleux.

Monthélie
Ce village occupe une station de balcon et produit d'excellents premiers crus, essentiellement en rouge.

Auxey-Duresses
Ce village de deux hameaux est niché dans une combe profonde menant à La Rochepot et à son château. Le vignoble produit des vins fins rouges et blancs qui, avant la loi sur les appellations d'origine, étaient vendus sous le nom de volnay et de pommard. L'église mérite une visite pour son beau triptyque du XVIe siècle.

Saint-Romain
La localité se compose en fait de deux villages distincts. Saint-Romain-le-Haut est situé sur un éperon calcaire avec, sur le bord sud de l'éperon, les vestiges de son château des XIIe et XIIIe siècles. En contrebas s'étend Saint-Romain-le-Bas.

La Rochepot★ *(voir Nolay)*

Puligny-Montrachet
Ses vins blancs sont sublimes. Il semble que leur puissance provienne de vignes qui absorberaient mieux le soleil qu'ailleurs en Bourgogne. Moins onctueux que le meursault, leur vigoureux bouquet est très riche, leur robe presque verte. Les vins rouges ont beaucoup de corps et de finesse.

Santenay
Dans un cirque de falaises, Santenay étend ses trois agglomérations entre de vastes vignobles qui, avec les eaux minérales lithinées, fortement salines, font sa renommée (thermes fermés). Isolée au pied des falaises, la petite église Saint-Jean contient deux charmantes statues de saint Martin et de saint Roch en bois polychrome du XVe siècle et une Vierge au dragon, du XVIIe siècle.

Pour avoir une belle vue sur les vignobles, il faut se rendre sur l'esplanade de la petite église de Volnay (XIVe siècle).

Chais de Puligny-Montrachet qui produit de puissants et sublimes vins blancs.

LA BOURGOGNE

LE CREUSOT-MONTCEAU

LES GENS
26 283 Creusotins, 20 634 Montcelliens, et une communauté urbaine (CUCM) de 92 000 habitants. Après l'ère industrielle, si glorieuse du temps de la puissante famille Schneider, la ville semble réussir sa difficile reconversion !

■ Liés par une histoire industrielle et minière hors du commun, les deux pôles de la communauté urbaine du Creusot-Montceau, constituée en 1970, ont fusionné. Dans cette région fortement marquée par la métallurgie et l'extraction du charbon, écomusées et sentiers de randonnée proposent un détour insolite à la découverte d'une vallée au patrimoine unique en son genre.

Le nom
Le hameau du « Crozot » était connu au XVIᵉ siècle pour son charbon. « Montceau » a évidemment un rapport avec le « mont », l'appendice des « mines » se faisant de plus en plus souterrain.

Le marteau-pilon de 100 tonnes est devenu l'emblème de la ville du Creusot.

comprendre

LES TROIS ÂGES D'UNE INDUSTRIE

Les débuts – Le minerai de fer fut exploité dès le Moyen Âge dans la région de Couches, et les Creusotins en feront commerce à partir du XVIᵉ siècle. Les importants gisements houillers d'Épinac et de Blanzy, découverts au XVIIᵉ siècle, ne seront exploités industriellement qu'après 1769. En 1782, l'industriel de Wendel s'associe à un Anglais pour créer une fonderie de canons. Trois ans plus tard a lieu la première fonte au coke, donnant le signal du développement de la région.

L'âge d'or – En 1836, Joseph-Eugène Schneider, maître de forges à Bazeilles, et son frère Adolphe s'installent au Creusot, alors peuplé de 3 000 habitants. L'année suivante commence la construction des locomotives à vapeur et des appareils moteurs de grands navires. En 1843, l'invention du marteau-pilon, due à l'un des ingénieurs de l'usine, François Bourdon (1797-1865), permet la forge des grosses pièces : matériel de chemin de fer, pièces pour l'équipement des centrales électriques, des ports, des usines, etc. Sous le second Empire se développe l'usage de l'acier pour les plaques de blindage et les pièces d'artillerie. Depuis l'extension des usines Schneider, Le Creusot a décuplé sa population. Montceau s'est aussi beaucoup développé, avec l'exploitation intensive du bassin houiller de Blanzy à partir de 1856. Au vieux marteau-pilon succède, en 1924, la grande forge équipée de presses hydrauliques qui pèsent jusqu'à 11 300 tonnes. Après la guerre est créée la Société des forges et ateliers du Creusot (usines Schneider), qui fusionne en 1970 avec la Compagnie des ateliers et forges de la Loire, donnant naissance à Creusot-Loire.

Dynamique de reconversion – La grave crise économique des années 1980, qui affecta les industries minières et sidérur-

LE CREUSOT-MONTCEAU 141

giques et qui entraîna le dépôt de bilan de Creusot-Loire en 1984, accéléra la reconversion économique et les efforts de diversification industrielle du Creusot-Montceau. Aujourd'hui, la région accueille notamment des entreprises au service de l'électronique et de la mécanique pour l'aéronautique et les télécommunications.

Le Creusot

Château de la Verrerie★

Construite en 1787 par Barthélemy Jeanson, l'ancienne cristallerie de la reine Marie-Antoinette fut longtemps prospère, mais la concurrence de Baccarat ainsi que des querelles internes menèrent à sa fermeture en 1832. Cinq ans plus tard, les frères Schneider rachetèrent les terrains et bâtiments de la Verrerie, et le site devint ainsi la résidence des maîtres de forges du Creusot, si puissants que la ville faillit prendre en 1856 le nom de « Schneiderville »...

Racheté par la ville en 1971, le château de la Verrerie accueille aujourd'hui l'office de tourisme du Creusot, un écomusée, les services de la communauté urbaine Creusot-Montceau ainsi que des expositions illustrant l'épopée industrielle du Creusot.

Écomusée du Creusot-Montceau

Musée de l'Homme et de l'Industrie – Installé dans le corps principal du château de la Verrerie, il en retrace l'histoire et évoque aussi celle du Creusot et de sa région.

Petit Théâtre – Au début du XXe siècle, l'ancien four à verre de la cristallerie (four est) fut transformé en un ravissant théâtre à l'italienne, au décor inspiré du Petit Trianon à Versailles. Pôles d'intérêt : sa coupole en trompe l'œil et la loge qui accueillit Sarah Bernhardt.

Académie François-Bourdon

Logée dans la salle du jeu de paume, l'Académie François-Bourdon doit son nom au concepteur du marteau-pilon à vapeur. Fondée en 1985, cette institution possède un extraordinaire fonds documentaire consacré à l'histoire industrielle du Creusot de 1782 à 1985. Son exposition permanente, Le métal, la machine et les hommes, présente les évolutions de la sidérurgie et de la mécanique au Creusot.

Parc de la Verrerie

Cet espace de détente et de loisirs est agrémenté de jardins à la française en terrasse, dessinés au début du XXe siècle. Le reste du parc, descend vers un étang et une île peuplés de canards et de cygnes.

alentours

Écuisses

Musée du Canal – Antenne de l'écomusée du Creusot-Montceau, cette maison éclusière de la fin du XVIIIe siècle évoque l'importance du canal du Centre dans le développement industriel de la région. À l'extérieur, vestiges de l'ancienne écluse n° 9 (fin XVIIIe siècle).

Uchon★

Le village se signale par un pan de tour en ruine, une vieille église et un oratoire abritant une colonne surmontée d'une Vierge, où se réunissaient au XVIe siècle, les fidèles venus prier pour éloigner les épidémies de peste. Depuis 1989, un petit centre monastique orthodoxe s'est installé dans l'ancienne cure.

Signal d'Uchon★ – Le panorama semi-circulaire englobe le village d'Uchon et s'étend sur la dépression de l'Arroux, jusqu'aux monts de la Madeleine et aux monts Dôme.

> ### Le marteau-pilon
>
> Installé place du 8-Mai-1945, au carrefour sud de la ville, ce mastodonte de 100 tonnes (1875) est devenu l'emblème de la ville du Creusot. A l'époque de sa mise en service, en 1877, il trônait du haut de ses 21 m sur les ateliers de l'usine du Creusot, et il fut pendant plusieurs années l'outil de forgeage le plus puissant du monde. On entendait alors les coups de pilon de cette machine révolutionnaire, capable d'une frappe très précise, jusqu'à 10 km à la ronde... Imité par de grandes forges comme celle de Saint-Chamond, ou même de Bethlehem, aux Etats-Unis, cette machine-outil finit par être démontée en 1931, puis offerte à la ville du Creusot en 1969. Elle témoigne aujourd'hui d'une ingénieuse invention qui fit faire un bond à l'industrie métallurgique

Cette curieuse tour conique est simplement l'un des anciens fours de la cristallerie du château de la Verrerie.

LA BOURGOGNE

Saint-Sernin-du-Bois
Le château, un gros donjon carré du XIVe siècle et un ancien prieuré forment un ensemble pittoresque, à proximité d'un étang.

Château de Brandon
Bâtie à l'emplacement d'un camp romain, cette forteresse médiévale subit des modifications sous Louis XIII dont l'aménagement du corps de logis sur la cour haute.
La cour basse conserve des écuries du XIIe siècle et une poterne du XIVe siècle.

Montceau-les-Mines

Musée des Fossiles
Cette antenne de l'écomusée du Creusot-Montceau présente une collection de fossiles de l'ère primaire, merveilleusement préservés par le sable ou la vase.

La « Maison d'école »
Autre antenne de l'écomusée du Creusot-Montceau, cette école (1880) abrite sur deux niveaux cinq salles de classe dont deux, soigneusement reconstituées, recréent l'ambiance d'une école publique de Montceau à la fin du XIXe siècle et vers 1960.

alentours

Blanzy
Située au bord du canal du Centre, la cité est devenue prospère à partir de 1860 grâce à ses houillères. Nombre d'industries sont venues renforcer celle de la fonderie : plastiques, robinetterie, tuyauterie, matériaux de construction et pneumatiques avec Michelin.
Musée de la Mine – Un chevalement de 22 m de haut signale le carreau du puits Saint-Claude, aujourd'hui transformé en antenne de l'écomusée du Creusot-Montceau. Ce puits de 30 m de profondeur, exploité de 1857 à 1881, propose une découverte originale de l'activité minière dans la région.

Gourdon
Ce petit village perché possède une église romane du XIe siècle, avec triforium aveugle et fenêtres hautes et un intéressant ensemble de chapiteaux. Des travaux ont mis au jour des fresques du XIIe siècle ayant pour thème principal la vision de l'Apocalypse.

Mont-Saint-Vincent★
C'est du village que part chaque année le signal des Feux celtiques de la Saint-Jean, allumés pour célébrer le retour de la belle saison.
Église – Bâtie à la fin du XIe siècle, l'église était celle d'un prieuré clunisien. Le porche carré, surmonté d'une tribune, abrite un portail dont le tympan sculpté, très dégradé, représente un Christ en majesté entre saint Pierre et saint Paul.
Musée Jean Régnier – Installé dans le bâtiment restauré d'un grenier à sel (XVe siècle), ce musée rassemble les découvertes archéologiques faites dans la région.

Perrecy-les-Forges
Ce bourg industriel possède une église romane, vestige d'un ancien prieuré bénédictin, précédée d'un porche-narthex de grande ampleur et de belle facture (musée du prieuré à l'étage). L'édifice est mis en valeur, côté sud, par l'ingénieuse matérialisation au sol des plans de l'ancien cloître, grâce à des arbustes et à des talus gazonnés.

Depuis le signal d'Uchon, le sublime panorama s'étend jusqu'aux sommets du Morvan.

L'église romane de Gourdon coule depuis le XIe siècle des jours paisibles.

VALLÉE DE LA CURE ★

■ Cette rivière morvandelle par excellence est un affluent de l'Yonne, bien que son bassin soit plus étendu. Dans la partie vallonnée du parc naturel régional du Morvan, la Cure est un cours d'eau « sportif », très apprécié des canoéistes. Il s'assagit en aval mais conserve du tempérament jusqu'à Cravant, bondissant sur les rochers, comme une vraie rivière à truites.

comprendre

Une rivière énergétique – C'est sur la Cure, au milieu du XVIe siècle, que fut réalisé le premier essai de flottage à bûches perdues. Au XIXe siècle, la création du lac réservoir des Settons, à quelques kilomètres de sa source, avait pour but d'aider à ce mode de transport original du bois de chauffage. Depuis la disparition du flottage, le lac n'est utilisé que pour régulariser le débit de la rivière et alimenter, pendant l'été, le canal du Nivernais. Dans les années 1930, plusieurs barrages hydroélectriques ont été aménagés dans le bassin amont de la Cure : barrage du Crescent (1930-1933) avant Chastellux ; barrage de Malassis (1929-1930) près de Domecy-sur-Cure ; barrage de Chaumeçon (1933-1935) sur le Chalaux, un affluent de la Cure. On est ainsi passé du « charbon de bois » à la « houille blanche ».

LES GENS

Le prolixe et aventureux Nicolas Restif de La Bretonne est né dans une ferme de Sacy (près de Vermenton). Écrivain typographe doté d'un sens aigu de la psychologie, il considérait son œuvre de dissection sociale, depuis Le Paysan perverti jusqu'aux Nuits de Paris, comme un utile complément à l'Histoire naturelle de son illustre compatriote Buffon.

alentours

Cravant
Cette petite localité, autrefois fortifiée, est bâtie au confluent de la Cure et de l'Yonne. L'église, du XIIIe siècle, possède un chœur ainsi qu'une tour de la Renaissance et le bourg des maisons à pans de bois.

Vermenton
Cet ancien port occupe un site agréable sur les rives de la Cure. Son église possède une belle tour du XIIe siècle mais les statues-colonnes de son portail sont très mutilées.

Arcy-sur-Cure
La Cure divise le bourg en deux parties reliées par un grand pont en dos d'âne. Au-delà de la Cure, ravissante façade classique du château d'Arcy (XVIIIe siècle), que précède une allée d'arbres.
Manoir de Chastenay – La visite de cet élégant édifice de la seconde moitié du XIVe siècle met l'accent sur la symbolique alchimiste qui « habite » le manoir et sur les travaux des compagnons.

Grottes
En amont du village d'Arcy, la rive gauche de la Cure est dominée par de hautes falaises calcaires percées de nombreuses grottes. Depuis 1990, les archéologues ont mis au jour des peintures pariétales vieilles de 33 000 ans, selon les dernières datations, ce qui fait de la Grande Grotte la plus ancienne grotte ornée du monde après celle de Chauvet, en Ardèche. Les peintures d'Arcy, aux dominantes de rouges, représentent une soixantaine d'animaux différents.

Asquins
Point de départ de la « voie de Vézelay » (l'un des chemins de Saint-Jacques-de-Compostelle), l'église Saint-Jacques-le-Majeur (XIIe-XIIIe siècle) abrite un reliquaire du XVIe siècle figurant saint Jacques.

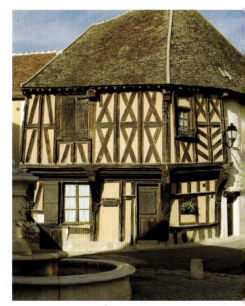

De surprenantes maisons à pans de bois jalonnent les rues de Cravant.

Flavigny-sur-Ozerain révèle sa grandeur passée dans ses portes fortifiées et les vestiges de ses remparts.

DECIZE

DEFGHIJKL

DECIZE

■ Occupant une île rocheuse de la Loire, Decize tend à devenir un pôle d'attraction du Sud-Nivernais. Le bourg s'étale au pied d'une butte où se dressait jadis le château des comtes de Nevers. Il fait bon se promener sous son allée de platanes ou y embarquer, comme les mariniers autrefois, sur une gabare.

Le nom
César trancha un différend entre deux chefs éduens *(voir mont Beuvray)* dans la cité antique de *Decetia*. Il s'agirait du nom d'une divinité gauloise, sûrement liée à l'eau.

LES GENS
6 456 Decizois. Les Decizois habitent de part et d'autre de la Loire ou encore sur l'île dessinée par les deux bras du fleuve. Le plus ancien, la Vieille Loire, est un bras mort qui offre la vision surprenante d'un pont chevauchant une prairie.

comprendre

Les hérauts du pays – Le jurisconsulte Guy Coquille (1523-1603) est l'auteur d'un *Commentaire de la coutume du Nivernais*. Henri IV tenta sans succès de s'attacher les services de ce député, opposé aux Ligueurs mais attaché à son Nivernais natal, qui rédigea le cahier du tiers état. Pour avoir quitté le foyer familial sans autorisation, Saint-Just (1767-1794) fut emprisonné à Picpus avant d'avoir vingt ans. Membre du Comité de salut public en 1793 (il compose, avec son fidèle ami Robespierre et Couthon, un triumvirat qui gouverne alors le pays), nommé commissaire de l'armée du Nord, il contribua à la victoire décisive de Fleurus, qui mit fin aux craintes d'invasion.
Les paroles prononcées par Saint-Just à la tribune ont souvent été d'une violence inouïe, d'autant plus qu'il y joignait les actes. Son intransigeance mais aussi sa soif de pureté ont fait de lui l'incarnation d'un certain idéal révolutionnaire.
Celui qu'on appelait « l'archange de la Terreur » est l'auteur du fameux : « On ne peut point régner innocemment » lors du jugement de Louis XVI et du prémonitoire : « *Le bonheur est une idée neuve en Europe.* » Mis hors la loi par la Convention le 9 thermidor an II, Saint-Just monta à l'échafaud le lendemain.
Maurice Genevoix (1890-1980) dépeignit avec lucidité les ravages de la guerre dans *Ceux de 14* avant de recevoir le prix Goncourt en 1925 pour son roman *Raboliot*. La suite de son œuvre célèbre la plénitude de la nature et la force animale (ce qui le rapproche de Colette), qui lui semblent proposer à l'homme une réflexion sur la vie pouvant conduire à la sagesse. Il fut élu à l'Académie française en 1946.

Petite ville du Sud Nivernais, Decize occupe une île rocheuse de la Loire.

LA BOURGOGNE

Il fait bon se promener le long de cette allée ombragée de platanes sur plus de 900 mètres...

Marguerite Monnot (1903-1961), pianiste et violoniste précoce, composait déjà à l'âge de cinq ans. Elle s'orienta vers la variété, la chanson, les musiques de films, les comédies musicales ; elle écrivit pour Édith Piaf une cinquantaine de chansons, dont *Milord*, *L'Hymne à l'amour*, *Mon Légionnaire*.

visiter

Au pied de la butte, les anciens remparts montrent les vestiges de tours, portes et ravelins.

Église Saint-Aré
Le chœur du XIe siècle recouvre une crypte double du VIIe siècle, qui renfermait avant la Révolution le tombeau de saint Aré, évêque de Nevers. C'est l'une des très rares cryptes mérovingiennes conservées en France.
On y trouve une Vierge du XVIe siècle, « Notre-Dame-de-Sous-Terre ». La légende raconte qu'à sa mort son corps fut, selon son vœu, placé sur une barque qui remonta seule la Loire et vint s'échouer à Decize.

Promenade des Halles
Cette superbe allée longue de plus de 900 m est ombragée de platanes dont certains atteignent 55 m de hauteur ; les premiers ont été plantés en 1771.

alentours

La Machine
Connu depuis la haute Antiquité pour ses affleurements de charbon, le gisement houiller de la région fut exploité industriellement sous l'impulsion de Colbert, qui vanta auprès du roi l'excellente qualité du charbon nivernais pour fournir les forges des arsenaux militaires. En 1670, une machine d'extraction d'origine liégeoise, un manège en bois tiré par un cheval, fut installée sur le site, donnant son nom à la ville. La mine fut achetée par la compagnie Schneider du Creusot en 1864 et nationalisée en 1946. La concurrence de l'étranger et des autres sources d'énergie conduisirent à la fermer en 1974.

Musée de la Mine
Installé dans les bâtiments de l'ancienne direction des houillères depuis 1983, ce musée évoque l'histoire du site, le travail et la vie quotidienne au fond de la mine, ainsi que les aspects sociaux liés au quotidien d'une ville minière.
Mine-image – Autrefois, les futurs mineurs faisaient leur apprentissage dans ce puits. Aujourd'hui, en complément à la visite du musée, cette reconstitution réaliste d'une galerie type permet de découvrir l'évolution des techniques de soutènement de bois et évoque le travail d'extraction : dynamitage, abattage, évacuation de la houille.

Teinte
Sur les bords de Loire, d'anciens quais datant de l'époque du transport fluvial de la chaux ont été aménagés pour la promenade.

Béard
Son église romane du XIIe siècle possède un clocher dont les deux étages sont percés de deux baies géminées en plein cintre.

Cité de tradition minière, La Machine a su s'adapter au tourisme en créant un musée et en conservant certaines de ses installations.

DIGOIN

■ Digoin se trouve au point de rencontre des vallées de la Loire, de l'Arroux, de l'Arconce, de la Vouzance et de la Bourbince. Leurs canaux tranquilles, leurs eaux poissonneuses et leurs rives parcourues de sentiers attirent amateurs de tourisme fluvial, pêcheurs et randonneurs venus apprécier le charme des lieux.

Le nom
Comme dans « Dijon », la racine gauloise *diwo* évoque une idée de sacré. Le *Diwontio* (lieu aux eaux sacrées) des Celtes devint *Deguntium* après Charlemagne.

LES GENS
8 947 Digoinais, dont un millier employés autour du grès. La manufacture de Digoin est une référence pour la porcelaine hôtelière, elle puise l'un des kaolins les plus blancs d'Europe dans une carrière tout proche.

comprendre

Briare uni à Chalon-sur-Saône – Achevé en 1836, un pont-canal de onze arches, franchissant la Loire, permet au canal du Centre (qui relie la Loire à la Saône) d'assurer la jonction des canaux de Roanne à Digoin et Latéral à la Loire. Lors de l'attribution de l'Alsace-Lorraine à la Prusse en 1870, la faïencerie de Sarreguemines décida de rapatrier ses activités sur Digoin. L'argile qui abonde en ces terres lui a permis d'y devenir l'une des plus grandes faïenceries de France.

La Loire nivernaise – À l'époque de Jules César, la Loire s'appelait *Liger*. Son nom viendrait de la racine gauloise *lig* signifiant « boue ». De Digoin à Briare, elle coule vers le nord-ouest sur 150 km, dans des plaines rattachées au Bassin parisien.

Elle n'y a pas l'ampleur et la majesté qu'on lui connaît en aval d'Orléans ; pourtant, tantôt nonchalante et tantôt fougueuse, elle est déjà très attachante par sa physionomie, son tracé, ses îles boisées et les paysages qu'elle traverse. En été, la Loire n'est qu'un maigre cours d'eau qui se fraie péniblement un chemin entre d'immenses bancs de sable d'un blond doré sur lesquels des buissons de saules font, çà et là, une tache verte. Mais d'octobre à juin, elle recouvre complètement son lit.

Quelques chapelles dédiées à saint Nicolas, le patron des mariniers, existent encore (à Nevers), parfois en partie démolies (à La Charité-sur-Loire). Certaines églises des bords de Loire conservent, suspendus à la voûte, de beaux vaisseaux de bois, fidèles reproductions des navires à voiles du XVIIe siècle ; ces bateaux étaient portés solennellement au cours des processions en l'honneur de saint Nicolas.

La navigation sur la Loire – Le plus irrégulier des fleuves de France a connu, autrefois, une intense activité de batellerie. Au temps où les routes étaient rares et mauvaises, la voie d'eau était un chemin très fréquenté. Au Moyen Âge, de Roanne à Orléans vivait tout un peuple de mariniers, transportant les marchandises les plus diverses : produits agricoles du Charolais et du Morvan, faïences de Nevers, bois et charbons du Forez.

La circulation était surtout intense à la descente où l'on parcourait une trentaine de kilomètres par jour. La remontée étant très pénible à cause du courant, les mariniers préféraient le plus souvent démolir leurs bateaux, vendre les planches et revenir à pied à leur point de départ !

Au XIXe siècle, la navigation à vapeur donna un nouvel essor au trafic fluvial. Mais, très vite, l'extension du chemin de fer allait porter un coup fatal à la batellerie. En 1862, la dernière compagnie cessait son trafic.

Située en bord de Loire, Digoin possède de nombreux atouts pour les visiteurs.

Long de 243 m, un pont-canal permet de relier le canal du Centre au canal Latéral à la Loire.

LA BOURGOGNE

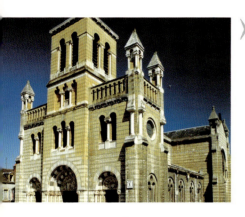

Notre-Dame-de-la-Providence surprend par l'absence de flèche sur son clocher.

visiter

Église Notre-Dame-de-la-Providence
Ce bel édifice de style à la fois roman et byzantin fut érigé au XIXe siècle. L'intérieur, très vaste, est éclairé par des vitraux d'une belle facture, notamment ceux imitant des mosaïques, du revers de la façade.

Musée de la Céramique
Aménagé dans une hôtellerie du XVIIIe siècle, il présente l'histoire de la céramique de l'époque gallo-romaine à nos jours (10 000 pièces) ainsi que les différents procédés de fabrication.

ObservaLoire
Cet espace consacré au patrimoine historique et naturel de Digoin, véritable carrefour d'eaux, abrite notamment une salle sous l'eau présentant les différentes espèces locales de poissons (aloses, brêmes, brochets, etc.). Le phénomène des crues, la vie des mariniers d'antan, le trafic fluvial à Digoin sont également évoqués.

DIJON

■ Les grands-ducs d'Occident vécurent peu à Dijon, mais y développèrent une élégance fastueuse, reprise et accrue par la noblesse de robe des XVIIe et XVIIIe siècles. La richesse patrimoniale et l'intense activité culturelle de cette ville universitaire animée ne laissent pas insensibles. Les amateurs de vin de Bourgogne y trouveront de surcroît le point de départ idéal pour suivre la Route touristique des grands crus.

Le nom
Dijon a hérité son nom du *Divio*, ruisseau sur lequel fut construit le castrum gallo-romain d'origine, à la jonction de deux grandes voies commerçantes allant jusqu'à la Méditerranée : celle de l'étain qui venait de Cornouaille et celle de l'ambre qui arrivait de la Baltique. L'étymologie de *Divio* a d'ailleurs suscité diverses interprétations, dont celle qui dit que ce nom viendrait de « *due vie* », la ville située à la jonction de deux voies...

> ## LES GENS
> 149 867 Dijonnais (agglomération : 236 953). Cette population fait de Dijon l'une des 25 plus importantes villes de France. C'est au n° 85 de la rue de la Liberté qu'est né le créateur des guides de voyage, Adolphe Joanne (1813-1881). Il fut également le fondateur du journal L'Illustration et du Club alpin français.

comprendre

Les origines – Saccagée, pillée, brûlée à maintes reprises, Dijon fut conquise en 1015 par le roi de France, Robert le Pieux. Pratiquement détruite en 1137 par un terrible incendie, elle fut rebâtie par le duc Hugues II dans une nouvelle enceinte englobant l'abbaye Saint-Bénigne. Cinquante ans plus tard, son successeur érigeait Dijon en commune. Des onze portes qui donnaient au XIIe siècle accès à la ville, la dernière à subsister, la porte Guillaume, fut remplacée en 1788 par l'arc de triomphe actuel de la place Darcy.

Le berceau des grands-ducs d'Occident – Lorsque Philippe le Hardi reçoit le duché de Bourgogne en apanage des mains du roi Jean le Bon, inaugurant la lignée des quatre ducs de la maison de Valois, il peut s'appuyer sur un domaine déjà fortement organisé. Mais le parlement est à Beaune ; Dijon n'accueille que la chambre des comptes. La puissance économique se concentre dans les villes du Brabant, de Flandre et d'Artois, que le duc pacifie après son mariage avec Marguerite de Flandre. Dijon est en quelque sorte une

Au centre de la place François-Rude, le bon génie du lieu foule diligemment le raisin.

DIJON

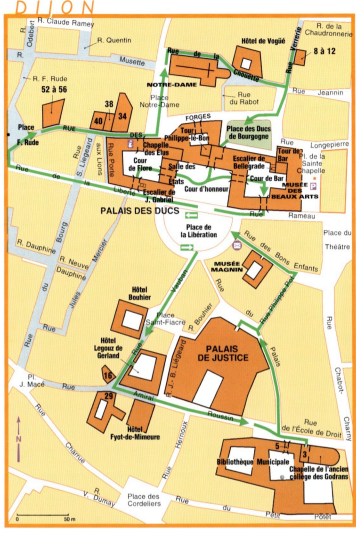

Itinéraire de visite conseillé

La salle des États, richement ornée, dans le palais des Ducs de Bourgogne.

capitale « dynastique » où l'on naît et où l'on meurt (on est inhumé à la chartreuse de Champmol) : Charles le Téméraire n'y passera qu'une semaine au cours de sa vie.

En un siècle, les ducs, qui comptent parmi les princes les plus puissants de la chrétienté et les mécènes les plus riches, font de Dijon, à l'écart des guerres (souvent lancées pour rétablir l'ordre dans les villes insoumises), une ville d'art au rayonnement incontestable : le palais sert de cadre prestigieux à des réceptions fastueuses ; la Sainte Chapelle qui le jouxte est le siège de l'ordre de la Toison d'or. L'activité manufacturière de la ville n'est pas négligeable. Le négoce prospère permet aux grands bourgeois de construire d'opulentes demeures que l'on peut voir encore rue des Forges, rue Vauban, rue Verrerie...

La capitale de la province de Bourgogne – Tout change avec le rattachement du duché à la couronne de France. L'annexion par Louis XI provoque un soulèvement général, la mutemaque, que les troupes royales répriment. Les Dijonnais en profitent pour négocier un certain nombre de concessions dont le maintien des États de Bourgogne (assemblée régionale des députés du clergé, de la noblesse et du tiers état) et, surtout, le transfert du parlement de Beaune à Dijon.

En 1479, le roi en visite jure solennellement à Saint-Bénigne de « *garder les franchises, libertés, immunités, droits et privilèges* » dont jouissait jusqu'ici le duché. Puisque Dijon est une ville frontière face à la

Dijon, ville gourmande

Dans cette cité de la douceur de vivre, dotée d'un patrimoine incomparable, la gastronomie tient manifestement une place de choix, notamment à l'occasion d'un rendez-vous annuel où les arts de la table, les vins, les produits du terroir et les spécialités régionales et étrangères sont à l'honneur : la Foire internationale et gastronomique de Dijon. De nombreuses activités locales sont liées aux sciences alimentaires et culinaires, et c'est d'ailleurs sur le campus de Dijon que le Centre européen des sciences du goût a élu domicile. Ce véritable « laboratoire de recherches pluridisciplinaires sur le goût, l'olfaction et les échanges chimiosensoriels » a été fondé par le CNRS en 1997.

LA BOURGOGNE

Comté, il fait néanmoins construire une forteresse (connue au XIXe siècle sous le nom de « château des Gendarmes »), réparer les fortifications et représenter le pouvoir royal dans le duché par un gouverneur.

Essor de la cité provinciale – Capitale administrative sous les princes de Condé, Dijon connaît, au XVIIe siècle, un développement urbanistique important, en dépit de la Fronde où l'entraîne le Grand Condé. L'essor se poursuit au siècle des Lumières après l'établissement de l'université (1723), la fondation de l'Académie en 1725, de l'école de dessin en 1766, dont les élèves les plus connus sont Rude et Prud'hon, et la création d'un diocèse en 1731. Jules Hardouin-Mansart transforme le palais des Ducs pour y loger les États de Bourgogne. Ses membres et les parlementaires donnent à la ville sa parure d'hôtels cossus.

La chartreuse de Champmol est détruite pendant la Révolution. Sous l'Empire et la Restauration, la ville subit peu de changements. À partir de 1851, elle connaît un nouvel élan avec la construction de la ligne de chemin de fer Paris-Lyon-Méditerranée (PLM), au point de voir sa population doubler entre 1850 et 1892.

Perspectives actuelles – Dijon figure au palmarès des 25 plus grandes villes de France. Elle concentre environ 20 % des emplois de Bourgogne, plus des deux tiers de son activité étant consacrée aux services. Siège de cour d'appel et de préfecture, pôle universitaire (avec quelque 32 000 étudiants), dotée d'un grand centre commercial (la Toison d'or), Dijon fait preuve de dynamisme, avec plusieurs projets urbains d'envergure, en cours ou à venir, tels la salle de spectacles du Zénith (7 000 places), une médiathèque au cœur des Grésilles, une future piscine olympique, la rénovation de la place Grandville, l'élaboration du quartier Junot, etc.

Dijon est devenu un pôle universitaire important (ici la faculté de droit).

DIJON

autour du palais des Ducs

Le quartier ancien qui entoure le palais des Ducs et des États de Bourgogne a gardé beaucoup de cachet. Ses rues, souvent piétonnes, sont bordées de nobles hôtels en pierre de taille et de nombreuses maisons à pans de bois des XVe et XVIe siècles.

Place de la Libération
Au XVIIe siècle, à l'apogée de sa puissance parlementaire, la commune se sent l'âme d'une capitale et souhaite transformer le palais ducal abandonné depuis Charles le Téméraire et aménager ses abords en « place Royale ». En ce début de XXIe siècle, la municipalité a donné à son tour un nouvel aspect à ce lieu en confiant son réaménagement à l'architecte Jean-Michel Wilmotte.

Place François-Rude (ou place du Bareuzai)
Au centre de la zone piétonne, cette place irrégulière et animée est bordée par une belle maison à pans de bois. Le Bareuzai, vigneron vêtu seulement de vert-de-gris, est considéré comme le bon génie du lieu. Il foule diligemment le raisin, mais le produit de son travail ne s'écoule que lors des fêtes de la vigne. Quant à l'eau du Suzon, elle coule au-dessous de la place.

Rue des Forges★
C'est l'une des rues les plus caractéristiques avec ses belles demeures anciennes, et l'une des plus fréquentées de la ville.

Église Notre-Dame★
Bel exemple de l'architecture gothique en Bourgogne (1230-1250), pour lequel le maître d'œuvre, ne disposant que d'un espace restreint, s'est livré à des prouesses techniques.
Extérieur – En façade, au-dessus du porche monumental à trois baies, courent deux galeries d'arcatures, soulignées de trois rangées de fausses gargouilles. Deux élégantes tourelles desservent les tours

> ### Dijon et le 11 septembre
> Le 11 septembre 1513, Dijon, assiégé par les Suisses, fit appel en désespoir de cause à la Vierge, par la procession de la statue de Notre-Dame de Bon-Espoir. Le surlendemain, le siège fut levé. Quelque 400 ans plus tard, le 11 septembre 1944, Dijon fut libéré sans dommage de l'occupation allemande. Une seconde tapisserie, exécutée aux Gobelins et évoquant les deux libérations de la ville, fut offerte en ex-voto. Elle est suspendue dans l'église Notre-Dame, sous l'orgue.

Ancien siège du duché de Bourgogne, le palais des États fait aujourd'hui office d'hôtel de ville et de musée des Beaux-Arts.

LA BOURGOGNE

Une des tourelles de l'église Notre-Dame porte l'horloge au jacquemart rapportée de Courtrai par Philippe le Hardi.

masquées par la façade : celle de droite porte le jacquemart rapporté par Philippe le Hardi. Cette horloge a une histoire curieuse. Elle est d'abord une prise de guerre de Philippe le Hardi en 1382, à Courtrai, après sa victoire sur les Flamands révoltés contre Charles VI. Son nom de jacquemart, qui désigne *« lomme qui fiert du martel la cloiche de lorreloige »*, n'apparaît qu'en 1458. Les Dijonnais s'avisent alors que le célibat doit peser à ce pauvre homme : en 1651, on lui adjoint une compagne. En 1714, le spirituel poète Aimé Piron s'apitoie sur ces braves époux qui semblent avoir fait vœu de chasteté ; naissent un fils, Jacquelinet, *« dont le marteau frappe la dindelle »*, puis, en 1884, une fille, Jacquelinette qui sonne aussi les quarts d'heure.

Intérieur – L'ensemble est très harmonieux : le triforium aux délicates colonnettes fuselées, la hauteur de la tour-lanterne à la croisée du transept, la hardiesse du chœur terminé par un chevet polygonal suscitent l'admiration. Au croisillon gauche, le registre horizontal a conservé les beaux vitraux du XIIIe siècle. Une fresque du XVe siècle se remarque à ses côtés. La chapelle à droite du chœur abrite la statue de Notre-Dame de Bon-Espoir. Cette Vierge du XIe siècle est l'objet d'une vénération particulière. C'est surtout l'une des plus anciennes statues de Vierge en bois connue en France.

Quartier Notre-Dame

La rue Musette donne un peu de recul sur la façade de l'église et conduit au marché. Datant de 1875, les halles à l'architecture métallique abritent aujourd'hui encore, plusieurs fois par semaine, un marché animé. La rue de la Chouette, quant à elle, dégage une vue d'ensemble sur la belle ordonnance du chevet. Sur un contrefort de la chapelle Chambellan (XVe siècle) figure l'oiseau sculpté et usé, qui a donné son nom à la rue. Selon la tradition locale, il exauce un vœu si on le caresse de la main gauche.

Hôtel de Vogüé

C'est l'un des premiers hôtels parlementaires de Dijon. Il fut édifié au tout début du XVIIe siècle. Sa jolie toiture en tuiles vernissées le signale de loin.

Rue Verrerie

Parmi de nombreuses maisons à pans de bois, les nos 8, 10 et 12 constituent un bel ensemble où l'on voit des sablières sculptées.

Place des Ducs-de-Bourgogne

De cette petite place, on reconstitue par la pensée le palais tel qu'il se présentait à l'époque ducale. La belle façade gothique est celle de la salle des Gardes que domine la tour Philippe-le-Bon.

PALAIS DES DUCS ET DES ÉTATS DE BOURGOGNE**

Tour Philippe-le-Bon

Achevée au XVe siècle par Philippe III, cette tour haute de 46 m a fière allure. De la terrasse (316 marches), belle vue sur la ville, les vallées de l'Ouche et de la Saône et les premiers contreforts du Jura.

Cour d'honneur

Au fond, le logis du roi, bel ensemble aux grandes lignes horizontales limité par les deux ailes en équerre, est dominé par la tour Phillipe-le-Bon. Le palais des Ducs et des États abrite, à gauche, l'ensemble des services de l'hôtel de ville et, à droite, le musée des Beaux-Arts.

Tour de Bar

La tour de Bar tient son nom d'un prisonnier enfermé là par Philippe

La tour de Bar demeure la plus ancienne partie du palais.

DIJON

le Bon en 1431 : René d'Anjou, duc de Bar et de Lorraine, comte de Provence, futur « roi René ». Construite par Philippe le Hardi au XIVe siècle, appelée alors tour Neuve, la tour demeure la partie la plus ancienne du palais. Les cuisines ducales attirent le regard. Édifiées vers 1435, elles sont remarquables : six vastes cheminées suffisaient à peine à la préparation des festins dignes de la cour bourguignonne.

MUSÉE DES BEAUX-ARTS★★

Créé en 1799, cet immense musée, l'un des plus grands de France, est installé dans l'ancien logis des ducs de Bourgogne et dans l'aile orientale du palais des États. Au rez-de-chaussée de la cour de Bar, la salle du Chapitre (XIVe siècle) de l'ancienne Sainte-Chapelle ducale (disparue avec l'essentiel de son trésor) montre l'évolution de la sculpture religieuse du XIVe au XVIIe siècle. Cette salle abrite de précieux objets d'art. Au pied de l'escalier, de belles collections médiévales et Renaissance d'orfèvrerie religieuse et d'ivoires sculptés sont exposées dans les vitrines. Le 1er étage est consacré à la peinture italienne, avec en particulier des œuvres de primitifs toscans (Taddeo Gaddi) et siennois (Pietro Lorenzetti). Puis c'est au tour des primitifs allemands et suisses (Konrad Witz) dans les salles suivantes, pour la plus importante collection en France. La grande pièce d'angle est surtout consacrée aux peintres du règne de Louis XIV : Philippe de Champaigne, Le Brun, François Perrier, dit « le Bourguignon ». Les salles suivantes sont également réservées à l'art français, avec peintures et mobilier.

À l'angle de l'aile ouest, la salle des Statues présente un ensemble de copies d'antiques et d'œuvres du XIXe siècle. Le salon Condé qui lui fait suite est orné de boiseries et de stucs Louis XVI et présente des meubles, tableaux, sculptures de Coysevox et Caffieri.

Avec sa célèbre *Nativité* (1420), œuvre déterminante dans l'évolution de la peinture flamande, la salle du Maître de Flémalle (rez-de-chaussée), constitue une bonne introduction à la salle des Gardes.

Salle des Gardes★★★ – L'ancienne salle des Festins, qui donne sur la place des Ducs, est la pièce la plus renommée du musée. Elle abrite les trésors d'art provenant de la chartreuse de Champmol, notamment les tombeaux magnifiquement restaurés.

Au fond de la salle se trouve le tombeau de Philippe le Hardi, auquel travaillèrent successivement, de 1385 à 1410, les Flamands Jean de Marville (conception générale), Claus Sluter et Claus De Werve, son neveu. Le tombeau de Jean sans Peur et de Marguerite de Bavière, exécuté de 1443 à 1470, reproduit l'ordonnance du tombeau précédent avec une touche moins austère, plus flamboyante.

Dans le prolongement de la salle des Gardes, la galerie de Bellegarde présente quelques beaux exemples de peinture italienne et flamande des XVIIe et XVIIIe siècles. Les amateurs de sculpture française du XIXe siècle apprécient les œuvres de Rude et de Barrias et, parmi les peintures, celle de Gustave Moreau.

Le reste du 2e étage présente l'ensemble de peintures, dessins, estampes et sculptures du XVIe siècle à nos jours

> ### Un ordre prestigieux : la Toison d'or
>
> *Le siège de l'ordre de la Toison d'or était jadis la chapelle du palais ducal de Dijon, où le jeune comte de Charolais, futur Charles le Téméraire, fut fait chevalier en 1433. Dès 1404, un ordre dit de l'Arbre d'or avait été créé par le duc Philippe le Hardi. Né lors des cérémonies de mariage de Philippe le Bon avec Isabelle de Portugal, à Bruges, le 10 janvier 1430, deux motivations sont à l'origine de la création de l'ordre de la Toison d'or : rapprocher la Bourgogne de l'Église en maintenant vivant l'esprit de croisade attaché à la chevalerie, et conforter la position du duché par rapport à la couronne anglaise, au Saint Empire romain germanique et au royaume de France.*

En 1830, Michelet a pu constater que les tombeaux « avec toute une population de chartreux en marbre » sont bien « la merveille de Dijon ».

de la donation Granville, (Georges de La Tour, Géricault, Delacroix, Victor Hugo, Daumier, Courbet, Gustave Moreau, Odilon Redon...). Le XIXe siècle se termine par les travaux de l'école de Barbizon et les impressionnistes au sens large. La sculpture du XXe siècle est aussi présente avec Rodin, Maillol, Bourdelle... Sur un tout autre registre, la remarquable collection de sculptures et de masques africains permet de découvrir une forme d'art qui avait passionné les cubistes Juan Gris, Braque, Picasso.

De l'art contemporain, autour de l'école de Paris et du paysagisme abstrait des années 1950 à 1970, les noms d'Arpad Szenes et son épouse Vieira da Silva ou Nicolas de Staël captent l'attention.

Un ensemble de sculptures d'Étienne Hajdu accroche aussi l'œil. Par ailleurs, le musée en plein air de l'université présente des sculptures de Karel Appel, Arman, Gottfried Honegger. Le Dijonnais Jean Bertholle, Manessier, Messagier, Mathieu et Wols terminent l'exposition.

autour du palais de Justice

De beaux hôtels particuliers classiques ou Renaissance se découvrent au hasard des rues.

Bibliothèque municipale

Dans la chapelle (XVIIe siècle) de l'ancien collège des Godrans, la bibliothèque possède plus de 300 000 volumes ; elle conserve de précieux manuscrits enluminés. La salle de lecture est l'une des plus belles de France. Dans la cour, joli puits d'Amour (XVIe siècle) provenant d'une maison qui avait été détruite pour permettre l'agrandissement du palais de Justice.

Palais de Justice

Dans ce bâtiment siégeait le parlement de Bourgogne. La façade à pignon, de style Renaissance, comprend un porche soutenu par des colonnes. La porte ciselée de guirlandes et de trophées et dotée d'une cariatide est une copie (l'original de Sambin est conservé au musée des Beaux-Arts).

Musée Magnin★

Installé dans un élégant hôtel du XVIIe siècle, ce musée garde le caractère d'une demeure d'amateurs d'art. Maurice Magnin, haut magistrat passionné de peinture, et sa sœur Jeanne, peintre amateur et critique d'art, se sont attachés entre 1890 et 1938 à réunir des noms peu connus et à valoriser des talents cachés. La collection de tableaux (près de 1 500 pièces) présente, à côté de grands maîtres, des œuvres fort bien sélectionnées d'artistes moins illustres.

découvrir

« LA VILLE AUX CENT CLOCHERS »

L'expression serait de François Ier s'émerveillant, depuis les hauteurs de Talant, du nombre des églises à Dijon. Elles sont aujourd'hui moins nombreuses, mais constituent encore un important patrimoine d'architecture religieuse.

Cathédrale Saint-Bénigne

Cette ancienne abbatiale est de pur style gothique bourguignon. En l'an 1001, l'abbé Guillaume de Volpiano fit bâtir sur les ruines d'une église une grande basilique romane, consacrée en 1018, que complétait une rotonde. En 1271, l'édifice s'effondra et sa rotonde

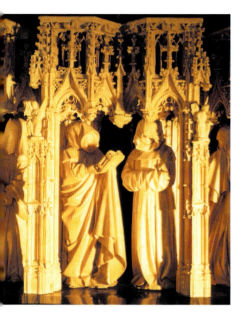

Le tombeau de Jean sans Peur est lui aussi entouré d'arcatures d'albâtre sous lesquelles veille une assemblée de « deuillants ».

Tuiles vernissées

De superbes toits de tuiles polychromes parent la ville de Dijon. Symbole de prestige, ils apparurent au XIIIe siècle sur les cathédrales, puis sur les résidences princières. La mode passa et revint aux XVIe et XVIIe siècles, lorsque les parlementaires couvrirent le toit de leurs hôtels de riches parures. Ils furent encore appréciés à l'époque de l'Art nouveau.

DIJON

resta obstruée ; l'édifice gothique actuel fut alors construit contre la rotonde. Malheureusement, cette dernière ne survécut que partiellement à la Révolution. Remise au jour en 1843, la base de la rotonde, sans la sacristie actuelle, demeure l'un des témoins du sanctuaire roman. L'église gothique possède une façade occidentale à contreforts massifs et saillants, que bornent deux grosses tours couronnées de deux étages octogonaux aux toits couverts de tuiles polychromes. L'intérieur présente des lignes très sobres. Dépouillée de ses œuvres d'art à la Révolution, Saint-Bénigne a accueilli des sculptures, des pierres tombales provenant d'autres églises de Dijon et les restes des ducs de Bourgogne. Les orgues (1743) de Charles et Robert Riepp (facteurs allemands installés à Dijon en 1735) et le beau maître-autel néoclassique suscitent l'intérêt.

Rotonde★★ – Les vestiges de la rotonde romane se limitent à une partie de transept, creusé au centre d'une fosse contenant les restes du sarcophage de saint Bénigne. Mort au IIIe siècle, il est le premier martyr bourguignon, et son tombeau est un but de pèlerinage le 20 novembre.

Musée archéologique★

Occupant l'aile orientale du cloître disparu de l'ancienne abbaye de Saint-Bénigne, ce musée peut, par l'essentiel de ses collections, être rattaché à l'art sacré. De superbes salles romanes du début du XIe siècle abritent au sous-sol des sculptures gallo-romaines. L'ancien dortoir des moines, de style gothique (XIIIe siècle), est consacré à la sculpture médiévale de la région. Des vestiges mobiliers de différentes périodes, depuis le paléolithique jusqu'à l'époque mérovingienne, sont présentés dans les cellules du XVIIe siècle.

Église Saint-Philibert

Édifiée au XIIe siècle et remaniée au XVe siècle, elle est actuellement désaffectée. Elle se distingue par le travail en « roman fleuri » du portail occidental.

Église Saint-Michel★

De style gothique flamboyant, cette église consacrée en décembre 1529 a vu sa façade décorée en pleine Renaissance et ses deux tours achevées au XVIIe siècle, en respectant des plans antérieurs. La façade, où se superposent les trois ordres classiques, est majestueuse. Le porche, en forte saillie, s'ouvre par trois portails : une frise de rinceaux et de grotesques se développe à la partie supérieure du porche sur toute sa longueur. Le portail de droite, de 1537, est le plus ancien des trois. L'intérieur se signale par la hauteur du chœur dépourvu de déambulatoire et ses boiseries du XVIIIe siècle. Quatre toiles de Franz Kraus, peintre allemand du XVIIIe siècle suscitent l'admiration.

Musée d'Art sacré

Édifice de plan circulaire à dôme, l'ancienne église Sainte-Anne (fin XVIIe siècle) abrite, à côté du musée de la Vie bourguignonne, du mobilier recueilli dans la Côte-d'Or depuis vingt ans. Pièce maîtresse : le maître-autel en marbre et stuc, exécuté par le sculpteur dijonnais Jean Dubois en 1672 sur le thème de la Visitation de la Vierge à sainte Élisabeth.

Chartreuse de Champmol★

Alors que les premiers ducs de Bourgogne étaient inhumés à Cîteaux, Philippe le Hardi, désirant pour sa dynastie une nécropole d'envergure royale, fonda en 1383 la chartreuse de Champmol. Ce fastueux ensemble, réalisé par les meilleurs artistes de l'époque, fut malheureusement détruit en 1793 et avec lui disparurent la plupart des trésors d'art qu'il contenait. Hormis les tombeaux et retables

Moins nombreuses qu'au temps de François Ier, les églises de Dijon constituent encore un important patrimoine d'architecture religieuse.

Par l'essentiel de ses collections, le musée archéologique peut être rattaché à l'art sacré.

Le jardin Darcy, conçu dans un style néo-Renaissance, est le premier jardin public créé en tant que tel en 1880.

exposés dans la salle des Gardes du musée des Beaux-Arts et le buste du Christ conservé au Musée archéologique, seules deux œuvres du célèbre sculpteur Claus Sluter, chef de file de l'école burgondo-flamande, ont échappé au désastre. Elles sont exposées dans le parc de cet établissement psychiatrique qui occupe, depuis 1843, le site du monastère médiéval.

Puits de Moïse★★★ – Un édifice hexagonal en briques et pierres du XVIIe siècle, situé au milieu d'un vaste parterre gazonné correspondant à l'ancien grand cloître de la chartreuse, abrite ce chef-d'œuvre de la sculpture médiévale. Symbole de la source de vie, le puits de Moïse servait de piédestal à un monumental calvaire, exécuté de 1395 à 1405, dont la partie supérieure disparut au XVIIe siècle. La partie basse du calvaire est une colonne hexagonale de 7 m de haut baignant dans un bassin alimenté par une source. Six grandes statues de Moïse et des prophètes David, Jérémie, Zacharie, Daniel et Isaïe sont adossées à la colonne. Un minutieux travail de restauration leur a rendu quelques traces bien visibles de polychromie. Ce sont des portraits d'un réalisme saisissant ; la figure de Moïse, la plus impressionnante peut-être, a donné son nom au monument.

Musée de la Vie bourguignonne★

Jouxtant le musée d'Art sacré, dans les bâtiments du cloître du monastère des Bernardines, édifié vers 1680, ce musée retrace l'histoire locale grâce à des pièces d'ethnographie régionale et urbaine rassemblées par le collectionneur Perrin de Puycousin (1856-1949).

Musée Amora

Aménagé dans les sous-sols de l'usine du principal fabricant de moutarde du monde, ce musée raconte l'histoire de la célèbre graine et de la marque Amora en évoquant plusieurs aspects de ce produit : fabrication, industrialisation, marketing, etc.

Square Darcy

Bassins et jeux de cascades, vasques, terrasses à balustrades s'étagent dans un joli décor de verdure composé de massifs floraux et de nombreuses essences végétales.

Jardin des Sciences★

Muséum de la ville de Dijon★ – Fondé en 1836 par un Dijonnais passionné de nature, Léonard Nodot, le muséum occupe l'ancienne caserne des arquebusiers dijonnais construite en 1608. Au rez-de-chaussée, l'histoire géologique bourguignonne est à l'honneur. Le 1er étage dévoile l'incroyable diversité du monde animal. L'époustouflante diversité d'insectes de la salle d'entomologie et sa collection de papillons enchantent le visiteur.

Jardin botanique★ – La flore de Bourgogne est devenue le thème central de ce jardin, fondé en 1773, qui réunit quelque 4 000 espèces végétales et des parterres de fleurs parcourus d'allées ombragées.

Planétarium Hubert Curien – Il présente l'histoire de notre Terre, et le spectacle infini du ciel étoilé.

Parc de la Colombière

L'ancien parc des princes de Condé constitue un bien agréable but de promenade. Inspiré par Le Nôtre, son agencement à la française offre 16 allées en étoile, longues de 1 500 m, dont Louis XIV a dit qu'elles étaient *« les plus belles de [son] royaume »*.

Lac Kir

Les rives de ce plan d'eau artificiel d'une superficie de 37 ha, créé à l'initiative du célèbre chanoine, se prêtent à toutes sortes d'activités de détente : promenade, cyclisme, pêche, baignade...

Le port de Dijon

À l'entrée du port, côté ville, un obélisque rappelle sa création ainsi que celle d'un réseau de 1 000 km de canaux à travers la Bourgogne. Dans l'esprit du prince de Condé, gouverneur de la province, ce réseau devait permettre de relier par voie d'eau Dijon à Paris, vers le nord, et au Bassin méditerranéen, vers le sud, et, au moyen d'une dérivation de la Saône, rejoindre la Loire par le canal du Centre, faisant ainsi le lien avec l'océan Atlantique. Cet ensemble devait s'appeler le canal des Deux-Mers, mais la Révolution limita les ambitions initiales. Le premier bateau atteignant Dijon par le sud arriva sous Napoléon Ier, le premier bateau venu de Paris joignit la ville vers 1820 seulement, et la liaison avec l'Océan avorta. Sur la route de Corcelles, Gustave Eiffel, né à Dijon en 1832, en spécialiste de l'architecture métallique, avait réalisé un pont levant qui enjambait le canal.

FLAVIGNY-SUR-OZERAIN

alentours

Talant
L'église (XIIIe siècle) renferme d'intéressantes statues. Elle possède aussi un important ensemble de vitraux, réalisés par le peintre Gérard Garouste et le maître verrier Pierre-Alain Parot en 1997.

Château d'Arcelot
Cette belle construction néoclassique fut dessinée au XVIIIe siècle par l'architecte régional Thomas Dumorey. À l'étage, les meubles de la chambre du roi, pour la plupart réalisés à Dijon, témoignent de la vitalité de l'ébénisterie locale au XVIIIe siècle. Beau décor XIXe siècle du salon de chasse. Le grand parc à l'anglaise de 45 ha a été dessiné en 1805 par Jean-Marie Morel, l'auteur des jardins de Malmaison, près de Paris. Un chemin, bordé d'un arboretum, mène au pavillon chinois qu'il fit construire sur l'étang. Il abrite des faisans, des ânes…

La visite du château d'Arcelot se prolonge dans le grand parc à l'anglaise de 45 hectares.

Messigny-et-Vantoux
Son château date de la fin du XVIIe siècle, il est dû à l'architecte du palais des États, Jules Hardouin-Mansart.

FLAVIGNY-SUR-OZERAIN ★

■ Accroché à son rocher isolé par trois cours d'eau, le village se niche dans un site plein de charme et qui fleure bon l'anis… Siège d'une abbaye dès le VIIIe siècle, ville forte au Moyen Âge, Flavigny révèle sa grandeur passée dans ses rues étroites bordées de vieux hôtels, ses portes fortifiées et les vestiges de ses remparts.

Le nom
Le nom viendrait du patronyme latin *Flavinius*.

LES GENS
341 Flavigniens. Si Flavigny fleure bon l'anis, il embaume aussi dans le film Chocolat, *pour lequel Bruno Cœur, artisan chocolatier de Semur-en-Aixois, a fourni les accessoires et… la matière première.*

se promener

Maisons anciennes★
De nombreuses maisons restaurées, datant de la fin du Moyen Âge et de la Renaissance, présentent de charmantes tourelles, un escalier à vis ou de délicates sculptures.

Ancienne abbaye
Cette ancienne abbaye bénédictine, fondée dès le VIIIe siècle, comprenait une grande église abbatiale, la basilique Saint-Pierre, et des bâtiments claustraux. Ces derniers, reconstruits au XVIIIe siècle, abritent actuellement la fabrique d'anis.

Crypte Sainte-Reine – De la basilique Saint-Pierre subsistent d'intéressants vestiges d'époque carolingienne, dont la partie inférieure de l'abside à deux étages, construite vers 758.

Chapelle Notre-Dame-des-Piliers – Des fouilles ont mis au jour une chapelle hexagonale avec déambulatoire dans le prolongement de la crypte : le style rappelle les rotondes préromanes de Saint-Bénigne de Dijon et de Saulieu.

L'ancienne abbaye bénédictine abrite aujourd'hui la fabrique d'anis.

Église Saint-Genest
Datant du XIIIe siècle, elle est élevée sur l'emplacement d'une église plus ancienne et a été remaniée aux XVe et XVIe siècles. L'édifice renferme une tribune centrale en pierre du début du XVIe siècle. Disposition très rare à l'époque gothique, des tribunes surmontent les bas-côtés et les deux premières travées de la nef. Elles sont fermées de clôtures de bois du XVe siècle.

Promenade des remparts
La porte du Bourg (XVe siècle) se distingue par de puissants mâchicoulis. Les chemins des Fossés et des Perrières mènent à la porte du Val, dédoublée et flanquée de tours rondes.

alentours

Château de Frôlois
La famille de Frôlois habitait déjà sur ce site – une haute falaise – au Xe siècle ; du château fort médiéval, plusieurs fois remanié, il ne reste cependant que le corps de logis datant des XIVe et XVe siècles. Au 1er étage, la chambre d'Antoine de Vergy (héritier des Frôlois) conserve un plafond à la française orné de ses armes et chiffres. Le rez-de-chaussée a été modifié et aménagé au XVIIIe siècle. Il est orné de belles tapisseries de Bergame (fin XVIIe siècle).

> ### Friandise locale
> Pour les gourmands, Flavigny évoque ces délicieuses petites billes rondes avec un cœur en graine d'anis dont le succès a largement dépassé nos frontières. Depuis le XVIe siècle, on procède, dans l'abbaye de Flavigny, à la fabrication de ces boules blanches dont la recette est jalousement tenue secrète. Ces bonbons sont déclinés en six parfums différents, allant de la rose à l'oranger, de la réglisse à la menthe et de la violette à l'anis, bien sûr !

FONTAINE-FRANÇAISE

■ Proche de la Franche-Comté, Fontaine-Française était autrefois une puissante seigneurie qui formait, en Bourgogne, une enclave relevant de la couronne de France. Cette paisible localité s'enorgueillit de posséder un beau château du XVIIIe siècle, qui se mire dans une pièce d'eau.

Le nom
Peut-être la fontaine de Pré-Morot, lieu même de la bataille. Française parce que non bourguignonne et face à une Franche-Comté alors espagnole.

> ### LES GENS
> 916 Fontenois. Félix Kir, né en 1876, était curé de la paroisse de Bèze quand il partit pour la guerre de 1914. À son retour, il commença à s'intéresser à la politique, avant de devenir curé de Nolay en 1924. Il sera élu maire de Dijon en 1945.

visiter

Château
Bâtie au XVIIIe siècle sur les ruines d'un ancien château féodal du XIe siècle, cette grande demeure d'une élégance toute classique accueillit de célèbres écrivains, comme Voltaire et madame de Staël. Les salons et les chambres comptent de belles pièces de mobilier. Un parc à la française, agrémenté de tilleuls, contient le charmant étang de Pagosse, gigantesque miroir qui reflète le château.

Cette grande demeure accueillit de célèbres écrivains, dont Voltaire.

circuit

Saint-Seine-sur-Vingeanne
Le village a conservé un joli château du XVIIe siècle, annoncé par un portail gardé de deux tours rondes. Surmontée d'un clocher à trois étages, l'église, de style roman bourguignon, commande la vue sur le château et les communs.

Château de Rosières

Le donjon massif et l'une des tours datent du XV siècle. L'escalier du pavillon (ajout du XVII siècle) est typiquement Louis XIII. La porte et une petite tour d'enceinte complètent l'ensemble.

Château de Beaumont-sur-Vingeanne

Ce château aurait été construit aux environs de 1724 par l'abbé Claude Jolyot, chapelain du roi. C'est un charmant édifice dont la façade sur deux niveaux est ornée de fenêtres cintrées couronnées de masques. Ce très rare exemple en France de ce que l'on appelait alors une architecture « de folie », combine trois étages côté cour et deux côté jardin, avec des escaliers dérobés et un palier qui passe discrètement en travers des fenêtres. Ce paisible décor, dans un parc de 6 ha, évoque la douceur de vivre telle qu'on l'entendait au siècle des Lumières.

Bèze

Riche d'un patrimoine naturel hors du commun, ce petit bourg a également conservé d'intéressants monuments du passé. Du IX siècle, par exemple, les vestiges d'une ancienne tour de gué ; du XIII siècle, l'ancienne école monastique. L'église Saint-Rémi, partiellement reconstruite au XVIII siècle et dont le clocher fortifié remonte au XIII siècle, suscite aussi l'intérêt. Quant à la cure, un bâtiment carré du XX siècle, il fut la demeure du célèbre chanoine Kir.

Source de la Bèze – La résurgence des eaux de la Venelle et d'autres « pertes » jaillit dans une magnifique source de type vauclusien qui peut débiter, en période de crue, 18 000 litres par seconde.

Grottes de Bèze – Deux résurgences de la Tille ont formé une puissante rivière souterraine et des grottes qui, artificiellement reliées, se parcourent en barque sur une longueur de près de 300 m. La limpidité des eaux du « lac », d'une profondeur atteignant 18 m, quelques concrétions notables ainsi que la belle cheminée proche de l'entrée participent à la force d'envoûtement des lieux.

Le chanoine Kir fut l'un des habitants du petit bourg de Bèze, riche d'un patrimoine naturel et culturel hors du commun.

ABBAYE DE FONTENAY ★★★

■ Tapie dans un vallon solitaire et verdoyant, parfaitement entretenue, l'abbaye de Fontenay donne une vision exacte et magnifique de ce qu'était un monastère cistercien au XII siècle : un ensemble d'art roman, protégé par son enceinte, tout en équilibre et en harmonie, invitant à une paisible promenade.

Le nom

Les terres données par Raynard de Montbard, parent de saint Bernard, sont appelées *Fontanetum* car, comme nombre de lieux défrichés par les moines, elles « flottent sur des sources ».

> ### Décor de cinéma
> *Fontenay servit de décor au cinéma, dans Angélique, marquise des Anges (1964) et, plus récemment, pour Cyrano de Bergerac (1990).*

comprendre

Deuxième fille de Clairvaux – Devenu abbé de Clairvaux, saint Bernard fonda successivement Trois-Fontaines, près de Saint-Dizier, en 1115 ; Fontenay en 1118 (vingt ans après Cîteaux) ; et Foigny, en Thiérache, en 1121.

LA BOURGOGNE

En 1130, l'ermitage établi près de Châtillon-sur-Seine, sous la direction de son oncle Godefroy de Rochetaillé, fut transféré dans la vallée, là où se trouve l'abbaye actuelle. Fontenay connut une grande prospérité jusqu'au XVIe siècle, comptant plus de trois cents moines et convers. Mais le régime de la Commende, établi en 1547, avec ses abbés nommés par faveur royale et ne s'intéressant guère qu'aux revenus de l'abbaye, ainsi que les désordres causés par les guerres de Religion allaient provoquer une rapide et irréversible décadence de Fontenay. Les bâtiments, vendus en 1791 par les révolutionnaires, furent transformés en papeterie ; celle-ci péréclita en 1903. En 1906, de nouveaux propriétaires entreprirent de restituer à Fontenay son aspect initial. En 1981, l'abbaye fut classée au Patrimoine mondial par l'Unesco.

visiter

Les dimensions de l'église abbatiale sont réduites, mais à l'intérieur l'effet est d'une saisissante grandeur.

Au-delà du porche, un grand bâtiment du XIIIe siècle contenait la chapelle des visiteurs et la boulangerie des moines. Il abrite aujourd'hui la salle d'accueil, la librairie et un petit musée lapidaire. Un peu plus loin se trouve le magnifique colombier.

Église abbatiale

Édifiée grâce à la générosité du richissime Ebrard, évêque de Norwich, réfugié à l'abbaye de Fontenay, c'est l'une des plus anciennes églises cisterciennes conservées en France. En 1147, l'abbatiale est consacrée par le pape Eugène III, en présence de saint Bernard, l'année suivant son célèbre prêche à Vézelay pour la 2e croisade. L'expression « simplicité monacale » lui convient tout particulièrement.

Robuste et élégant, le cloître est un accomplissement de l'art cistercien.

Intérieur – La règle et le plan cisterciens y sont scrupuleusement observés et, malgré les dimensions relativement réduites de l'édifice (longueur : 66 m ; largeur du transept : 30 m), l'effet est d'une saisissante grandeur.

Dortoir – À l'étage, les moines de chœur (40 à 50 individus) dormaient sur des paillasses disposées à même le sol, séparés les uns des autres par des cloisons basses. La puissante charpente de chêne, en forme de carène renversée, date de la seconde moitié du XVe siècle. Elle porte une rare signature des charpentiers de la marine qui la construisirent : l'emplacement du mât !

Cloître★ – Adossé au flanc sud de l'église, à la fois robuste et élégant, le cloître est un accomplissement de l'art cistercien. Chaque galerie compte huit travées délimitées par de beaux contreforts ; les arcs en plein cintre sont divisés par une double arcature reposant sur des colonnes géminées. Autres salles intéressantes : la salle capitulaire, le scriptorium, le « chauffoir » (la seule pièce où la règle tolérait le feu). La forge a été construite le long de la rivière, afin d'utiliser la force hydraulique nécessaire pour actionner les martinets, qui battaient le fer, et les soufflets. Ces moulins du XIIe siècle, témoins du rôle novateur des moines dans le domaine technique, furent les premiers d'Europe à forger le fer en quantité industrielle.

Jardins★ – Ils sont ponctués de topiaires bordant les pelouses et embellis de rosiers, viornes, orangers du Mexique et hortensias qui soulignent allées et bâtiments.

Au cœur de l'abbaye, les quatre galeries du cloître comptent chacune huit travées délimitées par de puissants contreforts.

CHANTIER MÉDIÉVAL DE GUÉDELON ★★

■ Il fallait être fou pour y penser, pour y croire et pour s'y lancer. Heureusement, ces fous-là se sont rencontrés et ont su rassembler les bras et les moyens pour construire un château fort du XIIIe siècle, avec les méthodes et les outils d'époque. L'aventure a débuté en 1997. Depuis, grâce au savoir et à la passion de ses « œuvriers », le château sort peu à peu de terre. Efforts couronnés de succès, avec, en 2005, la remise du grand prix européen Trophée Kids…

Le nom

Guédelon est simplement le nom de la forêt dans laquelle s'est implanté le chantier.

comprendre

Un ambitieux projet – À l'origine de Guédelon, un véritable enthousiasme : celui de Michel Guyot, propriétaire et restaurateur du château de Saint-Fargeau… et aussi de vrais connaisseurs du Moyen Âge : un architecte en chef des Monuments historiques, deux historiens de l'art et de l'architecture, et trois archéologues spécialistes des charpentes et fortifications ont associé leur savoir à celui des artisans. Le château devrait être achevé en 2025. Une image virtuelle de ce qu'il sera est déjà visible sur son site Internet. Et après ? L'aventure s'arrê-

Le chantier de Guédelon en 2007.

tera-t-elle ? pas si le succès continue. L'idée de construire un prieuré cistercien, riche d'une autre symbolique et d'une architecture différente, flotte déjà dans l'air...

Un laboratoire à ciel ouvert – Guédelon veut être le lieu où les manuscrits et dessins du Moyen Âge se confrontent à la réalité. Petit à petit, les techniques médiévales livrent leurs secrets.

découvrir

Le château fort et ses ateliers

Sur ce chantier, ni bulldozers, ni camions, ni grues d'acier, mais leurs ancêtres : les charrois de pierre, de bois et de sable, tirés par des bœufs ou des chevaux et les ingénieux systèmes de levage du Moyen Âge, telles les fameuses « cages d'écureuil », fidèlement reconstituées et, pour l'occasion, validées par une commission de sécurité. Les « œuvriers », en cagoule et en chausses, taillent la pierre, battent le fer, tressent le chanvre, hachent et scient le bois, reprenant les gestes oubliés des anciens bâtisseurs, à partir de la matière première locale. Tout, des pierres aux tuiles en passant par les clous, les cordes, les poteries, les carrelages et les poutres, est fabriqué et commenté en direct. Les fortifications sortent peu à peu de terre et la tour maîtresse dépasse déjà les 10 mètres de haut. La première voûte à croisée d'ogives, dont l'élévation en 2002 fut une véritable épopée, abrite une citerne et des meurtrières rayonnantes.

La visite guidée

Cheveux et barbe en bataille, le « père archi » fait entrer les visiteurs dans l'exacte période de la construction : 1236, durant le règne de Philippe Auguste, grand-père du futur Saint Louis. Sa corde à nœuds et son bâton d'architecte sont ses outils et son ordinateur. Il montre comment on calcule et mesure, comment les pieds, empans, palmes, coudées, qui nous sont devenus mystérieux. Mieux : il apprend à déceler, dans ce château la richesse, le pouvoir ou le désir de paraître de son seigneur. Pourquoi le construire ? Parce que les châteaux forts apportent la paix en Europe en rendant inefficaces les attaques des bandes d'aventuriers de tous bords. Démonstration sur le terrain... Cours de stratégie militaire avec désamorçage des trappes, porte basse avec marche haute, meurtrière dérobée, fosses à sec où se briser le dos, créneaux d'où ébouillanter l'ennemi... Cette visite est une véritable aventure qui aide à mieux saisir, à travers la géniale invention du château fort, l'esprit d'une époque... finalement pas si lointaine.

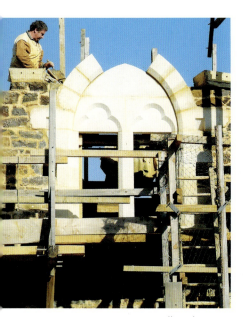

Les « œuvriers » taillent la pierre ou scient le bois en reprenant les gestes oubliés des anciens bâtisseurs.

LES GENS

10 032 Joviniens. Ils sont surnommés Maillotins depuis 1438, suite à un soulèvement contre leur seigneur, le comte Guy de La Trémoille, qu'ils mirent à mort à coups de maillet, instrument dont les vignerons faisaient alors usage. L'outil détourné figure dans les armes de la ville.

JOIGNY

■ Situé aux portes de la Bourgogne, à l'orée de la forêt d'Othe, Joigny offre deux visages : celui d'un « front de l'Yonne » animé, et l'autre, plus discret, d'une ville ancienne aux rues bordées de maisons à pans de bois. Le canal de Bourgogne fait de Joigny un excellent point de départ pour naviguer dans le Tonnerrois.

Le nom

À l'époque carolingienne, la ville s'est appelée *Jauniacum* puis *Joviniacum*, d'où le nom des habitants. Il peut s'apparenter à la colline de Janicule, près de Rome, sur laquelle une cité fut fondée par... Janus.

se promener

Porte du Bois
Cette porte du XIIe siècle, flanquée de deux tours rondes, faisait autrefois partie de l'enceinte médiévale dont il reste quelques vestiges le long du chemin de la Guimbarde, à l'est.

Église Saint-Thibault
Construite de 1490 à 1529, cette église, de style gothique et Renaissance est dominée par une tour carrée du XVIIe siècle, couronnée d'un léger campanile. De nombreuses œuvres d'art décorent l'église.

Maisons anciennes
Flâner dans les rues étroites entourant les églises Saint-Thibault et Saint-Jean permet de faire l'inventaire d'un certain nombre de demeures à pans de bois, des XVe et XVIe siècles.

Église Saint-Jean
Située sur les hauteurs, elle est précédée d'un clocher-porche ; dénuée de transept, elle se termine par un chevet à cinq pans. La nef est plafonnée d'une belle voûte de pierre en berceau et à caissons de style Renaissance, décorée de nervures et de médaillons sculptés. Le gisant d'Adélaïs, comtesse de Joigny, morte en 1187, sur un tombeau décoré d'élégantes sculptures, parmi lesquelles figureraient les enfants de la défunte, est superbe.

alentours

Pressoir de Champvallon
Caché dans une cave monumentale au cœur du village, ce pressoir à mouvement de balancier, d'un type unique en Europe, est en parfait état de fonctionnement. Sa construction remonte au début du XIXe siècle, sur des plans conçus au XIIe siècle.

Musée des Arts populaires★
Les outils, les gestes et la production des artisans sont exposés, ainsi qu'une importante collection de jouets anciens et de nombreuses « sculptures » peuplant l'univers quotidien d'autrefois.

La Ferté-Loupière
Cet ancien bourg fortifié – comme en témoigne le mot « Ferté » – possède un centre plein de charme. Des XIIe, XVe et XVIIe siècles, l'église abrite des peintures murales exceptionnelles par leur état de conservation.

La Fabuloserie
Installé à Dicy, ce musée d'art brut (selon le terme de Jean Dubuffet) présente des œuvres insolites, réalisées à partir de matériaux ou objets de récupération par des artistes-bricoleurs de différents pays. Ce monde s'épanouit en plein air dans un parc « magique ».

Poteau en bois sculpté d'une maison ancienne, place du Pilori.

Enfant du pays
L'écrivain Marcel Aymé est né à Joigny en 1902 ; il y passa les deux premières années de sa vie. L'auteur de La Jument verte et de Clérambard fut un fin observateur des mœurs de la province, comme de ceux de la capitale.

LOUHANS ★

■ Son important marché aux volailles et ses foires de gros bétail font de cette petite ville attrayante la capitale de la Bresse bourguignonne. Connue pour sa Grande-Rue bordée

LA BOURGOGNE

d'arcades, Louhans, classée « Site remarquable du goût », est aussi le siège de la Confrérie des poulardiers de Bresse.

Le nom
Louhans s'appelait *Löwing* (ville agréable pourvue d'eau) à l'époque gallo-romaine ; elle était alors installée sur une colline.

LES GENS
6 327 Louhannais, fiers Bressans et indépendants comme le titre de leur journal local.

se promener

Grande-Rue★
Les 157 arcades de ses vieilles maisons, aux piliers de bois ou de pierre, constituent un superbe ensemble dont la construction remonte à la fin du Moyen Âge. La maison du bailli (XVIe siècle) et la loggia en sont de remarquables exemples. La longueur de cette artère (400 m) en fait un exemple unique en France.

Hôtel-Dieu
Cet édifice en pierres roses de Préty, des XVIIe et XVIIIe siècles, abrite deux grandes salles communes séparées par une grille en fer forgé.

Couverte de tuiles vernissées polychromes, l'église de Louhans a fière allure.

Les lits à ruelle des malades portent chacun une plaque dite de fondation où est mentionné son destinataire – les donateurs offraient en général ce secours aux habitants d'une ville. La chapelle est ornée de belles boiseries. La pharmacie, décorée de boiseries Louis XIV, renferme une exceptionnelle collection de flacons en verre soufflé et de faïences lustrées italo-hispano-mauresques des XVe et XVIe siècles.

Église Saint-Pierre
C'est un édifice fortement restauré en pierre et brique, couvert de tuiles polychromes vernissées. Sur le flanc gauche, clocher-porche et grande chapelle aux pavillons à tourelle (XIVe siècle).

L'Atelier d'un journal
Cette antenne de l'écomusée de la Bresse bourguignonne est installée dans les locaux du journal bressan *L'Indépendant,* abandonnés en 1984 après un siècle d'activité. L'atelier d'imprimerie a conservé toutes ses machines, son odeur d'encre et de plomb. Ses bureaux ont été reconstitués dans le style qui fut le leur pendant les années 1930.

alentours

Chaisiers et pailleuses à Rancy
Cette autre antenne de l'écomusée de la Bresse bourguignonne présente ici l'évolution et les différentes étapes de fabrication des chaises, depuis le travail du bois jusqu'au paillage. Aujourd'hui, le petit village bressan de Rancy est le deuxième producteur français de chaises paillées.

La fabrication des chaises est devenue un métier à part entière à la fin du XIXe siècle.

LUZY

■ Ville importante au Moyen Âge, Luzy s'épanouit encore à l'ombre de la tour des barons de Luzy (XIVe siècle), un donjon circulaire à campanile. C'est aujourd'hui une agréable localité traversée par l'Alène, sur la bordure sud du Morvan, d'où partent les sentiers de randonnées qui permettent de découvrir la région.

Le nom
Si la racine est bien *Lux* et donc *Lucus* en bas latin, l'emplacement occupé dans l'Antiquité était peut-être un bois sacré.

LES GENS
2 234 Luzyçois et de nombreux randonneurs sur les sentiers alentour.

visiter

Tapisseries de l'hôtel de ville
Une salle de la mairie, installée dans l'hôtel Nault de Champagny, est décorée de remarquables tapisseries d'Aubusson, du début du XVIIIe siècle, relatant l'histoire d'Esther, courageuse libératrice de ses compatriotes hébreux exilés en Perse. Racine s'inspira du livre éponyme de la Bible pour une œuvre où il fallait « *que l'amour soit entièrement banni* » ; sa tragédie (1689) est illustrée ici.

alentours

Ternant★
La modeste église de ce village s'enorgueillit de posséder deux magnifiques triptyques flamands du XVe siècle, en bois sculpté peint et doré.

Plus récent que le « petit triptyque », le somptueux « grand triptyque » de Ternant est consacré à la Passion.

Dans un cadre champêtre d'exception, Montbard, la cité de Buffon, nous plonge dans l'histoire.

MÂCON

MNOPQR

MÂCON

◼ La plus méridionale des villes de Bourgogne affiche un caractère souriant. Le charme des places et ruelles de son centre historique, les façades colorées de ses bords de Saône, sa richesse architecturale, sa bonne table en font un lieu où il fait bon vivre... Aux portes d'une belle région célébrée par Lamartine, Mâcon est aussi le point de départ idéal d'agréables balades à travers les paysages vallonnés du vignoble alentour.

Le nom
Fondée par les Éduens vers le Ier siècle av. J.-C., la ville de Mâcon s'appelait alors *Matisco*. À la fin de l'époque romaine, elle subit l'invasion des Barbares.

LES GENS
34 469 Mâconnais. La plus célèbre figure des Mâconnais demeure celle du poète romantique Lamartine. Elle eut cependant un prédécesseur en la personne du poète Pontus de Tyard (1521-1605), membre de la Pléiade et évêque de Chalon.

comprendre

LE PRINCE DU ROMANTISME

« Aimer, prier, chanter, voilà toute ma vie. » – Né en 1790 à Mâcon, Alphonse de Lamartine connaît une enfance heureuse à Milly. Pendant une cure à Aix-les-Bains, en 1816, le jeune homme tombe éperdument amoureux de Julie, épouse du physicien Jacques Charles. Cet amour total, cet *« ineffable bonheur d'aimer »*, brisé par la maladie et l'absence de Julie, qui mourra quelques mois plus tard, lui inspire *Le Lac*, ode au lac du Bourget.
En 1820 paraissent les *Méditations poétiques*, qui marquent le début de la gloire. Marié à la jeune Anglaise Mary Ann Birch, il connaît, parallèlement à sa carrière diplomatique, une intense période de création : *La Mort de Socrate*, *Les Nouvelles Méditations poétiques*, *Le Dernier Chant du pèlerinage d'Harold* (sur la mort très romantique de lord Byron). Le 5 novembre 1829, il est élu à l'Académie française. De 1831 à 1833, il donne corps à un rêve de toujours : faire un voyage en Orient et tenter par là même de raviver la flamme de sa foi que des doutes métaphysiques font vaciller depuis 1830. Son itinéraire le mènera jusqu'à Nazareth et Jérusalem. Au cours de ce « pèlerinage », sa fille de 10 ans, Julia qu'il a laissée avec sa mère à Beyrouth, meurt de phtisie. Très affecté, remettant en cause les principes religieux qui l'avaient guidé jusque-là, il publie, en 1836, *Jocelyn*, qui connaîtra un accueil triomphal.

Cette belle région célébrée par Lamartine est le point de départ idéal d'agréables balades.

LA BOURGOGNE

« Portrait de Lamartine » ; Mâcon, musée des Ursulines.

› **« La Poésie doit se faire peuple. »** – Chargé d'affaires en octobre 1827 à Florence et ne voulant pas se lier au nouveau roi Louis-Philippe, Lamartine se démet de ses fonctions diplomatiques. Il préfère garder sa liberté pour l'action politique. D'abord député de Bergues dans le Nord, il est élu député de Mâcon en 1837 et réélu en 1842 et 1846. Il milite pour *« l'intérêt de ces classes laborieuses, de ces masses prolétaires si souvent foulées sous nos lois aveugles »*. Il expose ses idées dans le journal *Le Bien public*, qu'il crée à Mâcon en septembre 1842. Avec son *Histoire des Girondins*, publiée en 1847, qui évoque la période révolutionnaire, il connaît un immense succès, plus grand encore qu'Eugène Sue avec *Les Mystères de Paris*. En 1848, après le renvoi de Guizot et l'abdication du roi, Lamartine s'oppose à une régence et contribue à la fondation de la République, proclamée le 27 février. Il est membre de l'éphémère gouvernement provisoire où il tient le portefeuille des Affaires étrangères. La suppression des Ateliers nationaux et les émeutes de juin marquent la fin de son prestige. Le résultat des élections du président de la République au suffrage universel, le 20 décembre, est sans appel : Louis-Napoléon Bonaparte l'emporte avec 5 millions de suffrages contre seulement 18 000 voix à Lamartine.

Sur les bords de la Saône, la plus méridionale des villes de Bourgogne affiche un caractère souriant.

MÂCON

Le second Empire met fin à sa carrière politique. D'incessantes difficultés financières l'obligent à ce qu'il appelle *« ses travaux forcés littéraires »*, puis la mort de sa femme, en 1863, assombrissent la fin de sa vie. Le poète s'éteint le 28 février 1869 à Paris. Il devait être enterré au Panthéon mais resta, selon ses vœux, en sa terre d'élection et repose à Saint-Point, près de sa famille.

se promener

Vieux Saint-Vincent
De l'ancienne cathédrale Saint-Vincent, fondée au VIe siècle et détruite à la Révolution, ne subsistent guère que les parties les plus anciennes : l'avant-nef, deux tours octogonales et la travée qui les réunit. Le Vieux Saint-Vincent abrite un musée lapidaire.

Pont Saint-Laurent
Jusqu'au traité de Lyon, en 1601, où la Bresse fut rattachée au royaume de France, Mâcon était une ville frontière. Elle était fortifiée, ainsi que le pont Saint-Laurent, dont l'existence est attestée

Dans l'avant-nef de Saint-Vincent, on remarque l'ancien tympan du XIIe siècle dont les sculptures ont été mutilées pendant les guerres de Religion.

LA BOURGOGNE

« Hélène de Troie » (détail), par G. Bussière, 1895 ; musée des Ursulines.

MÂCON

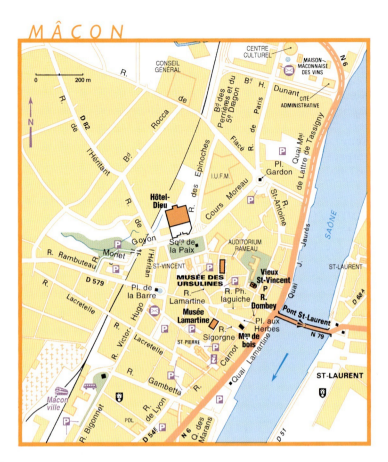

pour la première fois en 1077. Au XVIIIe siècle, cet ouvrage a fait l'objet d'importants travaux de restauration et d'élargissement. Il offre une jolie vue sur les quais et la ville, que dominent les tours du Vieux Saint-Vincent.

visiter

Musée Lamartine
À la fois siège et propriété de la prestigieuse Académie de Mâcon, fondée en 1805, l'hôtel Senecé est une demeure de style Régence dotée de tableaux, tapisseries, objets d'art et meubles formant les collections historiques de l'Académie. Ce bel hôtel particulier du début du XVIIIe siècle héberge par ailleurs de nombreux documents graphiques et objets personnels, des gravures, dessins, sculptures et peintures, au cœur des collections lamartiniennes du musée. Celles-ci évoquent la vie, l'œuvre littéraire et le rôle politique du poète qui, en 1811, fut le plus jeune membre de l'Académie de Mâcon.

Musée des Ursulines★
Aménagé dans un ancien couvent du XVIIe siècle, le musée municipal évoque l'histoire et l'urbanisme de Mâcon à travers sa section d'archéologie. On y trouve également une section médiévale, une section des beaux-arts (œuvres modernes et contemporaines).

Hôtel-Dieu
Construit au XVIIIe siècle par Melchior Munet, élève de Soufflot, sur les plans du maître, il contient une apothicairerie de style Louis XV, notable par sa superbe collection de faïences d'époque. Outre les boiseries murales, celles des fenêtres, en parfaite harmonie avec le décor, sont remarquables. Les fresques de la chapelle sont particulièrement belles.

L'hôtel-Dieu du XVIIIe siècle a été construit par un élève de Soufflot sur les plans du maître.

LE MÂCONNAIS

LE MÂCONNAIS ★★

■ Entre Tournus et Mâcon, de la vallée de la Grosne au val de Saône, les monts du Mâconnais, parés de terre rouge, de vigne verte et de pittoresques villages perchés, raviront le promeneur qu'il soit à pied, à vélo ou chaussé de rollers pour emprunter la Voie verte ou qu'il suive en voiture les traces de Lamartine.

comprendre

LA BOURGOGNE MÉRIDIONALE

Le pays – Si les monts du Mâconnais sont peu élevés (ils culminent à 758 m au signal de la Mère-Boitier), ils n'en présentent pas moins des aspects variés : les forêts des sommets, les landes arides des versants défavorisés contrastent avec les prairies qui tapissent les dépressions humides, tandis que le vignoble recouvre les paliers dominant la Saône et les versants bien exposés des coteaux. C'est en Maçonnais qu'apparaissent les premières influences méditerranéennes : les grands toits pointus couverts d'ardoises ou de tuiles plates disparaissent au profit des toits plats couverts de tuiles rondes dites tuiles romaines ou provençales. Le Mâconnais est une région de transition entre le Nord et le Midi, au doux climat.

Le vin – Les moines de Cluny ont planté ici les premières vignes, qui sont maintenant composées des cépages chardonnay, pinot et gamay. La production totale annuelle du Mâconnais est de 340 000 hectolitres environ, dont 87 % de vins blancs.

Le vignoble du Mâconnais jouxte, dans sa partie sud, celui du Beaujolais (qui lui « prend » d'ailleurs quelques crus) ; s'étendant de Romanèche-Thorins au sud, à Tournus au nord, il produit de bons vins rouges, frais et fruités, issus du gamay noir à jus blanc et surtout d'excellents vins blancs, charnus et équilibrés. Pour ces derniers, l'encépagement est constitué par le chardonnay, noble cépage blanc de la Bourgogne et de la Champagne blanche. L'appellation la plus célèbre est celle de pouilly-fuissé. Elle donne un vin de bonne garde, d'une belle couleur d'or vert, sec, nerveux, fruité d'abord et, avec le temps, bouqueté. Les appellations pouilly-fuissé, pouilly-loché, pouilly-vinzelles, saint-véran et viré-clessé produisent des vins réputés. Les autres vins blancs sont vendus sous le nom de bourgogne blanc, mâcon, mâcon supérieur et mâcon-villages.

Audacieux vigneron

Le Mâconnais est une terre de vignes qui acquit son titre de noblesse grâce à Claude Brosse, un simple vigneron de Chasselas. Au XVIIe siècle, celui-ci n'hésite pas à entreprendre le voyage de Paris afin de faire connaître les vins de son pays. Il charge deux barriques de son meilleur vin sur une charrette à bœufs, et arrive dans la capitale après un voyage de 33 jours. Il assiste à la messe du roi à Versailles. Après l'office, Louis XIV, qui a remarqué la taille herculéenne de cet inconnu, ordonne qu'il lui soit amené. Sans se démonter, Claude Brosse expose au monarque le but de son voyage. Le roi demande à goûter ce vin sur-le-champ et le trouve bien supérieur à ceux de Suresnes et de Beaugency, alors en usage à la Cour. Les vins de Mâcon sont désormais adoptés par tous les courtisans, et l'audacieux vigneron fait fortune.

circuits

DE TOURNUS À LA ROCHE DE SOLUTRÉ

Ce parcours permet de traverser une région pittoresque et de visiter de nombreux édifices de caractère, notamment des églises romanes.

Tournus★ *(voir ce nom)*

Ozenay
Situé dans un vallon, le bourg possède un petit castel du XIIIe siècle et une église rustique du XIIe siècle.

Brancion★ *(voir ce nom)*

Neuf siècles : c'est l'âge de l'église d'Ozenay, à l'apparence un peu rustique.

LA BOURGOGNE

LE MÂCONNAIS

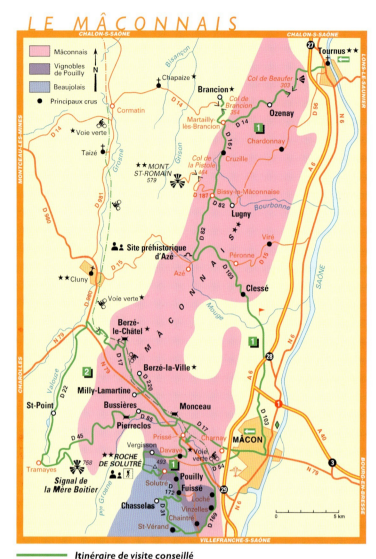

Lugny
Niché dans la verdure sur la « route des vins du Mâconnais », Lugny produit un vin blanc très apprécié et possède une cave coopérative moderne. L'église renferme un retable en pierre du XVIe siècle représentant les douze apôtres autour de Jésus.

Un sentier permet, sur le site naturel de la Boucherette, de découvrir la faune et la flore typiques des plateaux calcaires secs.

Site préhistorique d'Azé
Un musée présente de très nombreuses pièces provenant en majeure partie des fouilles effectuées dans les grottes.

Clessé
Parmi ses maisons anciennes, ce village viticole possède une église romane de la fin du XIe siècle cantonnée d'une élégante petite tour à pans et à flèche en tuiles vernissées, comme celle du beau clocher octogonal qui domine l'ensemble.

Mâcon *(voir ce nom)*

Roche de Solutré★★ *(voir ce nom)*

Pouilly
Ce hameau donne son nom à nombre de crus : pouilly-fuissé, pouilly-loché, pouilly-vinzelles. Délectables, ils accompagnent agréablement des spécialités bourguignonnes comme les écrevisses à la nage, la pochouse, le jambon persillé ou encore le poulet de Bresse aux morilles...

Fuissé
Avec Chaintré, Solutré, Pouilly et Vergisson, c'est l'une des communes produisant le pouilly-fuissé, un grand vin blanc (concurrent du chablis). Parsemé de remarquables maisons, Fuissé est le type même du village de vignerons aisés.

Chasselas
Le bourg de Claude Brosse est dominé par des rochers gris affleurant sous la lande. Il a fourni un cépage qui donne un raisin de table renommé. On y produit du saint-véran. La roche de Solutré, telle une proue de navire, se détache sur le ciel.

LA ROUTE LAMARTINE

Amateurs de poésie, ce circuit permet de retrouver les horizons et le décor familier aux sources desquels Alphonse de Lamartine puisa son inspiration.

Château de Monceau
Ancienne propriété de son oncle, ce fut l'une des résidences favorites de Lamartine, où il vécut en grand seigneur vigneron, malgré

Dans les chais de Fuissé, les tonneaux contiennent un grand vin blanc.

LE MÂCONNAIS

les difficultés financières dues à sa prodigalité (« *Je suis démoralisé du gousset* », disait-il). C'est dans un kiosque, appelé « la Solitude », au milieu des vignes, qu'il écrivit en 1847 son *Histoire des Girondins*.

Milly-Lamartine

C'est dans cette demeure, construite au début du XVIIIe siècle par son trisaïeul, que Lamartine passa son enfance auprès d'une mère tendre et affectionnée. Il restera toute sa vie très attaché à ce village et à ses paysages de vignobles. En 1860, il dut, pour éviter la ruine, se résigner à vendre la propriété familiale chère à son cœur.
Un espace évoque l'enfance de Lamartine, ses sources d'inspiration et son activité viticole.

Berzé-la-Ville★

Ce charmant village aux maisons de pierre jaune a été bien restauré. Curiosités locales : le puits à deux étages, les fours à gypse, la petite église (XIe-XVe siècle) ornée intérieurement de peintures au pochoir (XVe siècle).
Chapelle des Moines – La chapelle romane du prieuré est célèbre pour ses peintures murales, magnifique exemple de l'art clunisien. Suivant l'école française, elles auraient été réalisées au début du XIIe siècle ; pour l'école américaine, elles dateraient de la fin du XIe siècle.
Les peintures murales★★ – Sur la voûte en cul-de-four de l'abside, au centre d'une mandorle, se dresse un Christ en majesté de près de 4 m de hauteur, entouré d'apôtres, d'évêques, de diacres, donnant à saint Pierre un parchemin (la Loi). De ce superbe ensemble se dégage une influence fortement byzantine. En effet, l'atelier clunisien qui travailla dans cette chapelle était dirigé par des peintres bénédictins venus du Mont-Cassin, dans le Latium, où l'influence de l'Empire romain d'Orient s'exerça jusqu'au XIe siècle.

Château de Berzé-le-Châtel★

Au milieu des coteaux couverts de vigne, dominant sur son éperon rocheux la vallée de Solutré et la Voie verte, cette très ancienne forteresse de la Bourgogne du Sud est mentionnée dès l'an 991 dans un cartulaire de Cluny, où l'on dit qu'un castrum est construit au-dessus d'une chapelle – chapelle carolingienne qui existe d'ailleurs toujours. Au XIIIe siècle, afin de défendre la route de l'abbaye de Cluny, les fortifications sont consolidées et le château agrandi, avant d'être modernisé au XVe siècle. Réputé imprenable (Louis XI échoue devant ses murs lors de sa reconquête de la Bourgogne en 1471), Berzé ne sera pris que par la traîtrise ou la ruse.
À la suite des guerres de la Ligue, il est érigé en comté, en reconnaissance de la fidélité de ses propriétaires au roi. Les jardins sont étagés avec un grand potager fleuri, des arbres fruitiers, des charmes et des ifs taillés en pièces d'échec.

Saint-Point

Décorée d'une fresque (Christ en majesté) dans l'abside, sa petite église de type clunisien abrite deux tableaux peints par madame de Lamartine. Juste à côté, une porte donne accès au parc du château. Lamartine avait reçu la propriété en dot à l'occasion de son mariage, en 1820. Il la restaura, l'agrandit et y ajouta un péristyle néogothique qui rappelle les origines anglaises de son épouse Mary Ann, inspiratrice et décoratrice des lieux. Le cabinet de travail, la chambre et le salon ont gardé l'empreinte de Lamartine qui y reçut de nombreux amis (Hugo, Nodier, Liszt...).

Signal de la Mère-Boitier

Du signal, point culminant (758 m) du Mâconnais, quelques percées

Dans ce kiosque appelé « la Solitude », Lamartine écrivit en 1847 l'« Histoire des Girondins ».

Réputée imprenable, la forteresse de Berzé ne sera prise que par la traîtrise ou la ruse.

LA BOURGOGNE

De bonnes volontés ont permis la sauvegarde du château de Pierreclos.

entre les arbres permettent d'entrevoir un beau panorama balayant la butte de Suin au nord-ouest, la montagne de Saint-Cyr à l'ouest, la Bresse et le Jura à l'est.

Château de Pierreclos
Datant du XIIe siècle (donjon) et du XVIIe siècle, ce beau château fut plusieurs fois dévasté pendant les guerres de Religion et abandonné vers 1950. De bonnes volontés ont permis de le sauver *in extremis* en 1986. À l'intérieur, on peut remarquer l'élégance du grand escalier à vis, au curieux noyau en spirale, et la cheminée Renaissance de la salle des Gardes.

Bussières
L'abbé Dumont, premier maître et ami de Lamartine, qui l'a immortalisé dans *Jocelyn*, repose contre le chevet de la petite église.

MATOUR

■ La « petite Suisse du Mâconnais » occupe le centre d'un vaste cirque de montagnes boisées, à la naissance de la Grosne. Au pied des pentes couvertes de cultures qui l'environnent, le bourg est doté d'une zone de loisirs aménagée au bord d'un étang où il fait bon pêcher et se promener. Non loin de là, deux sites dédiés aux arbres, Pezanin et Dompierre-les-Ormes, illustrent le patrimoine forestier de la région.

Le nom
« Matour » aurait un rapport avec *Marturetum*, le lieu des martyrs. Sous ce pseudonyme se cache « la petite Suisse du Mâconnais ».

se promener

Station verte de vacances, Matour s'est doté d'équipements de loisirs modernes (piscine, tennis, etc.). La forêt, plantée en partie de résineux, couvre des sommets qui offrent de vastes panoramas. De quoi faire de belles randonnées…

Maison des patrimoines en Bourgogne du Sud
Le manoir du Parc, au cœur du village, accueille des expositions didactiques et vivantes qui invitent à découvrir différents aspects du patrimoine de la région : nature, histoire et traditions.

alentours

Matour, la « petite Suisse du Mâconnais » se niche dans un écrin de verdure.

Montagne de Saint-Cyr
Un chemin donne accès à la table d'orientation de la montagne de Saint-Cyr, à 771 m d'altitude. Elle offre un large panorama sur les monts du Charolais et, par beau temps, sur les Alpes.

Arboretum domanial de Pezanin
Créé de 1903 à 1923 près de son château par le grand-père de Louise de Vilmorin, cet arboretum occupe un site agréable de 27 ha. Dans ce parc agrémenté d'un étang, propriété de l'État depuis 1935, sont entretenus avec soin quelque 420 espèces d'arbres et arbustes originaires du monde entier dont de remarquables essences forestières.

Dompierre-les-Ormes
Galerie européenne de la forêt et du bois – À deux pas de l'arboretum de Pezanin, un grand bâtiment moderne en bois et verre, de l'architecte Patrice Bailly, accueille cet espace dédié à la forêt, à l'arbre, au bois. Grâce à une scénographie contemporaine, des expositions permanentes et temporaires sensibilisent le public à la diversité, la complexité et la fragilité des milieux forestiers du monde et de Bourgogne.

MONTARGIS

■ Ses quelque 127 ponts et passerelles enjambant de multiples canaux ont valu à Montargis son surnom de « Venise du Gâtinais ». Dominée par les vestiges de son ancien château, la ville charme avec ses pittoresques rues sur l'eau, ses maisons à colombages et ses demeures Renaissance richement ouvragées. Les randonneurs profitent de la vaste forêt domaniale aux portes de la ville tandis que les pêcheurs apprécient les eaux du lac des Closiers.

Le nom
Origine obscure, d'un mont sûrement, d'une vigne peut-être.

se promener

Certaines rues du vieux Montargis ouvrent de plaisantes perspectives sur le canal de Briare. Enveloppant la vieille ville au nord et à l'est, celui-ci relie, depuis 1642, le Loing à la Loire. Les bras d'eau qui agrémentent le quartier ancien étaient alors aménagés comme régulateurs de niveau dans un pays où les crues sont toujours redoutables. La ville compte de multiples ponts ou passerelles pour traverser les canaux et bras de rivière qui quadrillent son centre historique.

Musée Girodet
Dédié au peintre Anne-Louis Girodet-Trioson (1767-1824), enfant de Montargis, élève préféré de David, prix de Rome en 1789 et l'une des gloires du néoclassicisme, ce musée occupe l'hôtel Durzy (XIXe siècle), agrémenté d'un joli parc. La première partie de la galerie de peinture rassemble des tableaux français et italiens du XVe au XVIIIe siècle, des peintures flamandes et hollandaises des XVIe et XVIIe siècles. La collection Girodet est à l'honneur, avec une vingtaine de tableaux. La dernière partie de la galerie abrite des œuvres d'artistes français du XIXe siècle. La bibliothèque abrite une importante collection de petites sculptures d'époque romantique réalisées par des contemporains de l'artiste montargois.

Boulevard Durzy
Ombragé de platanes, il s'allonge entre le canal et le jardin Durzy. À son extrémité, une haute et élégante passerelle métallique en dos d'âne, œuvre des ateliers Eiffel en 1891, ferme la perspective.

Boulevard Belles-Manières
Il est bordé au nord par un étroit chenal, des passerelles donnant accès aux maisons élevées sur les tours arasées de l'ancien rempart.

Rue Raymond-Laforge
De vieilles maisons avec lavoirs veillent sur deux canaux. Des barques décoratives, faisant office de jardinières, y sont bercées par les flots.

LES GENS
15 030 Montargois. À la Révolution, un Montargois, Pierre-Louis Manuel (1751-1793), dirigea avec Danton la Commune insurrectionnelle du 9 août 1792. La mise en place d'un nouveau gouvernement à partir de la Commune (siégeant à l'hôtel de ville) précipita la chute de la monarchie. Manuel, opposé à l'exécution de Louis XVI, périra lui aussi sur l'échafaud.

De multiples canaux et bras de rivière quadrillent le centre historique de Montargis.

LA BOURGOGNE

Musée du Gâtinais
Aménagé dans une ancienne tannerie du XVe siècle, ce musée présente des objets archéologiques issus des sites gallo-romains de Sceaux-en-Gâtinais et des Closiers. Il présente aussi du matériel provenant de sépultures mérovingiennes, quelques pièces d'archéologie égyptienne et grecque, des objets relatifs aux tanneries d'autrefois et des coiffes régionales du XIXe siècle.

Musée des Tanneurs
Dans le vieux quartier rénové de l'îlot des Tanneurs, une maison du XVIe siècle accueille cet espace dédié au dur travail artisanal de la tannerie avec ses gestes et ses outils du siècle dernier.

alentours

Ferrières
Le bourg groupe ses rues étroites et tortueuses au pied de son ancienne abbaye bénédictine, l'un des foyers de la civilisation carolingienne et le grand centre monastique du Gâtinais.

Ancienne abbaye Saint-Pierre-et-Saint-Paul – De style gothique, l'église est originale pour sa croisée du transept (XIIe siècle), construite en rotonde sur huit hautes colonnes. Le curieux accessoire liturgique dans le croisillon attire l'œil : c'est un palmier doré décoré de pampres ayant servi à l'exposition du Saint-Sacrement.

La ville basse – Une dérivation de la Cléry lui apporte une ambiance pittoresque, d'autant que le lavoir de la Pêcherie est encore en service.

Exilée célèbre

Les Montargois conservent le souvenir de Renée de France, fille de Louis XII, et d'Anne de Bretagne. Calviniste, elle se retira à Montargis sur la pression de son petit-fils, Henri de Guise. Elle fit de ce lieu un centre de diffusion du protestantisme dans la région, et sauva des centaines de protestants pendant les guerres de Religion.

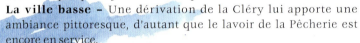
Montargis porte bien son surnom de « Venise du Gâtinais »…

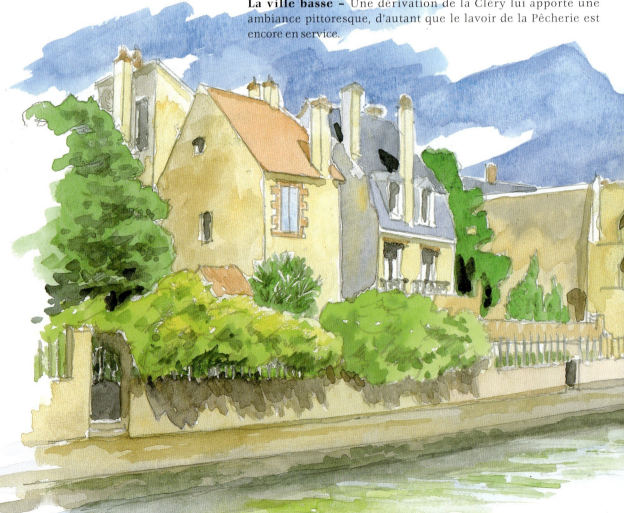

MONTBARD

Château-Renard

Cette petite ville, qui doit son nom à un château construit au Xe siècle sur la colline dominant l'Ouanne et au comte Renard de Sens, garde encore quelques maisons anciennes. Sur la rive gauche de l'Ouanne se dresse le château de la Motte, du début du XVIIe siècle, dans un joli parc fleuri.

L'église correspond à l'ancienne chapelle (XIe et XIIe siècles) du château. Une porte fortifiée, entre deux tours, donne accès à l'édifice encastré dans les ruines.

Le musée vivant de l'Apiculture gâtinaise de La Cassine explique notamment comment fonctionne une ruche.

Jardins du Grand-Courtoiseau★★

Dessinés avec talent par le paysagiste Alain Richert, ce site de 6 ha allie avec bonheur verger, potager et jardins d'agrément autour d'un manoir du XVIIIe siècle qui appartint, dans les années 1970, à l'écrivain Hervé Bazin. Le jardin du Faune et ses roses, le frais jardin italien et ses bassins en forme de losanges, le jardin des antiques, la serre exotique… et l'exceptionnelle avenue de tilleuls, plantée au XVIIIe siècle, la collection de roses anciennes et les érables du Japon qui flamboient à l'automne sont fascinants.

C'est en 961 que le comte de Sens, nommé Renard, fit bâtir le château féodal sur la colline à laquelle il donna son nom.

MONTBARD

■ Les rues en pente de la ville, étagée sur une colline entre le cours de la Brenne et le canal de Bourgogne, ont conservé le souvenir d'un enfant du pays hors du commun : le célèbre naturaliste Buffon. À l'emplacement de la forteresse des comtes de Montbard, devenue résidence des ducs de Bourgogne, puis finalement abandonnée, le jeune mais non moins illustre homme de sciences avait fait aménager un parc aujourd'hui ouvert au public.

Le nom

Mot composé par la double version d'un même thème, la « montagne », en latin, et en celte le *bar*, que l'on retrouve dans Bar-lès-Epoisses.

LES GENS

6 300 Montbardois. La ville a donné naissance au médecin Louis Daubenton (1716-1800), inventeur de l'anatomie comparée, qui collabora à l'Histoire naturelle ainsi qu'à la réorganisation du Jardin du roi, à Paris (actuel Jardin des plantes).

comprendre

Un naturaliste réputé – Né en 1707, Georges-Louis Leclerc, futur comte de Buffon, est le fils d'un conseiller au parlement de Bourgogne. Très jeune, il se passionne pour les sciences. Il tire de plusieurs voyages en France, en Italie, en Suisse et en Angleterre le très vif désir d'étudier la nature. En 1733, à l'âge de 26 ans, il entre à l'Académie des sciences où il succède à Jussieu. Sa nomination au poste d'intendant du Jardin du roi, en 1739, est décisive pour sa carrière.

À peine entré en fonctions, il conçoit l'ambitieux dessein d'écrire l'histoire de la nature. Les trois premiers tomes de son *Histoire naturelle* sont publiés en 1749, les suivants vont se succéder pendant quarante ans (36 volumes d'une œuvre inachevée).

En 1752, Buffon est élu à l'Académie française. Les souverains de l'Europe entière et les plus grands personnages de son temps solli-

Allégorie d'Histoire naturelle sur les animaux, par Buffon, 1774.

LA BOURGOGNE

Sillonné de sentiers et d'allées, le parc Buffon procure d'agréables promenades.

> citent son amitié. C'est à Montbard, où il menait la vie de son choix, que Buffon rédigea une grande partie de son œuvre. Mais c'est à Paris, au Jardin du roi, qu'il meurt en 1788.

se promener

Parc Buffon★
En 1735, Buffon achète le château, déjà en ruine, dont l'origine est antérieure au Xe siècle. Ne conservant que deux tours et l'enceinte fortifiée, il y aménage les jardins – légèrement modifiés par le temps – qui forment aujourd'hui le parc Buffon.
Tour de l'Aubespin – Haute de 40 m, elle permit à Buffon de réaliser des expériences sur les vents.
Tour Saint-Louis – La mère de saint Bernard, Aleth de Montbard, y naquit en 1070. Buffon rabaissa la tour d'un étage et y installa l'une de ses bibliothèques.
Cabinet de travail de Buffon – C'est dans ce petit pavillon aujourd'hui vide, mais toujours tapissé de gravures d'oiseaux en couleurs (XVIIIe siècle), que Buffon rédigea une grande partie de sa fameuse Histoire naturelle.

Chapelle de Buffon
L'explorateur de la nature a été inhumé le 20 avril 1788 dans le caveau d'une chapelle latérale de l'église Saint-Urse.

Musée de l'Ancienne Orangerie
À l'étage, un parcours scientifique dévoile, à travers les collections du musée, l'œuvre du grand naturaliste et celle de Louis Daubenton, deux grands savants du siècle des Lumières.

Hôtel de Buffon
À l'emplacement de sa maison natale, le savant fit construire ce vaste et confortable hôtel (achevé en 1741), d'où il pouvait gagner directement ses jardins et son cabinet de travail.

Centre métallurgique

Les Montbardois vivent non seulement dans le souvenir du grand savant Buffon, mais aussi dans la continuation de son activité de maître de forges, puisque la cité est un important centre métallurgique spécialisé dans la fabrication des tubes d'acier.

visiter

Musée des Beaux-Arts
Aménagé dans l'ancienne chapelle néogothique (1870) de l'institution des Ursulines, ce musée présente, outre une magnifique Adoration des bergers sur bois de 1599 peinte par André Menassier, des tableaux et sculptures des XIXe et XXe siècles.
Il abrite aussi des peintures d'Yves Brayer, Maurice Buffet, Chantal Queneville, Ernest Boguet et des sculptures de Pompon ou Eugène Guillaume.
Le musée héberge également une collection de cycles anciens, et propose régulièrement des expositions temporaires consacrées à des photographes de renom (Doisneau, Cartier-Bresson, Bettina Rheims...).

Roue à aube de la grande forge de Buffon, construite pour aider à mettre en œuvre les recherches du savant sur la fusion.

alentours

Grande Forge de Buffon
C'est sur ses terres que le célèbre naturaliste bourguignon, alors âgé de 60 ans, fit construire en 1768 une forge pour mettre en œuvre ses recherches sur la fusion, et poursuivre ses expériences sur les minéraux.

Abbaye de Fontenay★★★ *(voir ce nom)*

Château de Nuits

Élevé vers 1560 lors des guerres de Religion, le château a perdu l'enceinte fortifiée qui précédait sa belle façade Renaissance à lucarnes et pilastres. Située dans les salles voûtées donnant accès à la terrasse est, la cuisine bénéficie d'un puits intérieur qui permettait de tenir en cas de siège. Non loin du château se dresse la commanderie de Saint-Marc, qui a compté parmi les plus influentes de Bourgogne. Ses bâtiments, près des rives de l'Armançon, constituent un bel ensemble architectural, dont une chapelle de la fin du XIIe siècle.

Prieuré de Vausse

Fondé au XIIe siècle par un seigneur de Montréal, le prieuré de Vausse se composait d'une communauté de moines cisterciens. Placé sous l'égide de Notre-Dame et Saint-Denis, il jouit d'une certaine importance jusqu'au XVe siècle, mais la réforme religieuse entraîna sa décadence. Vendu comme bien national à la Révolution, il fut racheté en 1792 par un faïencier qui y établit une fabrique. Vers les débuts du XIXe siècle, le prieuré devint la propriété de la famille Petit.

Un cloître roman (XIIIe siècle) bien conservé entoure un charmant jardin de curé, ainsi qu'une petite chapelle du XIVe siècle.

Le prieuré de Vausse, du XIIe siècle, n'abrite plus de moines cisterciens, mais il est néanmoins ouvert à la visite.

LE MORVAN ★★

■ Au cœur de la Bourgogne, le mystérieux massif du Morvan se répartit sur quatre départements. Ses caractéristiques géographiques et géologiques en font une région à part, bien distincte des contrées environnantes. À l'écart des grandes routes, avec ses vastes forêts, ses escarpements rocheux, ses lacs et ses cours d'eau tumultueux, le Morvan demeure un espace privilégié pour les sportifs et les amateurs de nature. Judicieusement mis en valeur, ses traditions et son patrimoine historique ont de quoi fasciner.

Le nom

Au loin, le massif du Morvan se signale par la couverture sombre de ses forêts : selon l'étymologie celtique, Morvan signifierait d'ailleurs « montagne noire ».

> **LES GENS**
>
> Les Morvandelles ont longtemps été, par tradition familiale, d'excellentes nourrices. À la ville au XIXe siècle, il n'était pas de bon ton en effet que les jeunes mères allaitent leurs enfants. Nombreux furent les enfants de la capitale qui passèrent dans le Morvan leurs premiers mois.

comprendre

Les deux Morvans – Quand on l'aborde par le nord, le massif du Morvan ressemble à un vaste plateau à peine bosselé qui s'élève lentement vers le sud. Ces ondulations, qui s'étagent et viennent rejoindre en pente douce le Bassin parisien, forment le bas Morvan, où l'altitude ne dépasse pas 600 m. Dans la partie méridionale – au sud de Montsauche – se dressent les sommets : mont Beuvray (821 m), mont Preneley (855 m), massif du Bois du Roi (où le Haut-Folin culmine à 901 m), cédant brusquement devant la dépression de l'Autunois. En dépit de leur faible altitude, ils communiquent à la région un caractère montagneux : c'est le haut Morvan.

Le pays de la forêt – La forêt (la plus vaste de Bourgogne), qui couvre environ 45 % de l'espace morvandiau, est l'élément caractéristique du massif. Progressivement, les futaies de hêtres ou de chênes cèdent la place aux résineux, plus rentables, dans un repeuplement que certains déplorent pour le risque de déséquilibre écologique

Le P. N. R. du Morvan préserve et valorise les milieux naturels de la région.

LA BOURGOGNE

L'épicéa que vous avez décoré à Noël provenait sûrement du Morvan.

Dans la forêt du Morvan, l'érosion a donné une forme très particulière à ce chaos granitique.

encouru, les sols étant déjà acides. Le douglas, ou pin de l'Oregon, au bois rose saumon, atteignant les 50 m de hauteur, est ainsi devenu le roi de la forêt en Morvan. Ses propriétés font de lui la première essence utilisée dans le reboisement en France.

Le sapin que vous avez décoré à Noël provenait sûrement du Morvan : il s'en cultive ici près de 2 millions sur un millier d'hectares. Il faut environ six ans à l'épicéa pour qu'il atteigne sa taille adulte…

découvrir

Parc naturel régional du Morvan
Créé en 1970, le parc couvre l'essentiel du « pays » et participe amplement à son essor touristique. Regroupant 95 communes des départements de la Côte-d'Or, de la Nièvre, de Saône-et-Loire et de l'Yonne, son rôle est de préserver et de valoriser les milieux naturels en assurant la promotion culturelle et l'information. Il a pris pour emblème le cheval au galop d'une monnaie éduenne découverte sur le site antique de Bibracte.

Espace Saint-Brisson
Au cœur de ce vaste domaine de 40 ha, un ensemble de bâtiments du XIXe siècle abrite plusieurs structures : la Maison du Parc, qui fournit toutes sortes d'informations utiles concernant le Parc naturel régional du Morvan ; la Maison des hommes et des paysages (présentation synthétique de l'histoire du Morvan) ; le musée de la Résistance en Morvan. L'arboretum, l'herbularium (jardin conservatoire), le verger conservatoire et le sentier de découverte de l'étang Taureau ne manquent pas d'intérêt.

alentours

LE BAS MORVAN

Autour de Vézelay

Saint-Père★

La Cure, un peu calmée, coule ici entre de vieilles maisons au pied de coteaux récemment replantés de vignes (AOC Bourgogne Vézelay).

Église Notre-Dame★ – Commencée vers 1200, l'église a enregistré toutes les étapes de l'évolution du style gothique bourguignon, du XIIIᵉ au XVᵉ siècle. L'intérieur est d'une grande pureté de style.

Musée archéologique régional – Installé dans l'ancien presbytère du XVIIᵉ siècle, ce musée abrite les antiquités provenant des fouilles des Fontaines salées. La salle médiévale réunit des sculptures du XIIᵉ au XIVᵉ siècle, dont une statue de saint Jacques le Majeur et un Christ bénissant du XIIIᵉ siècle.

Fouilles des Fontaines salées – Des fouilles ont mis au jour des thermes gallo-romains dépendant d'un sanctuaire d'origine gauloise (temple circulaire du Iᵉʳ siècle avant J.-C., avec un bassin sacré, faisant du site une sorte de précurseur païen de Vézelay) et une piscine. Un captage en pierre d'époque romaine donne accès à une source minérale, toujours utilisée pour soigner les maladies de peau.

Pierre-Perthuis★

On entre dans le bourg par la porte d'un château féodal du XIIᵉ siècle en ruine. Le village occupe un site très pittoresque, avec une église qui surplombe la vallée de la Cure et trois ponts, l'un moderne, à 33 m au-dessus de la rivière tumultueuse, et son aîné de cent ans (1770) presque à ses pieds, faisant le gros dos. Le troisième (1851) enjambe, un peu plus loin, le ruisseau de Bazoches.

Chacun des trois ponts de Pierre-Perthuis présente un intérêt artistique ou historique.

Bazoches★★ *(voir ce nom)*

Lormes

L'église, édifice néogothique bâti sur la montagne Saint-Alban (470 m) se distingue par ses 2 chapiteaux historiés dus au sculpteur Guillaumet (XIXᵉ siècle).

Barrage du Crescent

Terminé en 1933, au confluent du Chalaux et de la Cure, il est du type barrage-poids. Sa retenue de 14 millions de mètres cubes alimente en énergie l'usine hydroélectrique de Bois-de-Cure et concourt à régulariser le débit de la Seine.

Château de Chastellux-sur-Cure

Perché au sommet d'une butte granitique dominant la Cure, cet imposant château, remanié au XIIIᵉ siècle et restauré en 1825, appartient depuis plus de mille ans à la famille de Chastellux. L'historien et militaire François-Jean de Chastellux (1734-1788) prit part à la guerre d'Indépendance des États-Unis. Il publia un *Voyage dans l'Amérique septentrionale* en 1786.

L'abbaye de la Pierre-qui-Vire a fondé et dirigé les éditions du Zodiaque, spécialisées dans l'art religieux.

Autour de Saulieu

Lac de Saint-Agnan

Ce plan d'eau est bien intégré au paysage entre ses rives boisées.

Abbaye de la Pierre-qui-Vire

Bâtie dans un site solitaire et sauvage du Morvan, elle tire son nom d'une énorme pierre plate posée en équilibre sur un rocher et que

Vauban ou l'art de la guerre

Sébastien Le Prestre s'enrôla à 17 ans dans l'armée du prince de Condé, et s'attacha au service du roi Louis XIV. Ingénieur militaire à 22 ans, il travailla à 300 places anciennes, en construisit 33 nouvelles, dirigea et mena à bien 53 sièges. Brigadier général des armées, puis Commissaire général des fortifications, il reçut en octobre 1704 le bâton de maréchal. Il couvrit les frontières de la France d'une ceinture de forteresses utilisant des procédés tels que les feux croisés, le tir à ricochet, les boulets creux, les parallèles, les cavaliers de tranchée et de nombreuses autres inventions d'une portée révolutionnaire pour l'époque, souvent imaginées pour épargner les vies humaines.

l'on pouvait faire osciller d'une faible pression de la main. En 1850, sur un domaine donné par la famille de Chastellux, le père Muard jette les bases du monastère. La progression est rapide, et les locaux édifiés de 1850 à 1953 se révèlent insuffisants et inadaptés pour accueillir les 85 moines bénédictins ainsi que les nombreux hôtes. Les travaux réalisés jusqu'en 1995 ont unifié l'ensemble des constructions successives. L'abbaye a fondé et longtemps dirigé les éditions du Zodiaque, spécialisées dans l'art religieux, et plus particulièrement roman. Elle reste un pôle culturel dans ce domaine.

Saint-Léger-Vauban

Église Saint-Léger – D'origine Renaissance, cette église de plan cruciforme, où fut baptisé Vauban, fut transformée au XIXe siècle. Elle a reçu d'intéressantes adjonctions modernes dues au sculpteur bourguignon Marc Hénard (1919-1992).

Maison Vauban – Installée dans l'ancien atelier de Marc Hénard, cette maison à thème de l'écomusée du Morvan évoque la vie et l'œuvre de Vauban.

Quarré-les-Tombes

Situé sur l'étroit plateau qui sépare les vallées de la Cure et du Cousin, c'est un excellent centre de séjour et d'excursions. La localité doit son nom aux nombreux sarcophages de pierre calcaire (112 cuves ou couvercles actuellement), vestiges de plus d'un millier de tombeaux accumulés du VIIe au Xe siècle, qui cernent l'église. Leur origine est mystérieuse : il peut s'agir d'un entrepôt lié à une fabrication locale ou bien d'une véritable nécropole autour d'un sanctuaire dédié à saint Georges, patron des chevaliers.

Montsauche-les-Settons

Situé à 650 m d'altitude, en plein cœur du Morvan, ce haut-lieu de la Résistance en Morvan fut reconstruit après avoir été incendié par les Allemands en juin 1944.

Saut de Gouloux

Le Caillot forme, un peu avant son confluent avec la Cure, une belle cascade appelée saut de Gouloux.

Lac des Settons★

Ce lac artificiel de 367 ha destiné à l'origine à faciliter le flottage des bois sur la Cure sert désormais à régulariser le débit de l'Yonne. La route offre de jolies vues sur le plan d'eau et ses îles boisées.
Entouré de bois de sapins et de mélèzes, à 573 m d'altitude, cet agréable plan d'eau s'étale au travers de la vallée de la Cure. On y pratique la pêche et, dès l'automne, le gibier d'eau fait son apparition.

LE HAUT MORVAN

Le mont Beuvray★★ *(voir ce nom)*

Haut-Folin

La route forestière du Haut-Folin conduit au point culminant du Morvan (alt. 901 m ; station de ski de fond). La forêt de Saint-Prix est peuplée d'épicéas et de sapins aux fûts immenses.

Gorges de la Canche

La route suit à flanc de coteau les gorges de la Canche dans un paysage tourmenté de bois et de rochers.

Anost

Dans un site agréable et pittoresque, Anost offre la possibilité de nom-

Cascade haute de 10 m, le saut de Gouloux figure parmi les sites les plus pittoresques du Morvan.

breuses promenades, en particulier dans la forêt, et de baignades en plein air, au pont de Bussy.

Le bourg de Bussy fut la capitale de la « galvache », transport itinérant en charrette à bœufs, activité typique du haut Morvan jusqu'à la Grande Guerre. Le jour du départ, le 1er mai, les « galvachers » marquaient ici l'adieu au pays.

Maison des Galvachers – L'écomusée du Morvan montre, dans cette maison à thème, le savoir-faire des charroyeurs morvandiaux qui partaient, de mai à novembre, parfois jusqu'en Ardenne belge.

MOULINS-ENGILBERT

■ Dans cette longue plaine du Bazois, qui descend du Morvan jusqu'à la vallée de la Loire, Moulins-Engilbert eut un rôle politique notable en tant que résidence des comtes de Nevers. Ayant concédé ce statut à Château-Chinon, la cité se contente désormais d'une grande activité commerciale. L'harmonie des toits et des tourelles, groupés autour de la tour gothique de l'église à flèche d'ardoise, au pied des ruines d'un château, est particulièrement heureuse.

Le nom
Cette petite localité doit son nom aux moulins qui peuplaient autrefois la région. Engilbert est sûrement le patronyme d'un propriétaire. Quant au seul moulin restant, il se trouve… à Commagny.

LES GENS
1 571 Moulinois qui, outre le marché au cadran, assistent et participent aussi depuis plusieurs années à une course équestre d'endurance : les 130 km du Morvan.

visiter

Parsemée de vieilles demeures, de passerelles sur le Garat ou le Guignon, la ville a conservé les ruines du château comtal et l'église Saint-Jean-Baptiste, dotée d'un beau portail. Le XVIIe siècle est bien représenté, avec l'hôtel Salonnier en face de l'église, l'ancien couvent des Ursulines et celui des pères de Saint-François, ainsi que la mairie.

Maison de l'élevage et du charolais
Cette maison à thème de l'écomusée du Morvan retrace l'histoire de l'agriculture morvandelle du XIXe siècle à nos jours. Elle fait la part belle à la race charolaise, véritable symbole de la région.

alentours

Commagny
Un ancien prieuré bénédictin se dresse au-dessus des herbages du Bazois. L'église romane se signale par l'abside à cinq arcatures alternativement aveugles et ouvertes, inscrites dans un décor rappelant les bandes lombardes (pilastres réunis à leur sommet par une frise d'arceaux), ainsi que les chapiteaux sculptés.

La demeure du prieur (XVe siècle), flanquée du clocher et d'une haute tour ronde, montre sa façade la mieux sauvegardée.

Châtillon-en-Bazois
Châtillon-en-Bazois est l'un des centres les plus importants de la navigation de plaisance en Bourgogne. Le chantier de construction de bateaux est dominé par un château des XVIe et XVIIe siècles.

Autour de l'église, l'harmonie des toits et des tourelles est particulièrement heureuse.

LA BOURGOGNE

> **Église** – Elle abrite un grand tableau de Nicolas Mignard, la pierre tombale de Jehan de Châtillon (XIVe siècle) et un retable de 1423 en pierre représentant une pietà.

NEVERS

■ À quelques kilomètres du confluent de la Loire et de l'Allier, la capitale du Nivernais s'imposa aussi, au XVIIe siècle, comme celle de la faïence française. Sur la butte dominant le « dernier fleuve sauvage d'Europe » se dresse la silhouette des monuments emblématiques de cette ville d'art et d'histoire qui, bien que sévèrement meurtrie par le bombardement de sa cathédrale en 1944, a su mettre en valeur son patrimoine. Pittoresques et préservés, les paysages ligériens alentour forment un véritale joyau écologique.

Le nom
Avant d'entreprendre le siège de Gergovie en 52 avant J.-C., Jules César fait de la ville forte située à la limite du territoire éduen, *Noviodunum Aeduorum*, un entrepôt de vivres pour son armée. À l'annonce de son échec, les Éduens n'hésitent pas à détruire *Noviodunum* par le feu, rendant ainsi précaire la situation de César en Gaule.

comprendre

Faïence et verres filés – Devenu duc de Nivernais en 1565, Louis de Gonzague, troisième fils du duc de Mantoue, fait venir d'Italie un grand nombre d'artistes et d'artisans. Il introduit la faïence d'art à Nevers entre 1575 et 1585. Les frères Conrade, originaires d'Italie, « maîtres pothiers en œuvre blanche et autres couleurs », initient à leur art une pléiade d'artisans locaux. L'industrie de la faïence atteint son apogée vers 1650, douze fabriques occupant alors 1 800 ouvriers, mais la Révolution de 1789 lui porte un grave préjudice. Les difficultés et la concurrence de la porcelaine contribuent à son déclin au cours du XIXe siècle. Actuellement, seules une demi-douzaine d'ateliers de faïenciers perpétuent cette activité traditionnelle.

se promener

LA VIEILLE VILLE★

Cathédrale Saint-Cyr-et-Sainte-Julitte★★
Cette vaste basilique composite fut consacrée en 1058, puis en 1331, complétée et plusieurs fois remaniée ou restaurée. Ce sont les photos exposées dans la nef qui en parlent le mieux : le 16 juillet 1944, la cathédrale subit un terrible bombardement allié qui la réduit presque à une ossature de pierre. Bizarrement, ce bombardement permit de révéler la partie la plus ancienne du site : un baptistère du VIe siècle.
La cathédrale présente un curieux plan, caractérisé par deux absides opposées à chaque extrémité de la nef : une romane dite « occidentée » à l'ouest, et une gothique à l'est, ce qui est plus fréquent sur les bords du Rhin (Worms, Spire et Mayence) que sur ceux de la Loire.
L'abside romane, surélevée de 13 marches et voûtée en cul-de-four, est décorée d'une fresque datant du XIIe siècle représentant le Christ en

LES GENS
40 932 Neversois. Tous ne sont pas d'aussi fins bretteurs que le duc de Nevers, rendu célèbre par le roman de Paul Féval, Le Bossu *(1857). L'écrivain s'est inspiré d'un coup d'escrime prétendu infaillible qui remonterait au XVIIe siècle et serait la marque de la famille des Nevers. Enchaînement de parades de tierce, et de prime, la botte de Nevers touche la tête. Autre caractéristique, elle serait plus accessible aux ambidextres, or les Nevers l'auraient tous été, de père en fils…*

Louis de Gonzague a introduit la faïence d'art à Nevers au XVIe siècle.

NEVERS

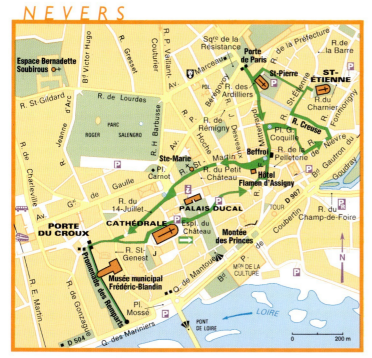

Itinéraire de visite conseillé

Le palais ducal est un beau spécimen de l'architecture civile du tout début de la Renaissance.

gloire. La nef (XIIIe siècle) est de grande ampleur, mais sait rester légère grâce à un triforium orné et à des fenêtres hautes. Le long de ce triforium, la guirlande de personnages capte l'attention : toute la société du XIIIe siècle est représentée ici, soutenant l'Église, certains pliant sous le poids avec une visible douleur, d'autres levant les yeux au ciel.

Palais ducal★
L'ancienne demeure des ducs de Nevers est un beau spécimen de l'architecture civile du tout début de la Renaissance. Commencée dans la seconde moitié du XVe siècle par Jean de Clamecy, comte de Nevers, elle fut embellie au XVIe siècle par les familles de Clèves et de Gonzague. Les grosses tours rondes de la façade postérieure sont les plus anciennes. La façade ocre, coiffée d'ardoise, est ponctuée de deux tourelles. Les bas-reliefs modernes évoquent la légende de Saint-Hubert ainsi que celle du « Chevalier au cygne », ancêtre de la maison de Clèves qui inspira le Lohengrin de Wagner.

Beffroi
Il date du XVe siècle. Son clocher pointu domine un vaste bâtiment qui abritait autrefois les halles et la salle du bailliage ducal.

Église Saint-Étienne★
Cette belle église romane, qui fit partie autrefois d'un prieuré clunisien, est d'une grande pureté de style. Elle fut édifiée de 1063 à 1097 sur l'initiative de Guillaume Ier, comte de Nevers. Entouré de sa ceinture d'absidioles, le chevet est très élégant. L'intérieur séduit par les tons dorés de la pierre et ses belles proportions.

Église Saint-Pierre et porte de Paris
Conçue pour le collège jésuite, cette église du XVIIe siècle abrite un beau maître-autel et des fresques. Le portail monumental date de 1676. Parachevant une perspective, la porte de Paris est un arc de triomphe. Elle fut élevée en 1746 pour commémorer la victoire de Fontenoy ; des vers de Voltaire à la louange de Louis XV y sont gravés.

Tournage à Nevers
Palme d'or à Cannes en 1946 pour La Symphonie pastorale, *Jean Delannoy réalisa* La Passion de Bernadette *à Nevers, en 1989.*

La grande église romane Saint-Étienne est d'une grande pureté de style.

LA BOURGOGNE

Le perroquet Ver-Vert

Son histoire est contée par J.-B. Gresset dans un poème badin écrit en 1733. Choyé, gâté, un perroquet coulait des jours exempts de soucis. Les visitandines de Nantes, ayant entendu vanter les mérites de cet oiseau merveilleux, prient leurs sœurs de le « prêter » quelques jours. Ver-Vert part, mais, sur le coche d'eau, les mariniers de la Loire et des dragons lui enseignent un vocabulaire moins édifiant… « Bien vite, il sut jurer et maugréer/Mieux qu'un vieux diable au fond d'un bénitier. » À Nantes, il scandalise le monastère de ses jurons. On se hâte de le renvoyer à Nevers. Jugé, il est condamné au jeûne, à la solitude et au silence. Ayant fait amende honorable, il rentre en grâce auprès des visitandines, mais il est de nouveau tant gâté qu'il meurt d'indigestion.

Hôtel Flamen d'Assigny
Au n° 1 se dresse l'un des plus beaux hôtels particuliers de Nevers, du XVIII⁰ siècle avec une façade symétrique ornée en style rocaille.

Chapelle Sainte-Marie
C'est l'ancienne chapelle d'un monastère de visitandines. La façade, chargée d'ornements dans le style baroque italien – niches, entablements, colonnes et pilastres –, est due à Jean Collignon (époque Louis XIII).

Porte du Croux★
Coiffée d'une haute toiture, cette belle tour-porte de défense avec mâchicoulis et tourelles en encorbellement, est l'un des vestiges des fortifications de la ville. Elle fut élevée en 1393, lorsque l'on remania l'enceinte établie deux siècles auparavant par Pierre de Courtenay. La porte de Croux abrite le Musée archéologique du Nivernais, un musée lapidaire composé d'une collection de chapiteaux romans provenant de l'ancienne église Saint-Sauveur de Nevers et de mosaïques, figurines et bas-reliefs exhumés lors de fouilles dans la Nièvre.

Promenade des remparts
De la porte du Croux jusqu'à la Loire se dresse l'enceinte édifiée par Pierre de Courtenay au XII⁰ siècle, avec les tours du Havre, Saint-Révérien et Goguin. L'ensemble fut reconstruit au XV⁰ siècle.

Musée municipal Frédéric-Blandin
Le musée possède de grandes collections, composées de superbes faïences de Nevers du XVI⁰ siècle à aujourd'hui, de verres filés, des donations Bossuat et Solon (comportant des œuvres de Vlaminck, Dufy, Utrillo, Modigliani et de belles affiches et dessins) et d'objets d'art en tous genres : sculptures, pièces de monnaie, ivoires, armes, costumes, meubles, jouets, etc.

NEVERS

découvrir

EN MÉMOIRE DE SAINTE BERNADETTE

Espace Bernadette

Un peu d'histoire – Témoin, à 14 ans, de nombreuses apparitions de la Vierge Marie, Bernadette Soubirous quitta Lourdes en 1866 pour joindre la congrégation des Sœurs de la Charité de Nevers, à Saint-Gildard. Bernadette n'était pas satisfaite de la statue de la Vierge installée à Lourdes et réalisée sur la base de ses récits. Lorsqu'elle arriva à Nevers, elle en découvrit une autre, au fond du jardin, dont elle dit : *« Celle-ci ressemble un peu à la dame que j'ai vue. »* Cette statue est encore visible de nos jours, au même endroit. Bernadette vécut à Saint-Gildard jusqu'à sa mort, en 1879, et fut canonisée en 1933. Son corps, trois fois exhumé, intact, repose aujourd'hui dans une châsse vitrée de la chapelle Saint-Gildard.

Musée – Nouvellement réaménagé, il propose au visiteur un parcours spirituel à la rencontre de Bernadette Soubirous.

Église Sainte-Bernadette-du-Banlay

Ce sanctuaire (1966), dû à Paul Virilio et Claude Parent, fondateur du modernisme en architecture, présente extérieurement, sous des lignes obliques, la forme lourde et ramassée d'un blockhaus.

Statue de Sainte-Bernadette à Nevers, où elle vécut jusqu'à sa mort en 1879.

sur la butte dominant le « dernier fleuve sauvage d'Europe » se dresse la vaste basilique de Nevers, meurtrie par les bombardements de 1944.

LA BOURGOGNE

alentours

Guérigny
La localité s'est développée autour de la métallurgie, au XVIIIe siècle. Des expositions d'archéologie industrielle sont proposées par le musée du Vieux Guérigny, consacré à l'histoire des Forges et de la métallurgie nivernaise.

Varennes-Vauzelles
Cette bourgade offre un intéressant exemple de cité-jardin ouvrière du début du XXe siècle.

Pougues-les-Eaux
À proximité de la Loire, cette ancienne station thermale occupe un site agréable dans un vallon ombragé.

Marzy
Le village possède une intéressante église romane du XIIe siècle, surmontée d'un élégant clocher à deux étages.
Ponctué de panneaux d'interprétation, le sentier de Ver-Vert qui relie Nevers à Marzy, sensibilise le promeneur à l'écosystème ligérien et aux activités traditionnelles des bords de Loire.

circuit

Circuit de Nevers-Magny-Cours
Inauguré en 1961 (on l'appelait alors le circuit Jean Behra), ce célèbre circuit auto-moto est aujourd'hui le théâtre de prestigieuses compétitions, comme par exemple le Grand Prix de France de Formule 1 ou encore le Grand Prix de France moto.
Les jours de grandes manifestations sportives, son enceinte peut accueillir, dans une ambiance survoltée d'applaudissements et de vrombissements de moteurs, quelque 110 000 spectateurs. Autour du circuit s'est développé, sur 25 ha, un Pôle de performance dédié aux sports mécaniques comprenant notamment des écoles de pilotage, des concepteurs-constructeurs de véhicules de compétition et motoristes, ainsi qu'un centre d'activités de recherche technologique et de développement.

Musée Ligier F1★
Sa collection quasi complète d'une écurie de F1, l'écurie Ligier, fait de ce lieu consacré à la compétition automobile de haut niveau un musée unique en Europe. Les voitures de légende présentées ici ont toutes participé aux courses et ont parfois remporté la victoire.

Saint-Parize-le-Châtel
Tout près du circuit, ce riant village était déjà florissant à l'époque gallo-romaine grâce à ses sources d'eau gazeuse. Son église construite sur une terrasse dominant le paysage est remarquable par sa crypte aux magnifiques chapiteaux du XIIe siècle.

Mars-sur-Allier
La petite église romane de Mars était au XIIe siècle un prieuré de Cluny. Bien dégagée sur une petite place, elle offre un plan rectangulaire très simple.

Saint-Pierre-le-Moûtier
Cet ancien siège d'un bailliage royal est un bourg commerçant, aux tranquilles petites places. Y subsistent les traces des remparts qui fortifiaient la ville au XVe siècle et de jolies maisons anciennes.

Le musée de Guérigny est consacré à l'histoire des Forges et de la Métallurgie nivernaise.

La dernière victoire de Jeanne d'Arc

Après le sacre de Reims, le Conseil du roi, jaloux du prestige de Jeanne, lui impose plusieurs mois d'inaction à la Cour alors qu'elle a hâte de reprendre Paris. En octobre 1429, il décide de l'envoyer débarrasser le comté de Nevers des bandes du mercenaire Perrinet-Gressard. Partie du Berry, la petite troupe royale prend d'assaut Saint-Pierre-le-Moûtier aux premiers jours de novembre. Après avoir dû attendre à Moulins des renforts en hommes et en matériel, l'armée repart en décembre pour tenter de reprendre La Charité. C'est un échec. L'année suivante, Jeanne sera capturée par les Bourguignons.

Église – Elle appartenait à un prieuré bénédictin lié à Saint-Martin d'Autun. Sa masse carrée et solide est aujourd'hui isolée sur la place du marché. Sur la place de l'église, l'entrée du presbytère est marquée par une porte gothique au décor flamboyant.

Forêt du Perray
Plusieurs étangs viennent égayer ses 2 200 ha.

Chevenon
Une impression de puissance se dégage de la haute construction dont la coloration rose adoucit la sévérité. Cet ancien logis seigneurial, étroitement resserré entre les fortes tours rondes, était autrefois entouré de fossés. Il fut édifié au XIVe siècle par Guillaume de Chevenon, « capitaine des châteaux et tours de Vincennes » sous Charles V.

Le rose et imposant château de Chevenon...

NOLAY

■ Baignés par la Cosanne, des paysages partagés entre vignes et collines forment un agréable écrin de nature autour de Nolay, charmante cité médiévale aux pittoresques maisons à pans de bois. Durant les beaux jours, les amateurs d'escalade venus s'essayer sur les parois des falaises calcaires, aux environs du bourg, apprécieront, après l'effort, le réconfort d'un vin fruité de Nolay sur une bonne tarte aux fruits rouges.

> **LES GENS**
> 1 547 Nolaytois et l'enfant du pays, Lazare Carnot (1753-1823), « organisateur de la victoire » au temps de la Convention.

visiter

Vieilles halles
Construites au XIVe siècle, elles possèdent une solide charpente recouverte de dalles calcaires (des « laves » pesant près de 600 kg au m^3).

Église Saint-Martin
Cet édifice du XVe siècle, incendié pendant les guerres de Religion, puis reconstruit au XVIIe siècle, est surmonté d'un curieux clocher de pierre abritant un jacquemart en bois polychrome (XVIe siècle).

alentours

La Rochepot★
Le village s'étage au pied du promontoire rocheux qui supporte un château féodal. La famille des Pot donna son nom au château. La reconstruction fidèle du château de La Rochepot est due au colonel Sadi Carnot, fils du président (1837-1894). Comme la maison natale de Lazare à Nolay, il est toujours dans la famille.

Château – Le château de La Rochepot se dresse sur un site féerique, le piton de la Roche-Nolay. La construction primitive (XIIIe siècle) fut remaniée au XVe siècle, mais le donjon fut rasé durant la Révolution. Les défenses extérieures et les tours massives mais élégantes accrochent l'œil. Deux ponts-levis mènent à la cour intérieure ; celle-ci, bordée d'une aile Renaissance avec tourelles couvertes de tuiles vernissées, possède un puits en fer forgé (1228) profond de 72 m.

Église – Cette ancienne priorale fut édifiée au XIIe siècle par les bénédictins de Flavigny. Elle possède des chapiteaux historiés d'une facture rappelant celle d'Autun et renferme des œuvres d'art intéressantes, en particulier un triptyque (XVIe siècle) dû au peintre dijonnais Quentin.

Sur le piton de la Roche-Nolay, un endroit féerique, se dresse le joli château de la Rochepot.

LA BOURGOGNE

À l'intérieur de La Rochepot

La visite permet de découvrir la salle des gardes, la cuisine et son fourneau monumental, la salle à manger avec son riche mobilier néogothique, l'ancienne chapelle du XIIe siècle et la chambre chinoise, cadeau de l'impératrice Tseu-Hi à Sadi Carnot.

Vallon de la Tournée

Sur la droite de la route de Vauchignon, étroite et sinueuse, s'élèvent les falaises de Cormot, remarquable école pour la varappe.
Un sentier conduit à travers prés au cirque du Bout du monde. Dans un site remarquable, au milieu d'impressionnants à-pics calcaires tombe une cascade haute de 28 m. Une flore subméditerranéenne et une faune exceptionnelle suscitent l'émerveillement.

Mont de Sène★★

On accède au mont de Sène ou « montagne des Trois-Croix » (triple calvaire érigé au sommet) par des routes assez étroites. Ce belvédère offre un très beau panorama.

★ NOYERS

LES GENS

789 Nucériens pour cette capitale de la vallée du Serein.

■ Nichée dans un méandre du Serein, Noyers est une ville médiévale aux toits couverts d'écailles appelées « laves », resserrée entre ses remparts aux tours rondes. Entourée de forêts, de prés et de haies, cette jolie cité du Tonnerrois offre, le long de ses rues, un bel échantillonnage d'architecture bourguignonne, depuis les modestes logis de vignerons sur caves de plain-pied aux maisons à pans de bois sur arcades, en passant par de belles demeures Renaissance en pierre sculptée.

Les maisons anciennes jalonnent la ville...

VALLÉE DE L'OUCHE

Le nom
Noyers se prononce « Noyère » selon l'origine latine *Nugerium*, dérivé de *nux*, la noix. Sur place, la ville s'est rebaptisée Noyers-sur-Serein... sans attendre l'officialisation de ce changement.

découvrir

VALLÉE DE L'OUANNE★★

Place de l'Hôtel-de-Ville
Elle est entourée de jolies maisons à pans de bois des XIVe et XVe siècles et de maisons à arcades. L'hôtel de ville présente une façade du XVIIIe siècle surmontée d'un fronton curviligne.

Place du Marché-au-Blé
Cette place est bordée de maisons anciennes dont une en pierre, à arcades et à pignon : l'hôtel de la Croix-Blanche.

Église Notre-Dame
Ce vaste édifice date de la fin du XVe siècle. Elle se remarque par sa façade Renaissance, sa tour carrée et ses gargouilles.

Musée
Par la qualité de ses paysages et sa proximité de Paris, la vallée du Serein a su attirer nombre d'artistes solitaires. Le musée de Noyers en témoigne par les tableaux des Russes Michel Kikoïne (venu de la Ruche, à Paris), Soutine et Pinchus Krémegne. Il abrite aussi, sur trois niveaux, des salles de peinture et d'histoire locales et d'intéressantes collections de tableaux d'arts naïf, brut et populaire.

Rue du Poids-du-Roy
La rue du Poids-du-Roy aboutit, par un passage couvert, à la minuscule place de la Petite-Étape-aux-Vins encadrée de maisons à pans de bois.

La façade de l'hôtel de ville de Noyers se caractérise par son fronton curviligne.

VALLÉE DE L'OUCHE

■ Le tracé sinueux de l'Ouche se fraie un chemin entre falaises calcaires, prairies et collines boisées, qui ont valu à cette trouée verdoyante le surnom de « Suisse bourguignonne ». Ce sont de riants paysages que l'on découvre volontiers à pied, en bateau, sur le canal de Bourgogne, ou encore à bord du petit train à vapeur de Bligny...

comprendre

Le canal de Bourgogne – Achevé en 1832, ce canal long de 242 km opère la jonction entre l'Yonne et la Saône, de Laroche-Migennes (altitude 84 m) à Saint-Jean-de-Losne (altitude 182 m). Empruntant les vallées opposées de l'Armançon et de l'Ouche, il franchit, à 378 m d'altitude, le faîte de séparation des bassins de la Seine et du Rhône par un tunnel long de 3 333 m : la voûte de Pouilly. La navigation de plaisance, en forte croissance, emprunte le canal de Bourgogne sur toute sa longueur, mais la batellerie commerciale ne l'utilise que sur deux sections : Migennes-Tonnerre et Dijon-Saint-Jean-de-Losne. 189 écluses jalonnent son parcours, soit en moyenne une tous les

Sites de choix

Les paysages de la vallée de l'Ouche inspirent non seulement les peintres, mais aussi les cinéastes. À un quart de siècle d'intervalle, deux films ont connu un succès à scandale :
Les Amants de Louis Malle, tourné à Bligny en 1958, et Les Valseuses de Bertrand Blier (1974).

LA BOURGOGNE

> 1,3 km. La succession d'écluses est particulièrement pénible entre Vénarey-les-Laumes et Pouilly.

circuit

DE BLIGNY-SUR-OUCHE À DIJON

La Bussière-sur-Ouche

Les bâtiments restaurés d'une ancienne abbaye cistercienne fondée en 1130 abritent un hôtel-château de luxe. L'église abbatiale, romane, est surmontée d'un fin clocher d'ardoise. L'église renferme des tombeaux, pierres tombales, bas-reliefs et de nombreuses statues. Peu après Auvillard, en haut d'un piton, ruines du château de Marigny.

Les jardins de Barbirey

Ce parc de 8 ha a été réaménagé autour de beaux communs (XVIIe et XVIIIe siècles) et d'un château remanié au XIXe siècle. Le vaste potager fleuri, en terrasse, fait face au parc à l'anglaise.

Château de Montculot

Cette élégante demeure du XVIIIe siècle se distingue par sa façade rocaille, son parc et ses jolies pièces d'eau. L'une d'elles, la source du Foyard, fut chantée par Lamartine, qui hérita de ce domaine familial. Le poète y composa une partie de son œuvre, entre 1801 et 1831, avant de vendre la propriété.

L'église abbatiale de La Bussière est surmontée d'un fin clocher d'ardoise.

La superbe basilique de Paray-le-Monial est considérée comme le plus bel exemple conservé d'architecture clunisienne.

PARAY-LE-MONIAL

Notre-Dame-d'Étang
En 1435, la statuette miraculeuse d'une Vierge à l'Enfant (aujourd'hui conservée dans l'église de Velars) fut trouvée au sommet de la colline d'étang. Le site devint dès lors un important lieu de pèlerinage et, en 1896, y fut érigée une chapelle coiffée d'un dôme portant une immense statue de la Vierge.

PARAY-LE-MONIAL ★★

■ Aux confins du Charolais et du Brionnais, Paray-le-Monial se distingue à la fois comme lieu de pèlerinage très fréquenté, et comme ville d'art, sa superbe basilique étant considérée comme le plus bel exemple conservé d'architecture clunisienne. Située sur la Bourbince, un affluent de la Loire que longe le canal du Centre, c'est également un bon point de départ de la Voie verte, appréciée des cyclistes, rollers et marcheurs.

Le nom
À l'origine de « Paray », le latin *paries* qui signifie « paroi, clôture », sans doute des anciennes fortifications. « Monial » vient de *monie*, « moine » en vieux français. À l'instar de Cluny, la ville s'est construite autour du monastère. Au fil des siècles, de nombreuses communautés religieuses s'y sont fixées.

LES GENS
9 191 Parodiens et environ 40 000 visiteurs par an, dont de nombreux pèlerins.

comprendre

La grâce mystique – Fille du notaire royal de Verosvres-en-Charolais, Marguerite-Marie Alacoque manifeste très tôt le désir de se faire religieuse, vœu qu'elle réalise à 24 ans. Le 20 juin 1671, elle entre au couvent de la Visitation de Paray-le-Monial.
Dès 1673 se produisent pour sœur Marguerite-Marie des apparitions du cœur charnel de Jésus, qui se poursuivront jusqu'à sa mort, le 17 octobre 1690. Secondée par son confesseur, le père Claude de La Colombière, elle a consigné les messages reçus : *« Voilà ce Cœur qui a tant aimé*

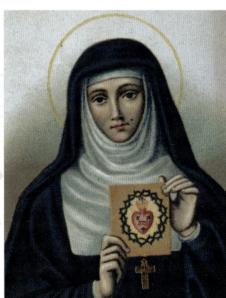

Marguerite-Marie Alacoque, sujette à des apparitions pendant dix-sept ans, a préconisé la dévotion au Sacré-Cœur.

L'abside en cul-de-four de la basilique est décorée d'une fresque du XIVe siècle représentant le Christ en gloire bénissant.

les hommes » et préconisé, à la suite de saint Jean Eudes, la dévotion au Sacré-Cœur. Sœur Marguerite-Marie a été canonisée en 1920.

Un nouveau culte – Définie comme l'union au cœur de Jésus par les mystiques, ce n'est qu'au début du XIXe siècle, après la tourmente révolutionnaire, que la dévotion au Sacré-Cœur se développe. En 1817 commence en Cour de Rome le procès qui aboutit, en 1864, à la béatification de sœur Marguerite-Marie. Ce sont 200 000 personnes qui participent en 1873 au premier grand pèlerinage où se décide la consécration de la France au Sacré-Cœur de Jésus. Chaque année, en juin, la fête se renouvelle, le 3e vendredi qui suit la Pentecôte. Le pape Jean-Paul II est venu à Paray en octobre 1986.

découvrir

Basilique du Sacré-Cœur★★

Construite d'un jet entre 1092 et 1109, l'église peut être considérée comme un modèle réduit de la célèbre abbaye bénédictine (contemporaine de Cluny III). Elle n'en conserve cependant que la structure architecturale, délaissant la magnificence décorative et le gigantisme conçus à la gloire de Dieu, au profit d'une beauté abstraite, favorable au recueillement, fondée sur l'agencement rythmique des volumes, les jeux d'ombres et de lumières et le dépouillement ornemental. Les rares sculptures privilégient largement les motifs géométriques.

Extérieur – La façade est d'une élégante asymétrie. Le bras gauche du transept, dont la belle porte romane est décorée de motifs floraux et géométriques suscite l'intérêt.

Intérieur – À la hauteur de l'édifice (22 m dans la nef principale) et à la sobriété du décor s'ajoutent les caractéristiques de l'art clunisien. Le chœur et son déambulatoire à trois absidioles constituent un ensemble d'une grande élégance. Huysmans observait le symbole de la Trinité dans la triple nef comportant trois travées, trois arcatures au-dessus des grandes arcades surmontées de trois fenêtres.

> **Au musée du Hiéron**
>
> Œuvre capitale : la Via Vitae (ou Chemin de vie), réalisée entre 1894 et 1904 par le joaillier Joseph Chaumet. Ce chef-d'œuvre d'orfèvrerie monumentale (haut de 3 m), composé de 138 figurines d'or et d'ivoire (hautes de 10 à 12 cm), retrace avec ferveur la vie du Christ sur une montagne de marbre et d'albâtre.

Jardin du cloître

Dans l'enceinte des bâtiments monastiques, le cloître a été reconstruit au XVIIIe siècle dans un style classique. Le jardin est organisé, comme au Moyen Âge, suivant un plan en croix.

Musée eucharistique du Hiéron

Avec ses objets liturgiques, ses peintures anciennes et ses sculptures, ce musée d'art sacré présente l'image du Christ de manière thématique.

Parc des chapelains

Ce vaste enclos, orné d'un chemin de croix, accueille les grandes cérémonies de pèlerinage.

Chapelle des apparitions

C'est dans cette chapelle que sainte Marguerite-Marie reçut ses principales révélations, illustrées dans le chœur. La châsse en argent doré abritant ses reliques se trouve dans une chapelle à droite.

Hôtel de ville★

La façade en pierre dorée de ce bel hôtel Renaissance, construit en 1525 par un riche drapier, Pierre Jayet, est ornée de coquilles et de médaillons représentant les rois de France et des notables parodiens.

Tour Saint-Nicolas

Cette grosse tour carrée du XVIe siècle est le clocher de l'ancienne église Saint-Nicolas, désaffectée.

La façade de l'hôtel de ville est ornée de coquilles et de médaillons à l'effigie des rois de France.

Musée Paul-Charnoz

Créé en 1994 par les ouvriers de l'usine de carrelages céramiques, non loin de l'entreprise qui a fermé ses portes en décembre 2005, le musée organise chaque année une exposition temporaire autour de l'étonnante grande rosace qui avait été réalisée pour l'Exposition universelle de 1900, et de la « fresque » qui reçut le Premier Prix à l'Exposition universelle de 1889.

alentours

Château de Digoine

Cette belle demeure du XVIIIe siècle fut construite sur l'emplacement d'un château fort. La façade d'entrée néoclassique, flanquée de deux pavillons en saillie, est précédée d'une cour d'honneur. La façade donnant sur le jardin anglais comprend deux tours d'angles de la forteresse d'origine. Dans le parc de 35 ha, les orangers bicentenaires du parterre de la cour d'honneur, le jardin floral, le potager avec sa serre (vers 1830), et le jardin à la française, émerveillent le visiteur.

Cette demeure du XVIIIe siècle présente deux façades d'aspects très différents.

ABBAYE DE PONTIGNY ★

■ Bâti au bord du Serein, dont l'environnement est particulièrement propice à la détente, le paisible village de Pontigny vit à l'ombre de sa célèbre abbaye, seconde fille de Cîteaux, fondée en 1114. Toutefois, contrairement à cette dernière dont ne subsistent que des vestiges, Pontigny a conservé intacte sa majestueuse église. Aujourd'hui, son imposante silhouette demeure l'un des grands témoins de l'esprit et de l'art cisterciens.

comprendre

La fondation – Au début de l'année 1114, douze religieux, ayant à leur tête l'abbé Hugues de Mâcon, un compagnon de Bernard de Clairvaux, sont délégués de Cîteaux par saint Étienne pour établir un monastère au bord du Serein, dans une clairière, au lieu-dit Pontigny. L'abbaye bénéficie dès son origine de la protection et de la générosité de six maîtres différents.

Les archevêques de Cantorbéry – Assez important pour avoir affilié 38 abbayes en France, Pontigny fut, au Moyen Âge, le refuge des persécutés d'Angleterre. Trois archevêques de Cantorbéry y trouvèrent ainsi asile. Le premier, Thomas Becket, primat d'Angleterre, en conflit avec le roi Henri II Plantagenêt, vint se retirer à Pontigny en 1164. De retour dans son pays en décembre 1170, après un séjour à Sens, il fut assassiné dans sa cathédrale le jour de Noël. Le second, Étienne Langton, désavoué par Jean sans Terre, se réfugia à Pontigny de 1208 à 1213. Enfin, le troisième, Edmond d'Abingdon (saint Edme), entré en conflit avec les moines du chapitre de sa cathédrale et le roi Henri III, se retira à Pontigny où il tomba malade et fut inhumé en 1240. Canonisé en 1246, il fit longtemps l'objet d'un culte dans la région.

Grandeur et décadence – Abandonnée pendant la Révolution, l'église sert de paroissiale et l'abbaye de carrière aux villages voisins

Pontigny a conservé intacte sa majestueuse église abbatiale.

LA BOURGOGNE

jusqu'en 1840. Les ruines, rachetées par l'archevêque de Sens, sont mises à la disposition des pères missionnaires des Campagnes, qui restaurent l'église et les bâtiments. Au début du XXe siècle, les pères sont expulsés et la propriété rachetée par le philosophe Paul Desjardins (1859-1940), qui y organise les fameuses Décades groupant tous les esprits éminents de l'époque : Thomas Mann et André Gide, T.S. Eliot et Paul Valéry ont eu, à l'occasion de ces « retraites » de fructueuses conversations littéraires dans la célèbre allée des Charmilles.

Les bas-côtés trapus, voûtés d'arêtes, contrastent avec la nef de forme plus dégagée.

découvrir

Église★
Construite dans la seconde moitié du XIIe siècle dans le style gothique de transition, elle est d'une austérité rigoureuse, conformément à la règle cistercienne. De dimensions imposantes (108 m de longueur à l'intérieur – 117 m avec le porche – et 52 m de largeur au transept), presque aussi vaste que la cathédrale Notre-Dame de Paris, elle est la plus grande église cistercienne de France. L'absence de clocher tient au fait qu'il n'y avait pas d'appel à la prière pour les paroissiens. Il y a là un manque, puisque l'église est paroissiale. À l'intérieur, d'un gothique minimaliste, la longue nef à deux étages, très lumineuse, compte sept travées. Le chœur date de la fin du XIIe siècle ; il est d'une grande élégance avec son déambulatoire et ses onze chapelles rayonnantes, dont certaines discrètement hexagonales, ce qui est fort rare. Au fond du chœur se trouve la châsse (XVIIIe siècle) contenant les reliques de saint Edme. Les imposantes stalles sont de la fin du XVIIe siècle, ainsi que les grilles du transept et le buffet d'orgues.

Les bâtiments monastiques
Des bâtiments cisterciens du XIIe siècle, il ne reste aujourd'hui que l'aile des frères convers.

alentours

Ligny-le-Châtel
L'église date des XIIe siècle (nef) et XVIe siècle (chœur). Le plan du chevet s'inspire de celui de l'abbaye de Pontigny, mais l'abside, circulaire à Pontigny, est ici polygonale.

POUILLY-EN-AUXOIS

■ Cette petite localité s'est développée au pied du mont de Pouilly, au débouché de la fameuse « voûte de Pouilly », tunnel souterrain long de 3 333 m qui fait passer le canal de Bourgogne du bassin du Rhône à celui de la Seine. Elle constitue un excellent point de départ pour découvrir le patrimoine naturel et historique de la région, riche d'une multitude de vieux châteaux comme ceux de Châteauneuf ou de Commarin qui, comme le disait l'écrivain Henri Vincenot, « gardent cet étroit passage entre France du Nord et France du Sud ». À découvrir aussi en montgolfière !

Le nom
Selon certains toponymistes, « Pouilly » proviendrait du celtique *Pol*, qui signifie « marécage ».

> **LES GENS**
> 1 502 Polliens. Natif de Dijon, Henri Vincenot (1912-1985) vécut dans le village de Commarin, non loin de Pouilly. Son amour de la région s'est traduit dans de célèbres romans comme *Le Pape des escargots* ou *La Billebaude*.

POUILLY-EN-AUXOIS

comprendre

Ligne de partage des eaux – Sur l'autoroute A 6, à l'ouest de Dijon, figure un panneau indiquant la « ligne de partage des eaux ». Curieuse indication qui signifie qu'à proximité se trouve le mont de Pouilly (559 m). Toute l'eau qui ruisselle sur ses pentes sud s'en va vers la Méditerranée ; toute l'eau qui coule sur le versant nord s'en va vers la Seine et la mer du Nord, et l'eau qui s'écoule à l'ouest se dirige vers la Loire. Vincenot, dans ses romans, appelle joliment ce mont *« le toit du monde occidental »*.

visiter

Église Notre-Dame-Trouvée
Cette petite chapelle des XIVe et XVe siècles, centre de pèlerinage et sanctuaire, fut construite pour conserver une statue très ancienne de la Vierge (volée en 1981), appelée Notre-Dame-Trouvée depuis sa découverte miraculeuse. Elle renferme un beau sépulcre du XVIe siècle à neuf personnages, qui révèle à la fois des influences bourguignonnes (modelés des draperies), champenoises (saintes femmes groupées au centre) et italiennes (de nombreux figurants complètent la scène : soldats endormis, anges portant les instruments de la Passion).

Cap Canal
Situé au port de plaisance de Pouilly, ce centre d'interprétation propose une découverte originale du canal de Bourgogne.

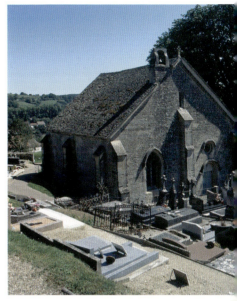

Notre-Dame-Trouvée tient son nom de la découverte miraculeuse d'une statue de la Vierge, volée en 1981.

alentours

Château d'Éguilly
Cette place forte fut édifiée au XIIe siècle à l'emplacement d'un château en bois implanté sur l'Armançon. Il conserve de l'époque médiévale son plan carré flanqué de tours et son importante porterie du XIIIe siècle où s'ouvrent les logements verticaux des bras de l'ancien pont-levis. La cour, ornée d'un joli puits Renaissance à dôme, se sépare en deux parties distinctes suivant l'axe de l'entrée.

Croix Saint-Thomas
Très vaste panorama sur l'Auxois et le Morvan.

Mont-Saint-Jean
Ce village médiéval occupe un site remarquable, avec son château du XIIe-XVe siècle, dominant la vallée du Serein.

Chailly-sur-Armançon
Son beau château de la Renaissance possède une façade joliment décorée.

Sainte-Sabine
Son église gothique est précédée d'un porche d'une surprenante hauteur.

Châteauneuf★
Dans un site en hauteur, ce vieux bourg fortifié est célèbre par son château fort qui commandait la route de Dijon à Autun et toute la plaine environnante.

Château★ – Au XIIe siècle, le sire Jean de Chaudenay, dont le château en ruine s'élève dans un joli site à Chaudenay-le-Château, fit bâtir pour son fils une seigneurie indépendante. La forteresse

Fresque mutilée par le temps au château d'Éguilly.

Le somptueux château de Commarin appartient à la même lignée depuis le XIVe siècle.

fut agrandie et remaniée dans le style gothique flamboyant à la fin du XVe siècle. Le dernier propriétaire, le comte Georges de Vogüé, en fit don à l'État en 1936. L'imposante construction, ceinturée d'épaisses murailles flanquées de tours massives, est séparée du village par un fossé. Un pont-levis donne accès à la cour intérieure qui offre une vue d'ensemble des deux corps de logis. La chapelle (1481), restaurée avec soin, a retrouvé ses belles peintures à la détrempe.

Le village★ – Il forme un bel ensemble médiéval, avec ses vestiges de remparts et ses rues étroites, et possède de vieilles demeures fort bien conservées, construites du XIVe au XVIIe siècle par de riches marchands bourguignons.

Château de Commarin★

Aux confins de l'Auxois et de la Côte, ce grand château est resté dans la même lignée depuis le XIVe siècle. On franchit ses douves en eau entre deux tours carrées ; dans la cour d'honneur, deux tours rondes (fin XIVe siècle), vestiges d'un château féodal, précèdent le corps de logis élevé en 1702 et couvert de beaux combles à la française. Dans la partie visitable du château (aile gauche), la décoration et le mobilier se distinguent surtout par de belles tapisseries armoriées du XVIe siècle aux teintes miraculeusement conservées.

Échannay

Dans le chœur de la petite église romane se trouve un très joli retable en marbre, jadis polychrome, du XVIe siècle.

PRÉMERY

■ **Sise au bord de la Nièvre, l'ancienne résidence d'été des évêques de Nevers occupe un agréable écrin de verdure. Son musée, à deux pas de l'église et d'une vieille maison à pans de bois, recèle une exceptionnelle collection de grès anciens. Avec leurs plans d'eau et leurs sentiers de randonnée, les environs de Prémery attirent pêcheurs et amateurs de voile ou de balades en pleine nature.**

Le nom

Prémery aurait une étymologie celte et tirerait son nom de *prem* (« proche ») et *ri* (« rivière »).

se promener

Église Saint-Marcel

Cette ancienne collégiale des XIIIe et XIVe siècles est surmontée d'un clocher massif. Son intérieur présente des voûtes gothiques surbaissées et de larges bas-côtés. L'abside et sa double rangée de fenêtres, et une pietà sculptée du XVe siècle due à un disciple du célèbre Claus Sluter attirent l'attention. La maison dite « du Saint » (XIVe-XVe siècle), à proximité de l'église, se signale par ses pans de bois et son encorbellement.

Ancien château

C'est ici que les évêques de Nevers séjournaient à la belle saison. De son origine médiévale, le château a conservé un beau porche fortifié (XIVe siècle), petit frère de la porte du Croux à Nevers. Le corps de logis a été remanié au XVIe siècle. Une agréable promenade permet de faire le tour du plan d'eau (3 ha).

LES GENS

2 201 Prémerycois. Le bienheureux chanoine Nicolas Appelaine, qui a son tombeau dans les murs de l'église (il est mort en 1466), avait telle réputation de sainteté que Louis XI, malade, se fit apporter sa robe. Le roi guérit, mais ne fit preuve d'aucune reconnaissance.

Les évêques de Nevers séjournaient ici à la belle saison.

Musée du Grès ancien★

Présentée de façon moderne et élégante, cette importante collection privée (1 250 pièces) est l'aboutissement de vingt-cinq années de recherches passionnées. Voici, rassemblés sur trois niveaux, des grès traditionnels de Puisaye, du bas et haut Berry, objets utilitaires ou témoins de l'art populaire, des rares bleus des XVIe et XVIIe siècles, ainsi que quelque 250 superbes œuvres de l'école de Carriès (1884-1914), qui s'est développée à l'époque de l'Art nouveau.

alentours

Butte de Montenoison★

Au sommet d'une butte témoin, l'un des points culminants du Nivernais (alt. 417 m), subsistent quelques vestiges d'un important château du XIIIe siècle, construit par Mahaut de Courtenay, comtesse de Nevers.

On découvre de la butte de Montenoison, l'un des points culminants du Nivernais, un vaste panorama, notamment sur les monts du Morvan.

Saint-Révérien

Ce village du Nivernais possède l'une des plus intéressantes églises romanes de la région.

Église – De l'église primitive, édifiée au milieu du XIIe siècle, il ne reste, après un incendie en 1723, que le chœur et le chevet, avec son déambulatoire et les chapelles rayonnantes, qui manifestent son ancienne appartenance à un prieuré clunisien. Parmi les églises à nef dépourvue de fenêtres hautes, c'est l'une des seules à posséder un chevet à déambulatoire. L'intérieur est d'une grande pureté.

Étang de Vaux

Avec son voisin, l'étang de Baye, dont il est séparé par une digue, il alimente le canal du Nivernais. Le premier, le plus important des deux, environné de bois, est un agréable lieu de pêche ; le second se prête aux évolutions des voiliers.

Saint-Saulge

Le bourg doit son nom à saint Salve, ermite auxerrois martyrisé au Ve siècle. Cet ancien fief des comtes de Nevers, connu pour ses foires et ses légendes, a vu naître dom de Laveyne (1653-1719), fondateur de l'ordre des Sœurs de la Charité de Nevers. L'une des fameuses légendes de Saint-Saulge, immortalisées sur des cartes postales au début du XXe siècle, porte sur la construction de l'église : elle serait l'œuvre des fées, qui d'ailleurs n'auraient pas pris la peine de l'achever. Ses trois nefs, de style gothique, sont couvertes de belles voûtes d'ogives. Dans les travées des bas-côtés, intéressants vitraux du XVIe siècle. Tout près de là, une route bucolique mène à l'église romane de Jailly. Elle est bâtie à flanc de coteau dans un site agréable, et faisait partie d'un prieuré clunisien.

Tradition industrielle

Ancienne capitale de la chimie du bois, la ville accueillit jusqu'en 2003 les usines Lambiotte, dont les activités principales reposaient sur la fabrication de charbon de bois et l'extraction de composés chimiques, essentiellement par distillation.

LA PUISAYE

■ Presque comme au temps de Colette, les prés et champs coupés de haies vives, les étangs en chapelet, les rivières, les collines boisées, les silhouettes de nombreux châteaux ponctuent les charmantes petites routes de Puisaye… et vibrent encore de son tendre souvenir. La nature sauvage de ce pays vert, le cachet particulier de ses vieilles pierres, sa riche tradition potière réservent de bien agréables surprises.

LES GENS

Les Poyaudins ont l'imaginaire fertile… Aussi, les sorciers ont longtemps sévi dans la région…

LA BOURGOGNE

Carrière d'ocre à St-Amand, capitale de la Puisaye potière.

Le nom
Parmi différentes origines possibles, la plus vraisemblable et la plus jolie serait celle du verbe « poiser », qui signifie marcher dans les flaques d'eau en remplissant ses sabots. C'était au temps instable des marécages.

comprendre

D'argile et d'eau – Le sol de la Puisaye contient des silex non roulés, empâtés d'argile blanche ou rouge utilisée dès le haut Moyen Âge par les potiers de Saint-Amand, Treigny, Saint-Vérain et Myennes. L'industrie de la poterie se développe surtout au XVIIe siècle. Aux pièces de luxe, dites « bleu de Saint-Vérain », succèdent, au siècle suivant, des productions pour la plupart utilitaires ; l'artisanat de la fin du XIXe siècle leur assure une réputation nouvelle. Actuellement, l'activité s'est concentrée à Saint-Amand-en-Puisaye, devenu centre de formation, et aux abords mêmes de la localité.

circuits

CŒUR DE PUISAYE

Saint-Amand-en-Puisaye
Idéalement installée sur un gisement d'argile de Myennes, cette petite ville est la capitale de la Puisaye potière.

Des tours massives et de hauts murs d'aspect sévère surplombent les douves sèches entourant le château de Ratilly, construit en belle pierre ocre.

LA PUISAYE

Musée du Grès – Le château Renaissance de Saint-Amand accueille, dans deux salles, les pièces qui retracent l'évolution de la production régionale, depuis les grès utilitaires déjà répandus au XIVe siècle jusqu'à la poterie décorative développée à la fin du XIXe siècle par le sculpteur Jean Carriès et ses amis, représentants de l'Art nouveau.

Château de Saint-Fargeau★★ *(voir ce nom)*

Lac du Bourdon
Il couvre 220 ha et forme un beau réservoir destiné à alimenter le canal de Briare.

Parc naturel de Boutissaint★
Créé en 1968 au sud du lac du Bourdon, ce parc occupe 400 ha de bois, de prairies et d'étangs, et ménage environ 100 km de promenades. Son but est de maintenir dans leur biotope plus de 400 grands animaux vivant à l'état sauvage. Des itinéraires permettent de découvrir des hardes de cerfs, de biches, de daims, de chevreuils en pleine liberté. Dans de vastes enclos vivent des bisons d'Europe, de nombreux sangliers et des mouflons de Corse.

Chantier médiéval de Guédelon★★ *(voir ce nom)*

Château de Ratilly★
Cette importante bâtisse du XIIIe siècle, à l'écart des grandes routes, dans un écrin de beaux arbres, ne manque pas de charme. Dans les années 1730, la forteresse servit de refuge aux jansénistes qui y imprimèrent un journal clandestin, *Les Nouvelles ecclésiastiques*, temporairement à l'abri des poursuites de la police royale et avec l'appui de l'évêque d'Auxerre. Des tours massives et de hauts murs d'aspect sévère surplombent les douves sèches entourant le château construit en belle pierre ocre, patinée par le temps.

Treigny
Dans cette commune, frontière entre la Puisaye et la Forterre, trône une belle église du XVe siècle, de style gothique flamboyant. Ses vastes proportions, étonnantes pour un sanctuaire de campagne, la font surnommer la « cathédrale de la Puisaye ».

Le Couvent – Dans ce joli bâtiment, jadis occupé par les jansénistes, les potiers créateurs de Puisaye exposent tous les ans leurs dernières œuvres, de grande qualité, et accueillent des artistes invités. Créations de Chevilly, Deblander, Gardelle, Gueneau, Méheust... à la personnalité bien marquée.

Moutiers-en-Puisaye
L'église paroissiale appartenait autrefois à l'abbaye Saint-Germain d'Auxerre. Elle conserve quelques belles œuvres, telles que les motifs sculptés ornant l'embrasure des baies de l'avant-nef (XIIIe siècle, remaniés au XVIe siècle) et les fresques médiévales de sa nef. Découverts en 1982 sous un badigeon du XVIIe siècle, deux cycles peints, roman et gothique, se superposent. Les fresques romanes (seconde moitié du XIIe siècle) ont été privilégiées sur le mur nord (Annonciation, Nativité, Annonce aux bergers, Christ entouré d'anges montrant ses plaies), le mur ouest au revers de la façade (grands personnages énigmatiques) et la 1re travée du mur sud (scène d'Adoration). Trois registres gothiques (vers 1300) complètent ce dernier : en haut, procession ; au centre, scènes de la Genèse ; en bas, histoire de saint Jean-Baptiste et Arche de Noé. Au lieu-dit La Bâtisse, la vieille poterie Louis-Cagnat abrite le dernier

> ### Colette
> Sidonie Gabrielle, fille de Jules Colette, vit le jour le 28 janvier 1873. C'est à Saint-Sauveur qu'elle passe les 19 premières années de sa vie, avant de partir habiter à Châtillon-Coligny et d'épouser un écrivain mondain, Henry Gauthier-Villars. Sous sa coupe, elle rédige la série des *Claudine*, que celui-ci signe sous le pseudonyme de Willy et qui fut un grand succès en librairie. Elle réside à Paris, mais conservera toujours un attachement à la terre et au pays natal, qu'elle appelait « le musée de ma jeunesse », jusqu'à sa mort, en pleine gloire, le 3 août 1954. La romancière a évoqué plus particulièrement son village et sa mère bien-aimée dans la *Maison de Claudine* (1922) et dans *Sido* (1930).

Fresques médiévales dans l'église de Moutiers-en-Puisaye.

grand four couché du XVIIIe siècle, pouvant accueillir jusqu'à 3 000 poteries. Il brûlait en moyenne 50 m³ de gros bois et plus de 5 000 fagots de brindilles par cuisson.

Saint-Sauveur-en-Puisaye

Dans la rue Colette, sur la façade d'une grande maison à perron en pente, un médaillon de marbre rose porte la sobre inscription : « Ici Colette est née ».

Musée Colette★ – Consacré à la vie et l'œuvre de Colette, ce musée est aménagé dans le château de Saint-Sauveur, à proximité d'une étrange tour sarrasine du XIIe siècle – la dernière de ce type subsistant en France – construite en pierre de fer sous une forme ovoïde.

VALLÉE DE L'OUANNE

Toucy

Cette localité, bâtie sur la rive droite de l'Ouanne, fut le pôle historique de la Puisaye jusqu'au XIVe siècle. Sur une hauteur, l'église Saint-Pierre a l'aspect d'une forteresse. Près des anciens remparts, le buste du célèbre enfant du pays, le lexicographe Pierre Larousse (1817-1875). La Galerie de l'ancienne poste expose, dans le cadre d'un ancien hôtel particulier, les œuvres d'artistes céramistes avec, chaque année, un invité de renom.

Villiers-Saint-Benoît

Ce village se distingue par la qualité de son patrimoine. Les murs de son église portent une fresque du XVe siècle, une conversation surnaturelle d'un bel équilibre trinitaire, *le Dict des trois morts et des trois vifs*. Dans une grande maison typique de la région (XVIIIe siècle), un musée d'Art et d'Histoire de Puisaye a été aménagé.

Grandchamp

Le village abrite un château d'aspect longiligne très original, remanié plusieurs fois de la Renaissance au second Empire. Entre les quatre tours circulaires, les façades emploient la brique avec un goût très sûr. Les dépendances (début XVIIe siècle) bénéficient elles aussi de cette décoration très spécifique.

Charny

Le village marque par une plaque commémorative le souvenir terrible du 14 juillet 1944, jour où tous les hommes et quelques femmes du village, soupçonnés de soutenir le maquis, furent regroupés sous les armes dans la petite école. Quarante-cinq furent arrêtés, dont quatorze torturés et déportés en Allemagne. Au centre de la petite ville, la halle ne manque pas d'allure avec ses murs de brique à pans de bois posés sur des piliers de pierre. Elle abritait autrefois la mairie.

« Ici Colette est née »...

Le « Petit » Larousse

Tout jeune, les mots le fascinaient déjà. À 20 ans, il fut nommé directeur de l'école primaire supérieure de Toucy. Son besoin d'« instruire tout le monde et sur toute chose » le poussa à entreprendre la rédaction d'un Dictionnaire de la langue française. Travailleur acharné, il consacra la fin de sa vie à un monument intellectuel considérable, le Grand Dictionnaire universel du XIXe siècle, auquel il a laissé son nom.

ROMANÈCHE-THORINS

LES GENS

1 710 Romanéchois, dont Benoît Racler qui a découvert la technique de l'échaudage des vignes.

■ **Au cœur des beaujolais-villages, Romanèche-Thorins est réputé pour son célèbre cru du moulin-à-vent, « seigneur des beaujolais », qui doit son appellation à un vieux moulin situé au milieu des vignes, en haut d'une colline. Deux sites**

ROMANÈCHE-THORINS

d'attractions majeurs, l'un consacré au monde animal, l'autre dédié à l'univers du vin et de la vigne, invitent à y passer de bons moments.

Le nom
Romanèche pourrait venir de *Romania* et désigner une villa.

visiter

Parc zoologique et d'attractions Touroparc★
Dans un cadre de verdure égayé de constructions ocrées, ce parc zoologique accueille, sur 10 ha, quelque 120 espèces d'animaux des cinq continents évoluant en semi-liberté. Pôles d'intérêt : le belvédère des singes, avec ses gorilles, chimpanzés et orangs-outans, la serre tropicale, le vivarium ou encore la planète sauvage avec de merveilleux tigres blancs royaux.

Maison de Benoît-Raclet
Vers 1830, les vignes du Beaujolais étaient dévastées par le « ver coquin » ou pyrale, et les vignerons se trouvèrent désemparés face à ce fléau. Un certain Benoît Raclet remarqua qu'un pied de vigne planté le long de sa maison, près du déversoir d'eaux de ménage, se portait à merveille. Il décida d'arroser tous ses ceps avec de l'eau chaude, portée à 90 °C, dès le mois de février, afin de tuer les œufs de la pyrale. C'est ainsi qu'il sauva sa vigne, sous l'œil sceptique de ses voisins. Ceux-ci finirent pourtant par adopter sa technique. Les vignerons lui sont à jamais reconnaissants d'avoir découvert la technique de l'échaudage des vignes qui fut généralisée et utilisée jusqu'en 1945. Souvenirs divers et matériels d'échaudage sont rassemblés dans sa maison.

Le Hameau du vin★★
« Stationné » en gare de Romanèche-Thorins, ce vaste site est avant tout un outil de promotion, conçu avec des moyens spectaculaires, du producteur de beaujolais Dubœuf, mais c'est aussi une très belle vitrine de l'univers de la vigne. Une succession labyrinthique de salles est consacrée à l'histoire du vignoble, aux outils du vigneron, aux goûts du vin et à leurs liens avec la terre, aux étapes de fabrication du vin, des tonneaux, des bouchons de liège, du verre, des étiquettes, etc. Une dégustation vient logiquement clore la visite dans la salle du limonaire.
En face du Hameau en Beaujolais, la Gare explique au visiteur le lien étroit qui unissait le vin et le rail aux XIXe et XXe siècles. Elle abrite le beau wagon impérial qu'utilisait Napoléon III pour saluer la foule, une collection d'objets et de trains électriques circulant dans des maquettes de villes et paysages, et une exposition sur l'aventure du TGV. Le Jardin en Beaujolais permet de découvrir les arômes propres aux vins du Beaujolais à travers des parterres thématiques (fleuri, végétal, boisé, fruits à coques, fruité, épices). Trônant au milieu de ce grand jardin de 5 000 m², le centre de vinification des vins Georges Dubœuf enrichit la visite avec la découverte, grandeur nature, de toutes étapes de la production.

Musée du Compagnonnage Guillon
Voici une belle illustration du compagnonnage à travers la collection de Pierre-François Guillon (1848-1923). Des chefs-d'œuvre, des documents et des souvenirs ont été réunis dans cet atelier où, à la fin du XIXe siècle, ce compagnon charpentier dirigeait une école de dessin appliqué à la construction en bois.

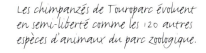
Les chimpanzés de Touroparc évoluent en semi-liberté comme les 120 autres espèces d'animaux du parc zoologique.

Cuves du producteur de beaujolais Dubœuf, qui a conçu « Le Hameau du vin » pour promouvoir le breuvage.

Étirée en bord de Saône, Tournus est une cité riche de vieilles pierres et pleine d'attraits.

SAINT-FARGEAU

STUVWXY

SAINT-FARGEAU

■ **La capitale de la Puisaye a conservé un château millénaire, superbe géant rose où plane encore le souvenir d'Anne Marie Louise d'Orléans, cousine de Louis XIV, plus connue sous le nom de Mlle de Montpensier ou de la Grande Mademoiselle, incorrigible frondeuse et touchante amoureuse. Chaque année, les vénérables murs du château se prêtent à une fabuleuse épopée historique.**

Le nom
Le lien est établi avec *Sanctus Ferreolus*, attribué par ailleurs à l'église, Saint-Ferréol. Sous la Révolution, la ville s'est appelée *Le Peletier*, du nom de son seigneur martyr.

LES GENS
1 814 Fargeaulais, dont une bonne partie sont des acteurs bénévoles lors du spectacle nocturne donné au château.

comprendre

Un château romanesque – Édifié en plusieurs étapes, à partir de la Renaissance, le château actuel se trouve à l'emplacement d'une forteresse élevée par un parent d'Hugues Capet vers 980.
Sur l'ordre de son cousin Louis XIV, Anne Marie Louise d'Orléans, duchesse de Montpensier, dite la Grande Mademoiselle, passa cinq années à Saint-Fargeau après sa participation à la Fronde. Durant son exil, elle fit transformer l'aspect des bâtiments et concevoir l'aile qui porte son nom par l'architecte de Versailles, Louis Le Vau (v. 1655). En 1681, elle fit don de Saint-Fargeau au duc de Lauzun, courtisan en disgrâce auquel elle s'unit en secret.

visiter

Tour de l'Horloge
En contrebas du château, cette tour carrée en brique et pierre est une ancienne porte fortifiée de la fin du XVe siècle.

Église Saint-Ferréol
Sa façade gothique, de la fin du XIIIe siècle, s'éclaire d'une rose rayonnante inscrite dans un carré (vitraux modernes).
L'église conserve d'intéressantes pièces, une pietà en pierre polychrome du XVe siècle, une statue de la Vierge en bois polychrome et,

La tour de l'Horloge, en briques et pierre, est une ancienne porte fortifiée de la fin du XVe siècle.

LA BOURGOGNE

La vaste cour d'honneur du château, entourée de cinq corps de logis, forme un ensemble très élégant.

dans le chœur, des stalles du XVIe siècle ainsi qu'un Christ en bois du XIVe siècle.

Château★
La tendre couleur rose de la brique et du crépi enlève à cette imposante construction, cernée de fossés, l'aspect rébarbatif que pourraient lui conférer ses tours massives.
À l'intérieur de ce corset féodal, la vaste cour d'honneur, entourée de cinq corps de logis (le plus récent date de 1735), forme un ensemble d'une élégance inattendue.
Les combles – La visite des combles révèle de très vieilles charpentes (certaines ont près de 400 ans).
Les appartements de Le Peletier – Grâce aux efforts de l'actuel propriétaire, les salles de billard, le grand salon et la salle à manger ont retrouvé un mobilier et des décors d'époque. La belle bibliothèque de chêne de Hongrie (XIXe siècle) compte parmi ses livres des ouvrages originaux de Voltaire.
Le parc – Dans le parc à l'anglaise de 118 ha, la grande pièce d'eau est alimentée par le ruisseau du Bourdon. Huit locomotives ont trouvé leur place parmi les belles futaies.

Ferme du Château
Revêtus de la tenue de leurs aïeux, des Fargeaulais présentent, à travers de nombreuses animations, les animaux de la ferme, la vie rurale et les métiers de la campagne au début du XXe siècle.

Musée de l'Aventure du son de Saint-Fargeau★
Objets de souvenir pour les uns, de curiosité pour les autres, phonographes, radios et toutes sortes d'instruments de musique mécanique forment une des plus belles collections du genre.

> **« Au plaisir de Dieu »**
> Gravée sur le chambranle d'une porte, près de la chapelle, en haut de l'escalier monumental, cette inscription rappelle le titre d'un célèbre roman de Jean d'Ormesson, dont la famille maternelle a des attaches à Saint-Fargeau.

SAINT-FLORENTIN

■ Les plaisanciers et les pêcheurs apprécient cette ville ancienne desservie par le canal de Bourgogne, au confluent de l'Armance et de l'Armançon. Son théâtre de verdure et la proximité des forêts d'Othe et de Pontigny confèrent un charme supplémentaire à ce petit centre industriel niché au cœur d'une région réputée pour ses fromages : le soumaintrain et le saint-florentin.

> **LES GENS**
> 5 748 Florentinois. Les Florentinois aiment bien faire la fête. Tout au long de l'année se succèdent : Journée gauloise, fête folklorique, fête de l'Amicale des Portugais, fête du Port, Festival en Othe et en Armance, fête du Cheval, foires Saint-Simon et Sainte-Catherine…

Le nom
Saint Florentin, noble chevalier champenois, mourut martyr : la ville, gardienne de ses reliques, prit alors son nom.

se promener

Église
Sa construction s'échelonna de 1376 à 1625. Le gros œuvre de style gothique finissant a été enrichi par des décors Renaissance. Ses beaux vitraux du XVIe siècle forment un ensemble cohérent. Comme pour la statuaire, le travail de la florissante école troyenne est apparent.

Grande Fontaine
Cette belle fontaine de style Renaissance est une reconstitution

SAINT-HONORÉ-LES-BAINS

(1979) de l'ancienne, démolie au XIXe siècle. Seuls sont d'origine (1512) les trois griffons de bronze crachant l'eau.

alentours

Neuvy-Sautour
Dominant le bourg, l'église, construite aux XVe et XVIe siècles, possède deux beaux portails latéraux. Le chœur et le transept sont de style Renaissance ; les influences champenoise et bourguignonne s'y entremêlent.

Brienon-sur-Armançon
Cette ville d'origine gauloise dispose de « monuments » civils consacrés à l'eau : un très joli lavoir ovale à impluvium d'époque Louis XV et les d'anciennes maisons éclusières du canal de Bourgogne (fin XVIIIe siècle).

Saint-Florentin est niché au cœur d'une région réputée pour ses fromages.

SAINT-HONORÉ-LES-BAINS

■ Porte sud du Parc naturel régional du Morvan, Saint-Honoré-les-Bains est un lieu de cure et de villégiature apprécié. Cette petite station thermale offre à ses visiteurs des eaux pures aux vertus thérapeutiques reconnues et un environnement paisible.

Le nom
Un prieur bénédictin consacré à saint Honoré fut fondé au Xe siècle.

découvrir

La station
Découvertes par les Romains l'année du siège d'Alésia, les eaux sulfurées, arsenicales et radioactives de Saint-Honoré sont employées dans le traitement des maladies des voies respiratoires (asthme, bronchite, emphysème), contre les rhumatismes et en ORL. Trois sources ont fait la réputation de Saint-Honoré. Celles-ci peuvent débiter à elles trois jusqu'à un million de litres d'eau à 25-30 °C chaque jour.

Musée Georges-Perraudin
Ce musée de la résistance en Morvan présente une étonnante collection de tracts, contrepèteries politiques, affiches et journaux en français, anglais et allemand. Au fil de la visite, apparaît le destin peu ordinaire de Paul Sarrette, fondateur du maquis Louis.

alentours

Rémilly
Dans ce bourg où se trouve la gare de Saint-Honoré, on peut voir des maisons fortifiées du Moyen Âge.

LES GENS
763 Saint-Honoréens, dont l'activité traditionnelle tourne autour des trois sources d'eau qui ont fait la réputation de la station thermale. Celles-ci peuvent débiter à elles trois jusqu'à un million de litres d'eau à 25-30 °C chaque jour.

Trois sources aux vertus thérapeutiques ont fait la réputation de Saint-Honoré.

LA BOURGOGNE

SAINT-THIBAULT

■ Son église est munie d'un chœur d'une exquise finesse et d'un portail qui constitue l'un des plus beaux chefs-d'œuvre de la sculpture bourguignonne. Cet édifice est situé non loin du canal de Bourgogne et de la Voie verte.

LES GENS
138 Théobaldiens et presque autant de représentations du saint.

Le nom
Siège d'un ancien prieuré, le village reçut, au XIIIe siècle, les reliques de saint Thibault.

découvrir

Église★
De l'église, construite pour abriter les reliques de saint Thibault, il ne reste que le chœur, une chapelle absidiale et le portail sculpté appartenant à l'ancien transept (écroulé avec la nef au XVIIe siècle). Le portail est un admirable livre d'images.

Intérieur – La modeste nef, reconstruite au XVIIIe siècle, est décorée de boiseries de l'époque, mais tout l'intérêt se concentre sur le chœur et l'abside, chefs-d'œuvre de légèreté édifiés à la fin du XIIIe siècle. Le chœur à cinq pans est la plus élégante des constructions bourguignonnes de l'époque. Du sol aux voûtes, les fines colonnettes s'élèvent d'un seul jet. Le mobilier est fort intéressant.

Les sculptures du tympan, consacrées à la Vierge, ont été exécutées dans la seconde moitié du XIIIe siècle.

alentours

Vitteaux
L'église Saint-Germain possède un portail aux lignes harmonieuses du XIIIe siècle, avec des vantaux sculptés du XVe siècle, comme à Saint-Thibault.
À l'intérieur, les amateurs de bois sculpté seront enchantés : belle tribune d'orgues retraçant le récit de la Passion selon saint Matthieu et stalles aux scènes délectables. Ces deux ensembles datent du XVe siècle.

Arnay-sous-Vitteaux
À proximité du village, un parc animalier et de loisirs de 35 ha présente des animaux d'Afrique, d'Asie, d'Amérique et d'Océanie : zèbres, autruches, watusis, castors, ratons laveurs…

Château de Posanges
Cette imposante construction, érigée par Guillaume Dubois, premier maître d'hôtel et conseiller du duc Philippe le Bon, date du XVe siècle. La poterne d'entrée fortifiée accroche l'œil : un pont-levis commandait autrefois l'accès du château. Les quatre tours rondes sont reliées par des courtines.

Le site de Vitteaux a toujours su se montrer accueillant avec l'homme qui l'a modelé au fil des siècles.

VALLÉE DE LA SAÔNE

VALLÉE DE LA SAÔNE ★

■ La Saône, majestueuse, prend sa source à Vioménil, au contact du Plateau lorrain et des Vosges, à 395 m d'altitude. Elle pénètre en Bourgogne aux abords de Pontailler et conflue avec le Rhône à la sortie de Lyon. Sa très faible pente et la régularité de son débit en font une voie d'eau facile et douce, navigable sur la plus grande partie de son cours.

Le nom
À l'époque romaine, la Saône s'appelle *Arar*. Elle devient *Souconna* après la conquête, à partir d'une racine qui signifie « marécage ».

comprendre

Paysages de la Saône – La Saône traîne ses eaux lentes dans une large plaine (fossé bressan) entre le Massif central et le Jura. La rivière inonde sa vallée chaque hiver et dépose des alluvions fertiles dont bénéficient les prairies voisines, les « paquiers », ainsi que les cultures maraîchères (vers Auxonne). Les vallées de l'Ouche et des Tilles, anciens marécages, sont aujourd'hui dévolues à des cultures industrielles comme le tabac ou la betterave. Après Seurre, la Saône se rapproche de la Côte, mais en reste séparée par une zone boisée discontinue (forêts de Cîteaux, de Gergy).
Une voie de passage – Les échanges commerciaux se développent très tôt. Dès l'époque romaine, Lyon est relié à Trèves par la Via Agrippa qui traverse Mâcon, Tournus, Chalon-sur-Saône et Langres. On emprunte aussi la rivière. Aux XIIIe et XIVe siècles, les foires de Chalon-sur-Saône sont de grandes assises du commerce international : les drapiers de Dijon, Châtillon, Beaune y côtoient ceux de Flandre et les marchands italiens. La Saône est reliée par canal à la Loire en 1793, puis à la Seine en 1832, au Rhin en 1833 et à la Marne en 1907.

Voie commerciale

Axe naturel nord-sud majeur en Europe occidentale, la Saône permit à la Bourgogne de s'ouvrir au commerce dès l'âge du bronze, avec les routes de l'ambre (venant de la mer Baltique), de l'étain (de Cornouailles) et du sel (d'Italie).

Deux styles, deux époques à Talmay : un donjon du XIIIe siècle, et une demeure classique de 1760 qui a remplacé le château féodal.

Madame Sans-Gêne

Thérèse Figueur, future hussard qualifié de « Sans-Gêne » dans les armées napoléoniennes, naquit au village de Talmay en 1774. Elle servit de modèle à Émile Moreau, puis à Victorien Sardou en 1893, pour un rôle devenu légendaire, qui fut tenu par les plus grandes, de Réjane à Madeleine Renaud en passant par Arletty.

En vous arrêtant à Verdun-sur-le-Doubs, goûtez donc à la spécialité locale : la pôchouse verdunoise.

Plaques commémoratives sur le mur extérieur de l'église de Le Villars.

circuits

DE TALMAY À VERDUN-SUR-LE-DOUBS

Château de Talmay★

Le puissant donjon carré du XIIIe siècle, haut de 46 m, coiffé d'une toiture d'époque Louis XIV surmontée d'un lanternon, est le seul vestige du château féodal primitif qui fut détruit en 1760 et remplacé par le beau château actuel de style classique.

Auxonne (voir ce nom)

Saint-Jean-de-Losne

Véritable « échangeur » en eau, l'ancienne capitale de la batellerie est à l'origine du canal de Bourgogne, et à proximité du point de départ du canal du Rhône au Rhin. C'est aussi la plus petite commune de France par sa superficie (36 ha de terre et 20 ha d'eau).

Seurre

Seurre possède un hôpital du XVIIe siècle dont la salle commune rappelle, en plus modeste, la Grand-Salle de l'hôtel-Dieu de Beaune. L'église Saint-Martin, du XIVe siècle, quelques maisons à pans de bois et, au n° 13, rue Bossuet, la maison où vécurent les parents du grand prédicateur méritent l'attention.

Verdun-sur-le-Doubs

Cette petite localité occupe un joli site au confluent de la Saône nonchalante et du Doubs turbulent, dans un paysage de prairies et de murailles en ruine. La spécialité locale est la pôchouse verdunoise, une matelote de poissons, comme le brochet, la perche, l'anguille.

Maison du blé et du pain – Cette antenne de l'écomusée de la Bresse bourguignonne rappelle que Verdun-sur-le-Doubs se trouve au débouché de la plaine céréalière du val de Saône. Elle présente les origines et l'évolution de la culture du blé, ainsi que l'histoire de la meunerie et de la panification.

DE VERDUN-SUR-LE-DOUBS À MÂCON

Chalon-sur-Saône★ (voir ce nom)

Ancienne écluse de Gigny

Avec la maison de l'éclusier, voilà un excellent point d'observation sur la Saône. Depuis Chalon, la rivière a pris, large et majestueuse, son axe tranquille nord-sud. Sur la rive gauche s'étendent d'immenses prairies inondables qui permettent l'élevage extensif des bovins.

Tournus★ (voir ce nom)

Le Villars

Des plaques commémoratives fixées à l'entrée de l'église rappellent que dans ce village vécurent le pianiste Alfred Cortot (1877-1962) et l'ingénieur Gabriel Voisin (1880-1973), qui fut, avec son frère, le premier à construire industriellement des avions en France. L'église, curieux édifice des XIe et XIIe siècles à deux nefs (l'une, condamnée, était réservée aux religieuses d'un prieuré contigu), est précédée d'un vaste porche et contient quelques sculptures.

Farges-lès-Mâcon
Ce village possède une église romane du début du XIe siècle, modeste par ses dimensions, dont l'intérieur ne manque pas d'intérêt.

Uchizy
L'église aurait été construite à la fin du XIe siècle par les moines de Tournus. Elle est surmontée d'un haut clocher constitué de cinq étages en dégradé, le dernier n'étant pas d'origine.

SAULIEU ★

■ Aux confins du Morvan et de l'Auxois, Saulieu doit sa réputation à la qualité de sa gastronomie, un savoir-faire qui s'accompagne avec succès d'un faire-savoir. En effet, l'animation de la rue du Marché, le hall d'exposition ouvert toute l'année, les Journées gourmandes organisées en mai et la renommée de son grand restaurant en font une vitrine des mille saveurs.

Le nom
Attestée sous l'antique appellation de *Sidolocum*, la ville fut probablement placée sous le commandement d'un militaire dénommé *Sedios*.

LES GENS
2 837 Sédélociens. Rabelais avait déjà vanté Saulieu et sa bonne chère. Mme de Sévigné y fit halte et avoua s'être grisée au cours d'un plantureux repas. Les grands chefs étoilés au Michelin se sont succédé : Alexandre Dumaine, Bernard Loiseau et maintenant Patrick Bertron.

visiter

Basilique Saint-Andoche★
Légèrement postérieure à celle de Vézelay, elle fut édifiée au début du XIIe siècle pour remplacer l'église d'une abbaye fondée au VIIIe siècle

La butte de Thil, qui culmine à 492 m, est couronnée des vestiges d'une collégiale et d'un château jadis redoutable, démantelé par Richelieu.

LA BOURGOGNE

L'intérêt de la basilique se concentre sur ses chapiteaux sculptés.

sur les lieux du martyre de saint Andoche, saint Thyrse et saint Félix. Mais ce beau monument roman a été fort maltraité au fil du temps.

Intérieur – L'intérêt se concentre sur les chapiteaux historiés ou décoratifs, inspirés par ceux d'Autun. Les stalles du chœur (XIVe siècle) sont agrémentées de figurines sculptées de l'école bourguignonne et de hauts-reliefs, dont une belle Annonciation.

À droite du chœur, Vierge Renaissance en pierre et, à gauche, statue de saint Roch du XIVe siècle. Dans le bas-côté gauche, belle pierre tombale ainsi qu'une Pietà polychrome offerte, dit-on, par Mme de Sévigné. Le trésor comporte un évangéliaire du XIIe siècle, dit « de Charlemagne ».

Musée municipal François-Pompon

Installé dans un hôtel particulier du XVIIe siècle attenant à la basilique, ce musée expose des chartes médiévales et bornes anciennes rappelant la vocation de ville-étape tenue depuis des siècles par Saulieu, située sur la route Paris-Lyon. L'étage est consacré à l'œuvre du bourguignon François Pompon (1855-1933), élève de Rodin, célèbre pour ses sculptures animalières aux volumes arrondis et lisses. La gastronomie est également à l'honneur, avec un large espace consacré aux grands cuisiniers que furent Alexandre Dumaine et Bernard Loiseau.

alentours

Butte de Thil★

Au centre d'une région exploitée autrefois pour son minerai de fer, la butte de Thil, qui culmine à 492 m, est couronnée des vestiges d'une collégiale et d'un château jadis redoutable, démantelé par Richelieu. Une allée bordée de tilleuls séculaires conduit à ces deux sites.

Ancienne collégiale – Elle fut fondée en 1340 par Jean II de Thil, sénéchal de Bourgogne. L'édifice, de plan très simple, et dont la toiture de « laves » a disparu, comporte un chevet plat à trois baies. La voûte, avec ses pierres se présentant de chant, est remarquable. Quelques chapiteaux reposant sur des culs-de-lampe et la présence de trois pierres tombales attirent le regard. Sur la corniche, frise très fine et belle tour carrée.

Cette dernière, haute de 25 m, permettait de surveiller un territoire de 50 km à la ronde ; on l'avait d'ailleurs surnommée « l'espionne de l'Auxois » ou « la sentinelle ».

Château – Construit au sommet de la butte, le château comporte des murs d'enceinte, percés d'étroites meurtrières, remontant au règne de Charlemagne, un donjon restauré du XIVe siècle et, parmi les vestiges des salles médiévales, des cuisines dotées de trois cheminées. Des fortifications en pierre de taille du XIIe siècle attirent le regard.

SEIGNELAY

■ **Construite au flanc d'une colline boisée de l'Auxerrois au pied de laquelle serpente le Serein, la ville présente de belles maisons de pierre serrées le long de rues en pente. En 1429, en route vers Reims où allait être sacré Charles VII, Jeanne d'Arc fit une halte à ce qui était à l'époque une importante seigneurie. Mais c'est à Jean-Baptiste Colbert, marquis de Seignelay, que le village doit véritablement ses titres de noblesse...**

Capitale du sapin de Noël

Première région française productrice d'arbres de Noël, le Morvan consacre environ 900 ha de sa superficie à cette activité qui concerne quelque 250 propriétaires et engendre un chiffre d'affaires annuel de plus de 5 millions d'euros. Il part chaque année de Saulieu plus d'un million de sapins (essentiellement des épicéas) à destination des grandes villes de France et des pays d'Europe.

LES GENS

1 546 Seignelois.
Jean-Baptiste Colbert a donné ses titres de noblesse au village.

se promener

Château
Détruit à la Révolution, il n'en reste que l'ancien parc, un pan de l'enceinte fortifiée, une tour, restaurée au siècle dernier, et un pavillon d'entrée construit à la fin du XVIIe siècle.

Place Colbert
L'ancien auditoire ou salle du bailliage (actuel hôtel de ville), remarquable pour sa façade ornée d'un fronton et ses portes à fortes moulures, fut édifié sous Colbert. L'ensemble forme un corps de bâtiment harmonieux, avec ses toits à la Mansart couverts d'ardoises.

Église Saint-Martial
Rebâtie au XVe siècle sur une église romane dont les contreforts extérieurs ont été conservés, elle est dotée d'une belle tour-clocher ; elle surprend par son plan irrégulier (un seul bas-côté). Le chœur, l'abside, la chapelle de la Vierge et les fonts datent du XVe siècle.

alentours

Appoigny
Cette localité faisait partie du domaine des évêques d'Auxerre, qui y firent construire au XIIIe siècle la collégiale Saint-Pierre. La haute tour carrée qui la surmonte fut ajoutée au XVIe siècle. Des grappes de raisin et des feuilles de vigne ornent le tympan : elles nous rappellent qu'à l'époque les vins d'Auxerre étaient les plus réputés de France. L'intérieur, très restauré, présente un beau jubé sculpté, daté de 1610.

C'est à Jean-Baptiste Colbert que Seignelay doit ses titres de noblesse...

SOURCES DE LA SEINE

■ Les sources de la Seine se situent à 470 mètres d'altitude, sur le plateau de Langres, dans la Côte-d'Or. Elles jaillissent aux pieds d'une nymphe de pierre, dans un petit vallon planté de sapins, qui fut fréquenté dès l'Antiquité, et qui appartient depuis 1864 à la Ville de Paris.

Le nom
Étymologiquement, le mot *sequana* ou *secana* viendrait du celte *squan* ou *quan* qui signifie tortueux (il est vrai que le fleuve est assez sinueux). La déesse fluviale Sequana, vénérée aux sources de la Seine, aurait été « christianisée » dans le personnage de saint Seine (en latin *Sequanus*), moine qui aurait vécu en Bourgogne au VIe siècle et qui serait le fondateur de l'abbaye du même nom.

découvrir

SOURCES ET EAUX VIVES

Sources de la Seine
La source principale bouillonne sous une grotte artificielle abritant

En Côte-d'Or, le site des sources appartient... à la Ville de Paris !

LA BOURGOGNE

Sous une grotte artificielle, « La Nymphe de la Seine » marque le début de la source principale.

La Nymphe de la Seine, copie de la statue symbolisant le fleuve exécutée par Jouffroy. Le petit filet d'eau s'en va à travers le val, passant au bout de 50 m sous son premier pont, miniature.

En aval, des fouilles ont mis au jour les vestiges d'un temple gallo-romain, des objets en bronze et nombre de statuettes en bois et ex-voto, dont des « planches anatomiques » exposées au Musée archéologique de Dijon.

Source de la Coquille – La Coquille présente aujourd'hui un débit modeste, mais c'est elle qui, alors qu'elle était bien plus abondante à la période glaciaire, a provoqué la formation d'un cirque dans les roches calcaires très friables de la petite falaise qui la surplombait. Le site est un cirque glaciaire fossile, et la flore spécifique (linaire des Alpes) qui pousse sur ses éboulis disparaîtrait si on n'empêchait pas la stabilisation des éboulis par les arbres et la pelouse calcaire.

alentours

Blessey
L'étonnant lavoir du village aligne en arc de cercle des colonnes doriques supportant un toit de zinc autour d'un bassin semi-circulaire.

Aignay-le-Duc
Cette localité possède une intéressante église gothique du XIIIe siècle, de proportions régulières, coiffée d'un clocher de bardeaux. Dans le chœur, le retable en pierre du début du XVIe siècle représente des scènes de la Passion dans de hauts-reliefs polychromes de facture naïve.

Saint-Seine-l'Abbaye
Situé non loin des sources de la Seine, le village s'appelait Siscaster lorsqu'un certain Sigo, au VIe siècle, fonda sur son territoire une abbaye bénédictine à laquelle il donna son nom (adapté en « soigne », puis associé à Seine).

Église abbatiale – Datant du début du XIIIe siècle, elle marque la transition entre le style roman bourguignon et le style gothique venu de l'Île-de-France. Après un incendie (1255), elle fut restaurée au XIVe siècle. La façade date du XVe siècle.

Circuit des lavoirs
Dans la Côte-d'Or et dans l'Yonne, diverses initiatives ont permis la sauvegarde de nombreux lavoirs. Citons celle de la Fondation de France, qui combine restauration et installation d'œuvres d'art contemporaines à l'intérieur des lavoirs.

★ SEMUR-EN-AUXOIS

■ **Capitale de l'Auxois, riche pays de culture et d'élevage s'inscrivant entre le Morvan et les plateaux dénudés du Châtillonnais, Semur est une cité médiévale campée sur une falaise de granit rose. À l'abri de ses remparts s'accrochent un entrelacs de maisons claires et une cascade de jardins, que dominent les tours du donjon et la flèche effilée de la collégiale Notre-Dame.**

LES GENS
4 543 Semurois qui, selon la devise inscrite porte de Sauvigny, « se plaisent fort en l'accointance des Estrangers ».

Le nom
Ayant toujours eu des remparts, la ville fut baptisée *Sinemuro castrum*, « sinemurus » (dénomination prélatine d'une citadelle).

comprendre

Une ville réputée imprenable – Au XIVe siècle, lorsqu'on eut renforcé sa citadelle par un rempart appuyé sur 18 tours, Semur devint la place la plus redoutable du duché. La ville se divisait alors en trois parties entourées chacune d'une enceinte. Au centre, occupant toute la largeur de l'éperon rocheux, le quartier du Donjon était une vraie citadelle, plongeant à pic sur la vallée de l'Armançon, et défendue, aux angles, par quatre énormes tours rondes : tour de l'Orle d'or, tour de la Géhenne, tour de la Prison et tour Margot. À l'ouest, le quartier du Château (qu'Henri IV fit démanteler en 1602 car il avait servi de refuge aux Ligueurs) couvrait la partie haute de la presqu'île enfermée dans le méandre de la rivière. À l'est, le bourg Notre-Dame demeura le quartier le plus peuplé, même lorsque la ville se fut étendue sur la rive gauche de la rivière.

se promener

Porte Sauvigny
Précédée d'une poterne et décorée aux armes de la ville, cette porte marquait l'entrée principale de l'enceinte dite « du Bourg-Notre-Dame ». Elle doit son nom au receveur des Finances Jean de Sauvigny, qui la fit construire en 1417.

Collégiale Notre-Dame★
Elle s'élève sur une petite place bordée de maisons anciennes. Fondée au XIe siècle, reconstruite au cours du XIIIe siècle, plusieurs fois remaniée et agrandie par l'adjonction de chapelles sur les bas-côtés nord, elle fut restaurée par Viollet-le-Duc.

Extérieur – Flanquée de tours carrées, sa façade (XIVe siècle) est précédée d'un vaste porche. Le tympan, martelé en 1793, garde de jolis anges musiciens. Le carré du transept est surmonté d'une tour octogonale coiffée d'une flèche (56 m).

Intérieur – L'étroitesse de la nef centrale (XIIIe et XIVe siècles), qui accuse la hauteur des voûtes soutenues par de fines colonnes est frappante. Dans la deuxième chapelle, une Mise au tombeau polychrome de la fin du XVe siècle, dotée de personnages monumentaux, est attribuée à l'atelier d'Antoine Le Moiturier, sculpteur des ducs de Bourgogne. La troisième chapelle, voûtée en étoile, est éclairée par un vitrail du XVIe siècle illustrant la légende de sainte Barbe. Les deux chapelles suivantes conservent des panneaux de vitraux offerts au XVe siècle par diverses confréries de l'époque. L'orgue Grantin-Riepp-Callinet des XVIIe, XVIIIe et XIXe siècles est remarquable.

Tour de l'Orle d'or
Cette tour lézardée faisait partie du donjon, démantelé en 1602. Elle doit son nom aux créneaux (supprimés), qui étaient revêtus de plomb cuivré. Ses dimensions sont imposantes : 44 m de hauteur, murs d'environ 2,20 m d'épaisseur au sommet, 5 m à la base. Avant la construction du pont Joly (1787), cette tour était l'une des entrées de la ville. Elle est aujourd'hui le siège de la Société des sciences historiques et naturelles de Semur.

Pont Joly
Il commande une superbe vue de la cité médiévale. Ce pont franchit l'Armançon au pied du donjon qui verrouillait l'isthme étroit rattachant la falaise rose, où naquit la cité, au plateau granitique, où elle s'est étendue. La vue s'ouvre sur la vallée ; on se régale des jardins, des rochers, des parcs, des cascades.

Promenade des remparts
Aménagée sur l'ancienne muraille à la proue de l'éperon granitique, cette promenade, plantée de tilleuls, domine en corniche la vallée de l'Armançon. Des énormes masses de granit rouge pailleté de mica et de quartz servent d'assise au donjon.

La capitale de l'Auxois est dominée par les grosses tours du donjon démantelé en 1602.

Une remarquable Mise au tombeau polychrome du XVe siècle est conservée dans une chapelle de la collégiale Notre-Dame.

Musée municipal

Installé depuis 1880 dans l'ancien couvent des jacobines (XVIIIᵉ siècle), tout comme la bibliothèque, ce musée recèle sur trois étages une grande variété d'œuvres.

La section d'archéologie comporte des objets provenant de sites préhistoriques, gallo-romains et mérovingiens. La section dédiée aux beaux-arts contient notamment des sculptures du XIIIᵉ au XIXᵉ siècle, dont de nombreux plâtres originaux d'Augustin Dumont, auteur de décors monumentaux et statues commémoratives (génie de la Liberté de la place de la Bastille à Paris). Des peintures du XVIIᵉ au XIXᵉ siècle et les oiseaux naturalisés de la section d'histoire naturelle suscitent aussi la curiosité.

alentours

Lac de Pont

Long de 6 km environ, le lac artificiel s'étend entre Pont-et-Massène et Montigny. Cette retenue a été créée au XIXᵉ siècle sur l'Armançon pour alimenter le canal de Bourgogne. Ses rives forment un joli site, dans un cadre de verdure et de rochers.

Époisses

Cet agréable bourg, érigé sur le plateau de l'Auxois, fut le lieu de villégiature préféré de la reine Brunehaut, établie à Autun au VIᵉ siècle. Il doit sa célébrité à son château ainsi qu'à un célèbre fromage à pâte molle au fort caractère.

Château★ – « Cette maison est d'une grandeur et d'une beauté surprenante », écrivit Mᵐᵉ de Sévigné en 1673. Entourée d'une double enceinte de douves sèches, on y accède par une poterne, qui conduit dans l'avant-cour, véritable petit village où s'assemblent des maisons et des granges autour d'une église, ancienne collégiale du XIIᵉ siècle et d'un important pigeonnier Renaissance comportant quelque 3 000 « boulins » (trous destinés à la ponte des œufs de pigeons).

Les quatre tours relient entre eux les bâtiments d'habitation. Il y en avait sept à l'origine, mais la moitié sud, démolie en 1794, a été remplacée par une balustrade ; dans la cour d'honneur, puits finement ouvragé.

Le château, propriété de la même famille depuis le XVIIᵉ siècle, offre une suite de galeries et de salons richement décorés. Le grand salon abrite un beau mobilier Louis XIV, dont les sièges sont recouverts de tapisseries des Gobelins. Des tableaux et souvenirs évoquent de nombreux personnages historiques, en particulier les hôtes du château : les grands-ducs de Bourgogne, Henri IV, Mᵐᵉ de Sévigné, Chateaubriand, le prince de Condé.

Château de Bourbilly

Campée dans la vallée du Serein, cette place défensive fut achevée en 1379 par Marguerite de Beaujeu. Démantelé pendant la Révolution, puis réhabilité au second Empire, le château a noble allure, dans son parc, avec ses trois ailes en équerre (la quatrième n'a pas été relevée) cantonnées de tours rondes, et ses hautes toitures sur lesquelles se dressent de curieuses cheminées cylindriques.

L'intérieur se signale par la salle des Gardes, dotée d'un billard Louis XIII et d'une tapisserie flamande du XVIIᵉ siècle ; la chapelle, endommagée par un incendie en 1952 et redécorée avec des matériaux modernes (belle charpente), que ferme une grille en fer forgé aux motifs de roses et de croix (1889) ; la bibliothèque néogothique ; la salle à manger, ornée d'un plafond à la française ; enfin, le Grand Salon, au décor vénitien (lustres fleuris en cristal de Murano).

L'époisses

Ce sont les moines d'une communauté cistercienne venue s'installer à Époisses au XVIᵉ siècle qui auraient inventé la recette du « roi des fromages », comme l'appelait Brillat-Savarin. À l'époque, ils retournaient quotidiennement, et, ce, pendant deux mois, chaque fromage, et le lavaient à l'eau salée avant de l'arroser au marc de Bourgogne. La transformation du monde agricole faillit avoir raison du fromage, mais relancé par la famille Berthaut vers la fin des années 1950, il échappa à l'oubli et connaît aujourd'hui un regain de popularité. Pour mériter sa prestigieuse appellation, l'époisses, AOC depuis 1991, est désormais soumis à de strictes règles définissant précisément son aire géographique de production et ses méthodes de fabrication.

« Cette maison est d'une grandeur et d'une beauté surprenantes », écrivit Mᵐᵉ de Sévigné à propos du château d'Époisses en 1673.

SENS ★★

■ Dotée de maisons à pans de bois, d'hôtels particuliers et d'églises anciennes, cette superbe ville des bords de l'Yonne est ceinte de boulevards et de promenades qui ont remplacé les anciens remparts. Elle recèle deux véritables joyaux : la cathédrale Saint-Étienne et le palais synodal, témoins de la grandeur passée de celle qui, d'ancien archevêché de Paris, est devenue simple sous-préfecture, mais demeure une belle porte d'entrée en Bourgogne.

Le nom
La ville doit son nom à la tribu gauloise locale des Senons, après que le site se fut appelé *Agedincum* au temps de Jules César.

LES GENS
26 904 Sénonais. C'est à Sens que l'archevêque de Cantorbéry Thomas Becket, persécuté par le roi d'Angleterre Henri II, s'exila de 1166 à 1170. Il est représenté sur les vitraux de la cathédrale. Son aube et sa chasuble sont conservées dans le trésor de la cathédrale. Thomas Becket fut assassiné à son retour en Angleterre, puis canonisé.

comprendre

Des Senons aux Campont – Le peuple des Senons fut longtemps l'un des plus puissants de la Gaule. En 390 av. J.-C., commandés par Brennus, ils envahirent l'Italie et s'emparèrent de Rome. Maîtres à leur tour de toute la Gaule au IVᵉ siècle, les Romains firent de Sens la capitale d'une province de la Lyonnaise, la Grande Senonie, comprenant Chartres, Auxerre, Meaux, Paris, Orléans et Troyes. Cette tutelle dura fort longtemps à travers l'archevêché qui, ajoutant à ses suffragants l'évêché de Nevers, prit pour devise « Campont » (acronyme formé de l'initiale des sept cités). Le séjour qu'y fit le pape Alexandre III en 1163-1164 transforma la ville en capitale provisoire de la chrétienté. Douze ans auparavant s'y était tenu, sous l'autorité de saint Bernard, le concile qui condamna Abélard. C'est dans la cathédrale que fut célébré, en 1234, le mariage de Saint Louis et de Marguerite de Provence. Avec la création de l'évêché de Paris, en 1622, le diocèse de Sens perdit Meaux, Chartres et Orléans. La résidence des archevêques de Sens dans le Marais (à Paris), construite vers la fin du XVᵉ siècle, montre le rapport de force ecclésiastique si longtemps subi par la capitale.

Tombeau des archevêques de Sens dans la cathédrale.

se promener

Marché couvert
Face à la cathédrale, ces halles sont caractéristiques des réalisations en vogue au cours de la seconde moitié du XIXᵉ siècle : architecture métallique à remplage de briques. La charpente apparente et la toiture à clochetons ne manquent pas de charme.
De part et d'autre du clocher élevé en 1728, la façade de l'église et celle de l'ancien hôtel-Dieu (XIIIᵉ siècle) se répondent harmonieusement, avec leurs pignons ornés de hautes fenêtres lancéolées.

Quelques rues du cœur de ville
À l'angle de la rue de la République et de la rue Jean-Cousin, la maison dite « d'Abraham » (XVIᵉ siècle) montre un poteau cornier, très ouvragé, sculpté d'un arbre de Jessé. La maison mitoyenne, au 50, rue Jean-Cousin, dite « maison du Pilier » (XVIᵉ siècle), possède un porche singulier. Plus loin, au n° 8, la maison Jean-Cousin, dont la façade sur jardin donne sur la rue Jossey, est également une construction du XVIᵉ siècle.
La Grande-Rue, piétonne et commerçante, est bordée de nombreuses maisons à pans de bois dont certaines portent des plaques

Les halles à l'architecture métallique et à remplage de briques ne manquent pas de charme.

rappelant leur activité passée. Proche du palais synodal, la rue Abélard est bordée de beaux hôtels particuliers des XVIIe et XVIIIe siècles.

La poterne
Sur le boulevard du 14-Juillet, au sud, vestiges de la muraille gallo-romaine.

Église Saint-Maurice
Bâtie sur l'île d'Yonne au cours de la seconde moitié du XIIe siècle, elle présente un chevet plat à pans de bois et un toit asymétrique surmonté d'une flèche d'ardoise qui lui donnent un cachet particulier.

Église Saint-Savinien
Construite au XIe siècle sur l'emplacement de la première église de Sens, Saint-Savinien présente un plan basilical sans transept à trois absides orientées et une nef charpentée. À l'extérieur, le gracieux clocher du XIIIe siècle est mis en valeur par la sobriété de l'édifice.

visiter

Cathédrale Saint-Étienne★★
Commencée vers 1130 à l'initiative d'un proche de saint Bernard, l'archevêque Henri Sanglier, c'est la première des grandes cathédrales gothiques de France. Nombre d'édifices firent de larges emprunts à son plan, à l'alternance de ses piles ou au dessin de son triforium.

Extérieur – La façade ouest a de la majesté, même amputée de sa tour nord, dite « tour de plomb ». La tour sud, ou « tour de pierre », écroulée pour sa part en 1268, fut rebâtie au siècle suivant et couronnée en 1534 par un élégant campanile, qui la porte à 78 m. Elle abrite deux cloches pesant respectivement 14 et 16 tonnes. Au trumeau du portail central, la très belle statue de saint Étienne est une œuvre de la fin du XIIe siècle. Elle constitue un bon exemple de la statuaire gothique à ses débuts. Au croisillon nord, magnifique façade de style flamboyant, exécutée de 1503 à 1513. Le décor sculpté est d'un grand raffinement.

Intérieur – L'ample nef communique avec les bas-côtés par des arcades surmontées d'un triforium. L'alternance de piles fortes et de piles faibles est caractéristique du gothique primitif. Les vitraux, exécutés du XIIe au XVIIIe siècle sont splendides. Dans le bas-côté droit, à la troisième travée, vitrail de 1536, attribué à Jean Cousin. Sur le côté gauche, on peut voir, soudé à un pilier, un retable Renaissance et le monument élevé par Tristan de Salazar à la mémoire de ses parents. Les verrières du croisillon droit proviennent d'ateliers troyens (1500-1502) : celles qui figurent l'arbre de Jessé et la légende de saint Nicolas sont remarquables. Le chœur est fermé par de belles grilles de bronze, relevées de dorures (1762). Le maître-autel monumental a été exécuté au XVIIIe siècle par Servandoni sur le modèle de celui de Saint-Pierre

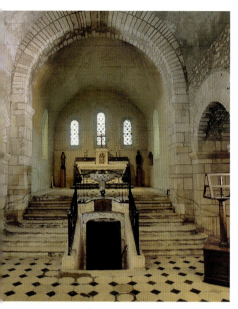

Une nef charpentée et un plan basilical sans transept caractérisent la sobre église Saint-Savinien.

Les musées de Sens possèdent les tapisseries des « Trois Couronnements » qui datent de la seconde moitié du XVe siècle.

de Rome. Des vitraux, comptant parmi les plus anciens de la cathédrale (fin XIIe siècle), éclairent la partie nord du déambulatoire.
Croisillon sud – Exécuté par Martin Chambiges, maître d'œuvre de Beauvais et de Troyes, c'est une belle réussite du style flamboyant. La décoration du portail de Moïse est remarquable.

Musée, trésor et palais synodal★

Cet ensemble, composant les musées de Sens, occupe les bâtiments de l'ancien archevêché et du palais synodal qui bordent la cathédrale du côté sud. Le raffinement du décor des façades, des gouttières et des cheminées est saisissant.

Ailes François-Ier et Henri-II – Construites au XVIe siècle, elles abritent des collections consacrées à l'histoire de Sens et du Sénonais. Les premières salles exposent des découvertes pré- et protohistoriques. Au sous-sol sont présentés des vestiges gallo-romains utilisés comme matériaux de récupération lors de la construction de la muraille de Sens : blocs d'architecture, sculptures, stèles… Sous la cour, des fouilles ont livré les bases d'un édifice thermal du IVe siècle. Au premier étage, la sculpture du XVIIIe siècle est représentée par deux ensembles importants (maquettes) : bas-reliefs de la porte Dauphine, élevée à la mémoire du dauphin, fils de Louis XV, et de sa femme, et éléments du jubé de

Le vitrail de Saint-Eustache est l'une des plus anciennes verrières de la cathédrale.

Commencée vers 1130, la cathédrale est le premier des grands édifices gothiques de France.

LA BOURGOGNE

Cette grande salle du palais servait aux assemblées ecclésiastiques (synodes).

la cathédrale (1762) démonté au XIXe siècle. La collection de peintures du XVIIe au XIXe siècle s'est enrichie en 2002 de la donation et des dépôts Marrey : quelques tableaux flamands, des œuvres des années 1930 et une étape marquante de l'œuvre de Rodin : *L'Âge d'airain.*

Trésor de la cathédrale★★ – Il s'agit, avec celui de Sainte-Foy de Conques, de l'un des plus riches trésors de France. Au XIXe siècle, les reliques furent démaillotées des tissus qui les protégeaient, et l'on découvrit des étoffes précieuses, originaires de Perse, de Byzance ou d'ailleurs, témoignant de leur commerce et de leurs itinéraires. Le musée renferme donc une splendide collection de ces tissus et de vêtements liturgiques ; des ivoires ; des pièces d'orfèvrerie ; et aussi une belle Vierge hiératique en bois du XIIe siècle…

Palais synodal – Construit au début du XIIIe siècle, il fut restauré et couvert de tuiles vernissées par Viollet-le-Duc. Deux travées ont été cloisonnées afin d'aménager des cachots ; cet ensemble de prisons du XIIIe siècle conserve de nombreux graffiti, dont quelques-uns d'époque médiévale. Le 1er étage est occupé par une grande salle qui servait aux assemblées ecclésiastiques (synodes).

alentours

Parc du Moulin à tan
Ce parc de 10 ha préfigure la ceinture verte qui devrait, à terme, entourer la ville de Sens. Il doit son nom à un type de moulin (1887) peu connu, qui servait à broyer de l'écorce de chêne pour fabriquer le tan, poudre utilisée dans le tannage du cuir. Sa partie paysagère comporte une roseraie, un arboretum, trois serres vouées aux plantes tropicales, des enclos animaliers, un sous-bois…

Villeneuve-l'Archevêque
Guillaume de Champagne, archevêque de Sens, reçut ici solennellement des Vénitiens, en 1239, la couronne d'épines pour laquelle il fera construire un magnifique reliquaire à Paris : la Sainte-Chapelle.
Église Notre-Dame – La façade est flanquée d'une tour coiffée d'ardoise. À sa base se dresse un portail du XIIIe siècle consacré à la Vierge.

Abbaye de Vauluisant
Vestiges d'une abbaye cistercienne du XIIe siècle qui servit de ferme modèle au XIXe siècle. Les bâtiments restants ont été retouchés au XVIe siècle. L'escalier d'honneur de l'ancien logis abbatial (XVIIe siècle) est classé.

Vallery
Vallery est un petit village de l'Yonne qui fut, avant Chantilly, le domaine des princes de Condé.
Château des Condé – Ce site très particulier, qui accueillit à plusieurs siècles d'intervalle des « combattants de la foi » – au Moyen Âge, les seigneurs de Vallery, compagnons croisés de Saint Louis, puis lors des guerres de Religion, le chef huguenot Louis de Condé – a conservé de toutes ces époques des bâtiments, ce qui compose un mélange hétéroclite d'architecture militaire et civile d'influence à la fois médiévale et Renaissance. Du Moyen Âge subsiste une vaste enceinte qui était capable d'accueillir, au XIIIe siècle, quelque 5 000 hommes. La poterne d'entrée, les anciens remparts portant des tours à encorbellement et, dans les communs, un pigeonnier de belle

À Vauluisant, les vestiges de cette abbaye cistercienne du XIIe siècle se visitent.

taille méritent l'attention. Favori d'Henri II, l'extravagant maréchal de Saint-André fit appel à l'illustre Pierre Lescot (1515-1578), ami de François Ier et l'un des architectes du Louvre, pour construire un somptueux palais Renaissance digne des plus grands rois. Dans sa sobriété et son heureuse combinaison de brique et de pierre, le pavillon Renaissance (1550) anticipe d'un siècle le style Louis XIII. Derrière le pavillon, l'aile ouest abrite une Grande Galerie classique. À l'extérieur, une roseraie a été reconstituée à la manière des jardins de la Renaissance. Dans l'église, où reposent les princes et princesses de Condé, se trouve le mausolée d'Henri II de Bourbon, père du Grand Condé, mort en 1646.

ROCHE DE SOLUTRÉ ★★

■ Site emblématique du sud Mâconnais, à l'entrée du Val lamartinien, la roche de Solutré s'observe depuis la Bresse, de Bourg à Mâcon. D'une importance archéologique de premier plan, ce superbe escarpement calcaire, dont la forme insolite s'élève au-dessus des vignes, a révélé l'un des plus riches gisements préhistoriques d'Europe. Aux abords du musée et du jardin archéologique, des chevaux konik polski gambadent sur les pelouses calcicoles de la célèbre roche, rappelant cette époque lointaine où les chasseurs de Solutré piégeaient les hordes d'animaux entre la falaise et les éboulis rocheux.

LES GENS

Jusqu'aux dernières années de son mandat, le président François Mitterrand avait l'habitude d'effectuer, une fois par an, l'ascension de la roche de Solutré, accompagné de quelques fidèles.

comprendre

Un immense ossuaire – Les premières fouilles entreprises au pied de la roche en 1866 mirent au jour un incroyable amoncellement

Ce gigantesque escarpement calcaire a révélé l'un des plus riches gisements préhistoriques d'Europe.

d'ossements de chevaux formant, avec quelques os de bisons, d'aurochs, de cerfs et de mammouths, une couche de 0,5 à 2 m d'épaisseur sur près de 4 000 m² (environ 100 000 individus). Ce site de chasse fut fréquenté pendant plus de 25 000 ans par les hommes du paléolithique supérieur.

Du mythe à la réalité – Émise en 1872 par le géologue et archéologue préhistorien Adrien Arcelin dans son roman *Solutré ou les Chasseurs de rennes de la France centrale*, l'hypothèse d'une « chasse à l'abîme », selon laquelle les chasseurs préhistoriques auraient rassemblé les chevaux au sommet de la roche d'où ils les auraient contraints à se jeter dans le vide en les effrayant par le bruit et le feu, a été depuis longtemps démentie. Des fouilles réalisées de 1968 à 1976 ont en effet permis de démontrer que c'est au pied même de l'escarpement que les troupeaux de chevaux sauvages étaient traqués jusqu'aux blocs d'effondrement, pour être ensuite abattus et dépecés sur place, surpris lors de leur migration printanière.

Site archéologique

C'est sur le site de Solutré que fut identifié pour la première fois un outillage de pierre désigné dès lors comme solutréen (18 000 à 15 000 ans avant notre ère). Il se caractérise par des retouches plates obtenues par pression, progrès technique de la taille de la pierre qui permit de réaliser des bifaces d'une extrême finesse : les « feuilles de laurier ». La fin de cette période est marquée par l'apparition de l'aiguille à chas.

découvrir

Panorama

Un sentier conduit au Crot-du-Charnier (où se trouve le musée), puis au sommet de la roche de Solutré (alt. 493 m). Le parcours offre une vue étendue sur la vallée de la Saône, la Bresse, le Jura et, lorsque les conditions climatiques s'y prêtent, les Alpes et le mont Blanc. Le paysage composé de vignes, de villages et de hameaux est typiquement mâconnais.

Musée départemental de Préhistoire

D'une architecture volontairement très discrète, ce musée enterré au pied de la roche évoque successivement l'archéologie préhistorique du sud Mâconnais, les chasses du paléolithique supérieur à Solutré et la culture solutréenne dans le contexte européen.

★★ CHÂTEAU DE TANLAY

■ À la lisière de la petite commune de Tanlay, halte agréable au bord du canal de Bourgogne, cet élégant château est un rare témoin à la fois de la Renaissance bourguignonne et de la lutte entre Ligueurs et partisans d'Henri III. Son architecte, Pierre Le Muet, ancien ingénieur militaire responsable des travaux, imagina les curieux obélisques de forme pyramidale qui se dressent à l'entrée du pont et accueillent le visiteur.

LES GENS

C'est François de Coligny d'Andelot qui construisit, sur une ancienne forteresse féodale, le premier grand château, à partir de 1559. Il fut terminé et embelli en 1642 par Michel Particelli d'Hémery, surintendant des Finances. Comme son frère Gaspard de Châtillon (assassiné en 1572), François de Coligny d'Andelot s'était tourné vers la Réforme. Tanlay devint alors, avec Noyers, fief du prince de Condé, l'un des deux centres du protestantisme dans la région.

découvrir

Architecture extérieure - Une belle avenue bordée de tilleuls séculaires mène à cet édifice Renaissance bâti vers 1550, peu de temps après le château voisin d'Ancy-le-Franc. Le petit château (le Portal), gracieuse construction de style Louis XIII, donne accès à la Cour verte bordée d'arcades sur trois côtés ; à gauche, un pont franchissant les larges douves conduit au portail monumental et à la cour d'honneur du grand château.

Intérieur - Avec ses peintures murales, ses cheminées monumentales et ses portraits de familles peints par Jean-Baptiste Oudry ou Nicolas de Largilière, l'intérieur du château présente un grand intérêt. Au rez-de-chaussée, le vestibule dit des Césars est fermé par une remarquable grille en fer forgé (XVIe siècle) donnant sur le parc. Le grand salon et l'antichambre, où a été placé un joli bureau Louis XIV se visite. La salle à manger contient un étonnant cabinet Renaissance aux armes de la famille de Tanlay.

Tour de la Ligue★ – Les réunions des conspirateurs huguenots, à l'époque des guerres de Religion, se seraient tenues au dernier étage de cette tour. Ses ouvertures circulaires permettaient de surveiller les environs, et à ses souterrains de s'égailler en cas de mauvaise surprise.

Le parc
Il s'étend le long du grand canal (526 m), bordé d'arbres centenaires. Les communs abritent le Centre d'art contemporain qui présente, chaque année en saison, des expositions.

Fresque à l'intérieur du château de Tanlay.

TIL-CHÂTEL

■ Ce bourg, au confluent de l'Ignon et de la Tille, appartient au verdoyant pays des Tilles, délimité et arrosé par les nombreux affluents de la rivière. Célèbre pour son église modèle, dédiée à saint Florent, qui fut martyrisé par les Barbares vers la fin du IIIe siècle, il conserve quelques maisons anciennes.

Le nom
Au IIIe siècle de notre ère, Til-Châtel s'appelait alors *Tilae Castrum*, en référence à un castrum qui avait été édifié en bordure de la Via Agrippa reliant Châlon à Langres. Bénéficiant d'un emplacement stratégique, ce camp romain permettait non seulement de surveiller la route, mais aussi de défendre la vallée de la Tille contre d'éventuels envahisseurs.

visiter

Église Saint-Florent
Cette église romane (XIIe siècle) s'ouvre par un beau portail : au tympan, le Christ en majesté est entouré des symboles des quatre évangélistes. À l'intérieur, les chapiteaux de la nef, la coupole sur trompes à la croisée du transept, l'abside en cul-de-four avec ses absidioles attirent l'attention. L'église recèle un riche patrimoine : statues de bois anciennes, tombeau de saint Honoré et sa châsse naïve en bois peint, du XVIe siècle, fonts baptismaux du IXe siècle et cinq pierres tombales gravées. L'autel du XIIe siècle est construit sur une énorme pierre qui serait celle du pont où fut décapité saint Florent.

alentours

Château de Grancey
À côté des vestiges d'un château des XIIe et XVe siècles, le « petit Versailles de Bourgogne » fut édifié aux XVIIe et XVIIIe siècles, sur une terrasse dominant un beau parc dans un site attrayant.

LES GENS
819 habitants qui résident dans le verdoyant pays des Tilles.

Til-Châtel est célèbre pour son église modèle, dédiée à saint Florent.

TONNERRE

■ Tonnerre est l'une des principales villes de l'Yonne. Entourée de vignes et de verdure, traversée par le canal de Bourgogne, cette agréable petite cité est adossée à l'une des collines qui soulignent la rive gauche de l'Armançon. Vieille ville et nouveaux quartiers étagés sont dominés par l'église Saint-Pierre et la tour Notre-Dame.

Le nom
À l'époque romaine, un castrum appelé *Tornodurum* (citadelle de Tornus) fut érigé à l'emplacement actuel de l'église Saint-Pierre. La petite ville se développa ainsi au carrefour de deux axes importants : la voie reliant Alésia à Sens, et celle reliant Auxerre à Langres.

comprendre

Le mystère de l'hermaphrodite – C'est à Tonnerre que naquit, en 1728, Charles-Geneviève de Beaumont, connu sous le nom de chevalier ou chevalière d'Éon. Après une carrière d'agent secret, au cours de laquelle il avait dû se déguiser, il subit des revers de fortune, s'exila à Londres et ne fut autorisé par Louis XVI à reparaître en France que sous des vêtements de femme. Reparti en Angleterre, il y mourut en 1810. Pris longtemps pour un hermaphrodite, l'annonce

LES GENS
5 979 Tonnerrois. C'est à Tonnerre que naquit le célèbre « espion en trois lettres » Charles de Beaumont, chevalier d'Éon, si cher aux cruciverbistes.

La source de la fosse Dionne fut longtemps considérée comme une source divine.

de sa mort provoqua un vaste mouvement de curiosité. L'autopsie de son cadavre mit un point final à la controverse : Charles d'Éon n'était pas une femme.

se promener

Fosse Dionne★
Cette source, qui tire son nom de Divonna, divinité celte des eaux, fut longtemps considérée comme une source divine. Un escalier, dont on a retrouvé la trace au XVIe siècle, reliait la fosse au castrum romain situé sur la colline. Plus tard, ce bassin circulaire, qu'emplit une belle eau de couleur bleu-vert (changeant selon l'heure et la saison), fut utilisé comme lavoir : l'actuel date du XVIIIe siècle. La source est alimentée par une résurgence de type vauclusien ; son débit est très variable suivant l'abondance des pluies. Elle se déverse dans l'Armançon par un petit cours d'eau.

Église Saint-Pierre
Elle s'élève sur une terrasse rocheuse offrant une belle vue sur l'enchevêtrement des toits de tuiles de la vieille ville. À l'exception du chœur du XIVe siècle et de la tour carrée du XVe siècle, l'église fut reconstruite après le grand incendie de 1556. Sur le côté droit, beau portail orné d'une statue de saint Pierre au trumeau. À l'entrée, la sculpture de la porte de 1881 épate l'œil.

Hôtel d'Uzès
La Caisse d'Épargne occupe ce charmant logis de la Renaissance, maison natale du chevalier d'Éon de Beaumont. Le dessin des portes de la façade est particulièrement raffiné.

visiter

Ancien hôpital (hôtel-Dieu)
Peu de monuments survécurent à l'incendie qui ravagea la ville au XVIe siècle, mais les flammes épargnèrent son vieil hôpital, qui figure aujourd'hui parmi les trésors bourguignons. Si grand, si imposant, ce bel édifice servit de modèle pour la conception de l'hôtel-Dieu de Beaune, postérieur d'un siècle et demi. Il fut bâti de 1293 à 1295 à la demande de Marguerite de Bourgogne, venue se retirer à Tonnerre à la mort de son époux Charles d'Anjou, frère de Saint Louis. Parvenu intact jusqu'à nous, à quelques détails près, comme par exemple la façade ouest, transformée au XVIIIe siècle, l'hôtel-Dieu de Tonnerre offre un superbe exemple d'architecture médiévale.

Intérieur★ – L'ancienne salle des malades, pourtant raccourcie au XVIIIe siècle, offre des proportions impressionnantes : longueur 90 m, largeur 18 m, hauteur 20 m... et vus de l'extérieur, les murs qui l'abritent semblent bien frêles au regard de la volumineuse toiture qui couvre une telle surface (4 500 m^2) ! Le berceau lambrissé et la charpente en chêne sont magnifiques. L'ancienne église de l'hôpital est située dans le prolongement de la salle des malades, de manière à leur permettre de suivre l'office sans avoir à se déplacer. À droite du maître-autel, une petite porte donne accès à la chapelle du Revestiaire, abritant une superbe Mise au tombeau offerte au XVe siècle par un riche marchand de la ville.

Musée Marguerite-de-Bourgogne – Installé dans des bâtiments du XVIIe siècle, ce musée rassemble plusieurs objets et manuscrits liés à l'histoire hospitalière, entre autres un très beau reliquaire en argent massif du XVIIIe siècle, la charte de fondation de 1293, le testament de Marguerite de Bourgogne daté de 1305.

La vieille ville et les nouveaux quartiers étagés sont dominés par l'église Saint-Pierre et la tour Notre-Dame.

Le vignoble tonnerrois

Planté en pinot noir (120 ha) et en chardonnay (91 ha), le Tonnerrois produit du bourgogne blanc, du bourgogne rouge, du vin rosé et du crémant. La Bourgogne compte désormais à son actif 101 AOC (vins d'Appellation d'origine contrôlée), la dernière en date étant le bourgogne tonnerre pour les vins blancs. Ambassadeurs des vins du Tonnerrois, les membres de la Confrérie des foudres tonnerrois, créée en 1994, se réunissent à l'occasion de la foire de Tonnerre, des Vinées tonnerroises et de la Saint-Vincent.

Une superbe Mise au tombeau fut offerte au XVe siècle à l'hôtel-Dieu par un riche marchand.

LA BOURGOGNE

> ## alentours

Château de Maulnes★

Voilà un château Renaissance original : tout d'abord parce qu'il a été construit sur un plan pentagonal renforcé de cinq tours, suivant un dessin aux formes géométriques pures ; ensuite parce qu'il est bâti sur des sources qui jaillissent en haut d'une colline. Ces sources, qui passent au pied du bel escalier, alimentaient le nymphée. Cette commande audacieuse est due à Antoine de Crussol, duc d'Uzès (1528-1573), et son épouse, Louise de Clermont, comtesse de Tonnerre. Les travaux furent exécutés essentiellement entre 1566 et 1570.

TOURNUS

■ **Porte nord du vignoble du Mâconnais, étirée en bord de Saône, Tournus est une ville pleine d'attraits. Dans cette cité riche de vieilles pierres, l'abbatiale Saint-Philibert constitue l'un des témoins majeurs du premier art roman en France. La douceur du climat et le charme des paysages du Tournugeois, composés de vignes, de prairies, de forêts, et de pittoresques villages séduisent le visiteur.**

Le nom

Tinurtium, ancienne cité gauloise des Éduens, se prononce aujourd'hui « Tournu ». Le quartier de la Madeleine correspond au castrum romain, qualifié de *trenorchium*. Tours et détours...

> ## LES GENS

6 231 Tournusiens. Né à Tournus en 1725, Jean-Baptiste Greuze (1725-1805) est apprécié pour ses portraits, où son talent s'est s'exprimé plus librement que dans certaines scènes domestiques à caractère moralisateur, prisées en leur temps par Diderot. Albert Thibaudet (1874-1936) est également un vrai Tournusien ; critique littéraire, il analysait un texte comme un biologiste l'aurait fait d'un organisme vivant, cherchant à comprendre et non pas à juger.

> ## comprendre

Une cité monastique – Ayant échappé aux persécutions lyonnaises de 177, saint Valérien (chrétien d'Asie Mineure) vient à Tournus évangéliser la population ; il y est martyrisé. Les sanctuaires fondés à l'emplacement de son tombeau sont convertis en abbaye et regroupés sous le vocable de saint Valérien. Au début du IXe siècle, des moines vendéens fuient devant les Normands et mènent une vie errante avant de s'installer à l'abbaye, concédée par Charles le Chauve. Ils y apportent les reliques de saint Philibert, fondateur de Jumièges, mort à Noirmoutier en 685, qui devient le nouveau saint patron de l'abbaye, et lui donne un élan considérable.
Une invasion hongroise, en 937, compromet sa prospérité. Incendiée, puis reconstruite, elle est quelques années plus tard abandonnée par les religieux, regroupés en Auvergne au monastère de Saint-Pourçain. L'abbé Étienne, ancien prieur, est rappelé à l'abbaye Saint-Philibert en 949, sur décision du concile. Sous son impulsion reprennent les constructions, qui s'achèvent au XIIe siècle par l'une des plus belles parties de l'église. Plusieurs fois endommagée au cours des siècles, elle est restaurée et remaniée jusqu'à sa mise à sac par les huguenots en 1562. Transformée en collégiale en 1627, l'abbaye devient église paroissiale en 1790, échappant ainsi à la destruction.
Abbé de Tournus de 1660 à sa mort en 1715, Emmanuel Théodose de La Tour d'Auvergne, duc d'Albret et cardinal de Bouillon, institue l'hôtel-Dieu en 1672. La première salle de malades est achevée en 1675. Le cardinal de Fleury lui succède en 1715 ; il achève les travaux de l'hôtel-Dieu, fait élever des casernes et s'intéresse à l'éducation des enfants pauvres.

En bord de Saône, Tournus séduit incontestablement le visiteur.

découvrir

Musée bourguignon – Perrin de Puiycousin
Cette demeure familiale abrite les collections offertes à la municipalité par Maurice Perrin de Puycousin en 1929. Des scènes quotidiennes de la vie paysanne d'autrefois ont été reconstituées avec des mannequins de cire habillés en costumes régionaux. Les salles reproduisent notamment l'intérieur d'une ferme bressane, l'atelier des fileuses de chanvre et, au sous-sol, un cellier bourguignon.

Hôtel-Dieu-Musée Greuze★
L'hôtel-Dieu a cessé de fonctionner en 1982. Les salles anciennes ont alors été restaurées pour témoigner des conditions de soins et de vie hospitalières depuis le XVIIe siècle. La très belle apothicairerie du XVIIe siècle conserve quelque 300 pots en faïence de Nevers et de Dijon.
L'herboristerie (XIXe siècle), la salle des étains et le jardin des simples complètent la visite de cet établissement dans lequel, en 1960, travaillaient encore cinq religieuses de l'ordre de Sainte-Marthe.
L'hôtel-Dieu abrite aussi le musée Greuze, consacré à l'archéologie du Tournugeois, aux sculpteurs de la région (D. Mathivet, 1887-1966) et aux dessins et peintures de Jean-Baptiste Greuze.

Église de la Madeleine
Le chevet, entouré de vieilles bâtisses, se voit des bords de la Saône. Le porche en plein cintre (XIIe siècle) a subsisté, avec ses fines colonnettes ornées de galons perlés, d'imbrications de guirlandes verticales ou rampantes et ses chapiteaux décorés de feuillages ou d'oiseaux affrontés.

Abbaye★★
Église Saint-Philibert – Bâtie en belles pierres taillées aux Xe et XIe siècles, aux couleurs chaudes, elle se présente comme une sorte de donjon percé d'archères. La nudité des murs puissants est rompue par des bandes lombardes. Le parapet crénelé avec mâchicoulis reliant les tours renforce l'aspect militaire de l'édifice.
Chapelle Saint-Michel – C'est la salle haute de l'avant-nef. Son plan est identique à celui du rez-de-chaussée, mais l'étonnante élévation du vaisseau central et la luminosité en modifient l'aspect.
Autour de l'arche, les sculptures archaïques des chapiteaux sont une survivance de l'époque carolingienne : l'inscription de Gerlannus à la base de l'archivolte pourrait évoquer l'an mil.
Avant-nef – Quatre énormes piliers à tailloir circulaire la divisent en trois nefs de trois travées. La voûte s'orne au-dessus de l'entrée de la nef d'un Christ en majesté ; une autre fresque du XIVe siècle, sur le mur du fond du bas-côté gauche, figure la Crucifixion. Les pierres tombales, d'une forme circulaire particulière à la région, font songer à des puits ou à des bases de piliers.
Nef – Dépourvue d'ornementation, la nef (début du XIe siècle) est illuminée d'une lumière rosée. Disposition très originale, la voûte centrale se compose d'une suite de cinq berceaux transversaux juxtaposés qui reposent sur des arcs doubleaux, aux claveaux alternativement blancs et roses, s'appuyant sur des colonnettes surmontant de grandes colonnes. Les chapelles latérales du bas-côté nord ont été ouvertes aux XIVe et XVe siècles. Une niche du collatéral sud abrite une statue-reliquaire du XIIe siècle d'influence auvergnate, Notre-Dame-la-Brun. En cèdre peint et redoré au XIXe siècle, cette Vierge a gardé sa beauté majestueuse au calme rayonnant.
Transept et chœur – Édifiés au début du XIIe siècle, ils tranchent avec le reste de la construction par la blancheur de la pierre et montrent l'évolution rapide de l'art roman. Après l'ampleur de la nef,

Greuze n'est pas le seul artiste présenté au musée du même nom, comme en témoigne cette « Vénus de l'Amour » de François Boucher.

La nudité des murs puissants de l'église Saint-Philibert est rompue par des bandes lombardes.

LA BOURGOGNE

le chœur surprend par son étroitesse, l'architecte ayant dû suivre les contours de la crypte existante. Le déambulatoire (début du XIe siècle), voûté en berceau, compte cinq chapelles, dont trois rayonnantes et deux orientées. La chapelle axiale abrite la châsse de saint Philibert. Au sol, des mosaïques très fines du début du XIIe siècle illustrent les mois et les signes du zodiaque.

Crypte★ – Cette crypte, aux murs épais, est une construction de l'abbé Étienne, de la fin du Xe siècle ; sa hauteur sous clef de voûte (3,50 m) est exceptionnelle.

Bâtiments abbatiaux

L'ancienne salle des Aumônes ou chauffoir ou parloir (XIIIe siècle), abrite une collection lapidaire comprenant les statues-colonnes et les chapiteaux de la tour nord, ainsi que des sculptures venant du cloître.

Cloître – Du cloître Saint-Ardain du XIe siècle, il ne reste que la galerie nord. Les bâtiments sud abritent la bibliothèque de la ville et celle de l'abbaye, qui conserve de nombreux manuscrits enluminés du Moyen Âge. C'est le siège du Centre international d'études romanes, dont le premier président fut le grand historien de l'art Émile Mâle.

Salle capitulaire – Rebâtie par l'abbé Bérard après un incendie en 1239, elle abrite des expositions temporaires. L'intérieur voûté d'ogives s'admire par les baies romanes donnant sur le cloître.

La crypte aux murs épais est une construction de la fin du Xe siècle.

TOURNUS

Logis abbatial – Jolie demeure de style gothique flamboyant (fin xve siècle).

Réfectoire – Cette magnifique salle (xiie siècle), longue de plus de 33 m, haute de 12 m, est un grand vaisseau voûté en berceau légèrement brisé. En 1627, après la sécularisation de l'abbaye, elle fut utilisée pour jouer à la paume, d'où le nom de Ballon qui la désigne encore.

alentours

Sennecey-le-Grand
La mairie et l'office du tourisme occupent ce qui reste du château féodal. La partie disparue a été remplacée au xixe siècle par une église monumentale de style classique.

Cuisery
Église Notre-Dame – La sobriété extérieure de cette église (xvie siècle) contraste avec la richesse de sa décoration intérieure : des stalles en chêne, un grand triptyque du peintre flamand Guérard (xvie siècle) et de très belles peintures murales (v. 1530) dans la chapelle Caron, figurant la Résurrection de Lazare et les prophètes.

Centre Éden – Dans cet espace muséographique et dans le parc qui l'entoure, doté d'une station météorologique, sont présentés les cinq grands milieux naturels de la Bourgogne, leur flore et leur faune.

Au Centre Éden les cinq grands milieux naturels de la Bourgogne sont présentés.

L'abbatiale Saint-Philibert constitue l'un des témoins majeurs du premier art roman en France.

La réserve naturelle offre au visiteur une mosaïque de milieux naturels.

Découverte de la réserve naturelle de la Truchère★

La composition de ce paysage est un héritage des dernières glaciations, en particulier la fin de la période glaciaire de Würm. La dernière étude sur le sujet (datant de 1960 !) suppose que des vents très forts ont apporté jusqu'ici des sables de Bresse. Ces dunes ne seraient que les maigres vestiges de grands espaces ensablés. Les pluies filtrant au travers de ces sables naturellement pauvres et acides ont entraîné des particules d'argile, qui ont constitué le plancher imperméable où, en période de glaciation, ont pu se développer les tourbières. L'itinéraire de découverte de l'étonnante succession de dunes et de tourbières commence en sous-bois et devient tout de suite sableux. Les arbres chétifs cèdent peu à peu la place à de vastes étendues d'une végétation rase et grise, comme en pleine toundra.

VARZY

■ Sur le chemin de Saint-Jacques-de-Compostelle, Varzy accueillit en son temps des milliers de pèlerins qui vénérèrent ici, lors de leur passage, les reliques de sainte Eugénie d'Alexandrie. Blottie à l'orée des forêts du Nivernais, et enserrée par de beaux boulevards ombragés, l'ancienne résidence préférée des évêques d'Auxerre se place, par ses activités, sous le signe du bois.

LES GENS

1 303 Varzycois. Varzy étant placé sur le chemin de Saint-Jacques-de-Compostelle, ce furent des milliers de pèlerins qui vénérèrent ici, lors de leur passage, les reliques de sainte Eugénie d'Alexandrie.

se promener

Église Saint-Pierre

Cette église de style gothique rayonnant (XIIIe siècle) possède une nef aux hautes arcades comportant un élégant triforium. Dans le chœur, statue polychrome et triptyque de sainte Eugénie, du XVIe siècle. Provenant de la collégiale Sainte-Eugénie, le trésor renferme deux bras reliquaires (XIIIe siècle) de la sainte et de saint Régnobert, un coffret contenant le crâne de ce dernier et un christ en bois (début du XVIe siècle).

Musée Grasset

Il présente plus de 4 000 objets rassemblés par des amateurs éclairés, dont l'inspecteur des Monuments historiques Auguste Grasset (1799-1879) et son collègue Prosper Mérimée : sarcophages égyptiens, objets rapportés lors des expéditions de Dumont d'Urville dans les îles du Pacifique, armes, faïences nivernaises et émaux limousins, meubles anciens, tapisseries, peintures.
Le salon de musique et ses instruments, successivement mis en lumière et expliqués au son d'une partition ne manquent pas d'intérêt.

alentours

Jardins du château de Lurcy-le-Bourg

Cette gentilhommière du XVIIe siècle a été modifiée et agrémentée de jardins à la française au XVIIIe siècle (boulingrin, fabrique Louis XVI, buis taillés en topiaires).
Dans la cour, pris dans le mur, un rare « puits dû », dont la jouissance est partagée par le château et le village.

L'église Saint-Pierre, de style gothique, possède une nef aux hautes arcades.

VÉZELAY ★★★

■ Aux confins du Morvan, Vézelay occupe pentes et sommet d'une colline dominant la vallée de la Cure. À la grande époque du pèlerinage vers Saint-Jacques-de-Compostelle, la ville abrita jusqu'à 10 000 personnes dans les maisons blotties le long de ses ruelles escarpées. Sauvé de la ruine par Mérimée et le jeune architecte Viollet-le-Duc, ce haut lieu spirituel, site majeur de l'histoire de l'art, figure depuis 1979 au Patrimoine mondial de l'humanité.

Le nom
L'origine est sûrement *Visiliacum*, de « ves » désignant une montagne et que l'on pourrait rapprocher de celle du Vésuve : ici se rejoignent la terre et le ciel.

LES GENS
492 Vézeliens. Chaque année, ce sont des centaines de milliers de visiteurs qui parcourent la butte. De nombreux écrivains et artistes sont venus ici. Parmi les plus connus : Romain Rolland, Paul Claudel, Pablo Picasso, Maurice Clavel, Max-Pol Fouchet, Jules Roy (auteur notamment de Vezelay ou l'Amour fou).

comprendre

LES RICHES HEURES DE L'ABBAYE

Girart de Roussillon, le fondateur – Au milieu du IXe siècle, ce pieux et riche chevalier installe un groupe de religieuses à l'emplacement actuel de la commune de Saint-Père. Le monastère de femmes cède bientôt la place à un monastère d'hommes. Détruit lors des invasions normandes, il est transféré sur la colline voisine, position naturellement plus facile à défendre. Dès 878, le pape Jean VIII le consacre.

À l'appel de saint Bernard – Quand, le 31 mars 1146, Bernard le cistercien lance du flanc de cette « colline inspirée » un vibrant appel en faveur de la 2e croisade, en présence du roi de France Louis VII, l'abbaye est à l'apogée de sa gloire. Depuis un siècle, l'église abrite les reliques de sainte Madeleine : Vézelay est devenu alors un grand lieu de pèlerinage et la tête de ligne de l'un des itinéraires qui, à travers la France, mènent pèlerins et marchands jusqu'à Saint-Jacques-de-Compostelle (les autres partant de Paris, du Puy et d'Arles).
En 1217, la mission est confiée par saint François d'Assise à deux de ses disciples d'y fonder le premier couvent de Frères mineurs en France. Ils élisent domicile près de la petite église Sainte-Croix, bâtie en souvenir du prêche de saint Bernard dans la vallée d'Asquins.

De la Réforme aux restaurations – En 1519, Vézelay voit naître Théodore de Bèze, qui prêchera la Réforme avec Calvin, et, en 1557, une communauté protestante s'y installe. La guerre de Cent Ans avait ruiné l'abbaye. Les siècles suivants verront la dégradation de l'église ; transformée en chapitre de chanoines dès 1537, pillée de fond en comble par les huguenots en 1569, elle est en partie rasée à la Révolution. Grâce aux travaux de restauration du XIXe siècle, elle a retrouvé son âme et l'ampleur de ses pèlerinages.

Fraternités monastiques de Jérusalem – Après avoir été confiée aux bénédictins de La Pierre-qui-Vire, puis aux franciscains encore présents à Vézelay, la basilique est depuis 1993 entre les mains des Fraternités monastiques de Jérusalem. Fondé en 1975 à Paris, cet ordre s'installe au cœur des villes et des grands lieux de passage (Paris, Florence, Le Mont-Saint-Michel…) parce que, selon le père fondateur Pierre-Marie Delfieux, c'est là que le signe de la vie monastique manifeste le mieux son sens. Les prieurés d'hommes et de femmes vivent séparément, mais se retrouvent pour les offices, et travaillent à mi-temps hors de la communauté. La liturgie, méditative, est chantée et psalmodiée. Elle puise aux sources byzantines,

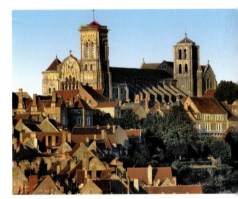

Ce haut lieu spirituel, site majeur de l'histoire de l'art, figure depuis 1979 au Patrimoine mondial de l'humanité.

Extrait
« Voici le superbe, l'immense vaisseau dressé face à l'est magnétique, fier et de si haut. Gardé par des bastions plus altiers encore au-dessus d'un énorme rocher, il vogue droit vers le soleil levant, l'éventre, l'éclabousse d'écume, s'en recouvre et, le soir, se charge d'or et de pourpre avant de s'enfoncer dans les étoiles, ah, Vézelay… » Jules Roy.

LA BOURGOGNE

à l'interprétation de la tradition grégorienne par le père André Gouzes et au fond commun de la tradition catholique.

se promener

Promenade des Fossés
De la place du Champ-de-Foire, la promenade des Fossés est aménagée sur les anciens remparts qui ceinturaient la ville au Moyen Âge et que jalonnent sept tours rondes.

Maisons anciennes
De la place du Champ-de-Foire à la basilique, la rue Saint-Étienne, en forte pente, est bordée de maisons anciennes. Les maisons d'hommes célèbres qui ont vécu à Vézelay ne manquent pas : Théodore de Bèze, Max-Pol Fouchet, Georges Bataille, Romain Rolland…

visiter

Musée Zervos★
Christian Zervos a légué à la ville de Vézelay les plus belles pièces de sa collection quelques mois avant sa mort en 1970. Elle comporte des œuvres de Brauner, Calder, Ernst, Giacometti, Hélion, Kandinsky, Laurens, Léger, Lurçat, Mirò, Picasso, Balla…

Maison Jules-Roy
Pour découvrir un peu la personnalité de Jules Roy (1907-2000), il est désormais possible d'accéder au bureau et au jardin du romancier et homme de paix qui repose dans le cimetière de Vézelay.

Musée de l'Œuvre - Viollet-le-Duc
Au-dessus de l'aile du cloître de la basilique, dans l'ancien dortoir des moines, sont présentés clefs de voûtes, fragments sculptés et chapiteaux rassemblés par Viollet-le-Duc. Ils révèlent sa démarche lors

Les maisons anciennes, avec tourelles notamment, constituent le plus charmant des décors.

Assurément, le tympan sculpté du portail central constitue l'un des plus beaux joyaux de l'art roman français.

VÉZELAY

de la restauration de la basilique, remplaçant par des éléments modernes les sculptures endommagées.

découvrir

BASILIQUE SAINTE-MARIE-MADELEINE★★★

Fondé au IXe siècle, le monastère passe en 1050 sous l'invocation de sainte Marie-Madeleine, dont il conserve les reliques. Les miracles qui se produisent sur le tombeau de celle-ci attirent bientôt une telle foule de pénitents qu'il faut agrandir l'église carolingienne (1096-1104). En 1120, un violent incendie éclate la veille du 22 juillet, jour du grand pèlerinage, détruisant toute la nef et tuant plus de mille pèlerins.

Les travaux reprennent aussitôt ; la nef est rapidement reconstruite, puis, vers le milieu du XIIe siècle, l'avant-nef. En 1215, le chœur romano-gothique et le transept sont terminés. Depuis le VIIe siècle, un autre lieu de pèlerinage affirmait détenir les reliques de sainte Marie-Madeleine : la Sainte-Baume en Provence. À la fin du XIIIe siècle, le différend qui oppose les deux sites les amène à faire appel au pape, qui invite à se référer à la tradition la plus ancienne : les pèlerinages à Vézelay s'espacent donc, les foires et marchés perdent de leur importance.

Lorsqu'au XIXe siècle, Prosper Mérimée, romancier et inspecteur des Monuments historiques, attira l'attention des pouvoirs publics sur l'état de l'admirable monument, celui-ci était sur le point de s'effondrer. En 1840, Viollet-le-Duc, alors âgé de moins de 30 ans, assuma la tâche difficile de sa restauration, qu'il n'acheva qu'en 1859. L'abbatiale, devenue église paroissiale en 1791, fut érigée en basilique en 1920.

L'extérieur

Façade – Elle a été refaite par Viollet-le-Duc d'après des documents anciens. Reconstruite vers 1150 dans un pur style roman, elle avait été dotée au XIIIe siècle d'un vaste fronton gothique comportant cinq baies étroites aux meneaux ornés de statues.

> ### Hommage de Paul Claudel
>
> « Nous n'aurons eu qu'à pousser cette lourde porte pour nous trouver au milieu même et à l'intérieur de cette âme lumineuse et respirable, de cette couleur blonde. […] Quand on étudie chacun de ces chapiteaux, on est émerveillé de l'œil, de l'esprit, de la malice […] de ces artistes romans et surtout de l'intensité, du sens du mouvement et de l'attitude, de ce génie lyrique, dramatique et psychologique […] : ce ne sont plus des corps en mouvement, c'est le mouvement qui fait le corps. »

LA BOURGOGNE

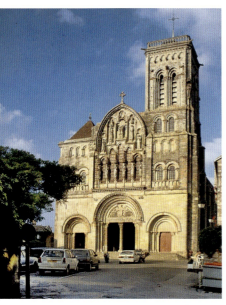

Une des tours est restée inachevée et l'autre a été surmontée d'un étage, ce qui explique l'impression de déséquilibre de la construction.

Les claveaux clairs et foncés des arcs de la nef dénotent une probable influence sarrazine.

L'intérieur

Avant-nef – Par ses vastes dimensions, l'avant-nef apparaît comme une première église : c'est ici que les pèlerins se recueillent et se purifient avant d'entrer dans le sanctuaire... et dans la lumière. Les sculptures des portails datant du second quart du XIIe siècle sont splendides.

Tympan du portail central★★★ – Dans cette œuvre magistrale, le souffle de l'Esprit envahit les apôtres, tel un vent tumultueux qui agite les draperies et les plis des robes, modèle les corps et dessine des tourbillons. Au centre de la composition, le Christ, immense, trône dans une mandorle. Il étend les mains vers ses apôtres assemblés près de lui et, de ses stigmates, rayonne le Saint-Esprit qui va toucher la tête de chacun d'eux. Cette grandiose composition montre que l'annonce de la parole divine touche le monde entier ; une deuxième voussure coiffant l'ensemble est un calendrier où alternent les signes du zodiaque et les travaux des mois, introduisant la notion du temps : la mission des apôtres doit également se transmettre à travers l'histoire.

La nef – Cette nef romane se caractérise par ses dimensions imposantes – 62 m de longueur –, son appareil en pierre calcaire de tons différents et sa luminosité. Beaucoup plus haute que les bas-côtés, la nef est divisée en dix travées séparées par des arcs doubleaux en plein cintre aux claveaux alternativement clairs et foncés, ce qui dénote une probable influence sarrazine.

Un gracieux décor d'oves, de rosaces et de rubans plissés souligne les doubleaux, les arcades ainsi que les corniches, trouvant son point d'orgue dans la série de chapiteaux.

Les chapiteaux★★★ – Ceux de la nef, plus beaux que ceux de l'avant-nef et presque tous d'origine, méritent pour la plupart d'être examinés en détail.

Avec une science étonnante de la composition et du mouvement, le génie des artistes anonymes qui les ont créés – on veut reconnaître la main de cinq sculpteurs différents – se manifeste avec esprit et malice. Le plus célèbre des chapiteaux est le moulin mystique, thème illustré à Saint-Denis et expliqué par l'abbé Suger. Il représente Moïse versant dans le moulin de saint Paul le grain de la première alliance.

Le transept et le chœur – Construits en 1096 pour agrandir l'église carolingienne, le transept et le chœur romans ont été remplacés par ce bel ensemble gothique terminé en 1215.

La crypte – La crypte carolingienne a été complètement remaniée dans la seconde moitié du XIIe siècle. Sur la voûte, peintures du XIIIe siècle. C'est une relique de sainte Madeleine, la Marie de Magdala qui annonça la première la Résurrection aux apôtres, qui serait conservée dans le reliquaire du XIXe siècle de la crypte.

La salle capitulaire et le cloître – Construite à la fin du XIIe siècle, la salle capitulaire est couverte de six voûtes d'ogives. Elle a été restaurée par Viollet-le-Duc. Rasé à la Révolution, le cloître comportait au centre une vaste citerne qui existe toujours, et qui fut longtemps la seule réserve d'eau de la ville. Viollet-le-Duc a reconstitué une galerie, de style roman.

alentours

Chamoux

Le parc « préhistorique » de Cardo Land propose la découverte des dinosaures grandeur nature et les reconstitutions de scènes préhistoriques de l'artiste espagnol Cardo. Cet ancien danseur de l'Opéra de Paris, devenu peintre, sculpteur, voire même conteur, a façonné de ses propres mains, en métal et en béton, ces œuvres surprenantes.

VILLENEUVE-SUR-YONNE

■ Le moraliste et essayiste Joseph Joubert reçut à plusieurs reprises, dans sa retraite de Villeneuve, son ami Chateaubriand venu lui rendre visite, loin de la tourmente révolutionnaire. Aimablement située sur les bords de l'Yonne, au cœur d'une région de collines boisées, la petite cité a conservé de charmantes demeures des XVIIe et XVIIIe siècles.

Le nom
Créée de toutes pièces en 1163 par le roi Louis VII, Villeneuve-sur-Yonne fut d'abord la « ville nouvelle ». Résidence royale au Moyen Âge, elle devint « Villeneuve-le-Roi », et plus récemment, la « ville neuve ».

LES GENS
5 404 Villeneuviens. Villeneuve reçut des rois : Louis VII, Philippe Auguste et Saint Louis ; puis des combattants, les Armagnacs et les Bourguignons ; plus tard, les riches mariniers des « rues basses » et les riches vignerons des « rues hautes », rois du négoce des vins, charbons et cuirs, se disputèrent le haut du pavé.

se promener

Porte de Sens (ou de Champagne)
Doté d'archères, de herses et d'un assommoir, ce bel exemple de l'architecture militaire médiévale (XIIIe siècle) accueille les collections d'histoire et d'archéologie du Musée villeneuvien.

Église Notre-Dame
Selon la tradition, la première pierre de cet édifice fut posée par le pape Alexandre III lors du baptême de la cité en 1163. La construction, où se mêlent les influences bourguignonnes et champenoises, s'est échelonnée du XIIIe au XVIe siècle. La façade Renaissance est remarquable tant par l'harmonie de ses proportions que par la délicatesse de son ornementation.

Porte de Joigny★ (ou de Bourgogne)
Édifié au XIIIe siècle, puis, remanié au XVIe siècle, ce châtelet carré forme un bel ensemble avec les maisons environnantes. Il abrite une partie des collections du Musée villeneuvien.

Grosse Tour
Édifié pour Philippe Auguste au début du XIIIe siècle, le donjon de l'ancien château royal est un énorme ouvrage cylindrique (hauteur : 21 m), un peu à l'écart.

alentours

Dixmont
Vestiges de l'église d'un ancien prieuré, édifié en 1209, détruit durant la guerre de Cent Ans, puis rebâti au XVIe siècle.

Saint-Julien-du-Sault
Église – Des XIIIe et XIVe siècles, elle fut en partie remaniée à la Renaissance. À l'intérieur, chœur, de proportions hardies, ainsi que beaux vitraux à médaillons du XIIIe siècle, dus pour certains aux verriers de la Sainte-Chapelle, et vitraux à personnages (saint Julien) du XVIe siècle.
Chapelle de Vauguillain – Une route en forte montée conduit à la chapelle et aux vestiges du château édifié sur la butte.

Le châtelet carré de la porte de Joigny forme un bel ensemble avec les maisons environnantes.

LA BOURGOGNE

VOIE VERTE

■ Lancée en 1997 sous l'impulsion du Conseil général de Saône-et-Loire, la Voie verte a rencontré un tel succès qu'elle formera, à l'horizon 2010, une boucle de 800 km destinée aux adeptes de la petite reine. Ces derniers pourront traverser les quatre départements de la région et faire ainsi le Tour de Bourgogne à vélo… Un ambitieux projet qui s'inscrit dans une initiative européenne non moins ambitieuse : celle de l'« Eurovéloroute des Fleuves », dont le but est de relier Nantes à Budapest sur 2 400 km…

circuit

DE CHARNAY-LÈS-MÂCON À CORMATIN

Grâce à la Voie verte, les adeptes du vélo pourront bientôt faire le tour de la Bourgogne.

Le circuit commence devant le syndicat d'initiative de Charnay-lès-Mâcon. D'abord plane, la Voie verte traverse bientôt des paysages tourmentés et l'on y voit la fameuse roche de Solutré. Une première halte, et une boucle de 21,5 km dans le Val lamartinien, sur les traces du célèbre poète, est possible à Prissé. La Voie verte conquiert alors un petit tronçon de l'ancienne voie ferrée, avec le tunnel du Bois clair, aménagé pour le passage des cyclistes et la protection des chauves-souris qui s'y sont installées. Le centre de Cluny, à 800 m de la Voie verte, est apprécié pour son abbaye, son musée d'Art et d'Archéologie, et son panorama, du haut de la tour des Fromages. À partir de Cluny, et jusqu'à Cormatin, la Voie verte est parfaitement plane. Il n'est pas rare de croiser en chemin des marcheurs en route vers Saint-Jacques, via Le Puy-en-Velay.

Musée du Vélo★ – Quelque 8 000 pièces et documents retracent l'histoire du vélo sur les deux niveaux de cette longue et belle bâtisse.

VALLÉE DE L'YONNE

■ La vallée de l'Yonne traverse toute la basse Bourgogne. C'est une région vallonnée où les plateaux portent des champs et des forêts, tandis que sur les versants bien exposés poussent la vigne et les arbres fruitiers. La reine des rivières morvandelles constitue une agréable voie d'accès vers les sommets du Morvan. Elle coule, paisible et sereine, accueillant parfois dans ses méandres des baigneurs et des pêcheurs.

Nouvelle fréquentation

Jusqu'en 1923, une part importante de la population riveraine vivait de l'utilisation de l'Yonne et de la Cure comme chemins d'eau, grâce à l'invention du « flottage à bûches ». On ne voit plus les triqueurs harponnant leurs bûches, mais des plaisanciers qui suivent le cours de la rivière. La région attire aussi de nombreux artistes.

comprendre

Un cours d'eau peu à peu dompté – Née à 730 m d'altitude, sur les pentes du mont Preneley au sud-est de Château-Chinon, l'Yonne se jette dans la Seine à Montereau après un parcours de 273 km. Au confluent, à Montereau, le débit de l'Yonne est supérieur à celui de la Seine, ce qui fait dire à certains que c'est l'Yonne et non la Seine qui baigne Paris. Les pluies fréquentes qui tombent sur le Morvan et l'imperméabilité de presque tous les terrains que la rivière traverse provoquent des crues

VALLÉE DE L'YONNE

violentes. L'Yonne, élément perturbateur, est considérée comme l'enfant terrible du système hydrographique du bassin de la Seine. La construction d'un certain nombre de barrages et de retenues, dont le principal ouvrage est celui de Pannecière-Chaumard, a permis de régulariser le débit en retenant une partie des eaux des crues et en les lâchant pendant l'été. À partir d'Auxerre, l'Yonne est classée comme rivière navigable.

découvrir

Mailly-le-Château
Cet ancien bourg fortifié, commandé par les comtes d'Auxerre, est bâti sur un escarpement qui domine un méandre de l'Yonne.
Église Saint-Adrien – Cet édifice fortifié du XIIIe siècle, surmonté d'un solide clocher à gargouilles, se singularise par une façade de style gothique primitif à pignon aigu et galerie d'arcs en plein cintre reposant sur des statues-colonnes.
Chapelle du cimetière – De la fin du XIIe siècle, elle présente sur son toit un joli clocheton de pierre à arcades trilobées. L'intérieur, éclairé par six petites fenêtres en plein cintre, est décoré de peintures murales sur la vie du Christ.

Au sommet de la colline, Châtel-Censoir bénéficie d'un panorama d'exception sur la vallée de l'Yonne et le canal du Nivernais.

Réserve naturelle du Bois du parc
Ensoleillées, ces petites falaises sont couvertes d'une végétation et d'une faune méridionale inattendues à cette latitude. L'exploitation de cette carrière a été arrêtée pour préserver d'étonnants fossiles de coraux. Du pied des falaises pourtant élevées on aperçoit les fossiles dont certains d'entre eux mesurent 3 m de haut.

Châtel-Censoir
Bâtie au sommet de la colline, la collégiale Saint-Potentien est entourée de hautes murailles. Elle a conservé un chœur roman du XIe siècle aux chapiteaux romans archaïques.

Château de Faulin
Belle et massive demeure de la fin du XVe siècle, entourée d'une enceinte de hauts murs flanquée de tours circulaires.

Tannay
Au centre d'un vignoble produisant un excellent vin blanc, sec et très bouqueté, Tannay est perché sur un coteau qui domine la rive gauche de l'Yonne. Ses maisons anciennes font partie de son cachet.

Château de Villemolin
C'est le tournage en 2002 du *Mystère de la chambre jaune* par Bruno Podalydès qui a révélé ce château remanié du XVe au XIXe siècle.

Corbigny
Corbigny est une petite ville active, avec ses foires et ses abattoirs.
Abbaye Saint-Léonard – La restauration de l'abbaye a rendu de nouveau visible son superbe escalier d'honneur Louis XV à volées droites. L'abbaye abrite un centre d'art contemporain.

Marcilly
Le château du XVe siècle, cantonné de quatre tours d'angle, a été modifié aux XVIIIe et XIXe siècles.

Aqueduc de Montreuillon
Long de 152 m et haut de 33 m, cet ouvrage d'art qui franchit la vallée de l'Yonne est utilisé par la rigole d'Yonne.

La famille de Certaines est fière d'être propriétaire du château de Villemolin depuis 1538.

Aquarelles : Rodolphe Corbel

Iconographie : Catherine Levé

Crédits photographiques :
Agence Scope : 32 (b), 172, Jacques Guillard : pages 9, 10 (h), 12, 13 (h), 13 (b), 26 (b), 29 (b), 31 (b), 35 (b), 44 (h), 48 (b), 49 (h), 49 (b), 51, 52 (h), 54, 55, 56-57, 60, 61 (h), 62 (b), 63 (h), 64 (h), 66, 70 (b), 71, 72, 74, 75, 76 (h), 76 (b), 77 (h), 77 (b), 83 (b), 84 (b), 86, 87, 94 (h), 97 (h), 97 (b), 98, 101 (b), 102, 103 (g), 103 (d), 108 (b), 109, 110, 111 (h), 111 (b), 112, 113, 114 (h), 114 (b), 117 (h), 119, 121, 122, 125 (h), 125 (b), 126, 127, 131 (h), 134 (h), 134 (b), 135, 136 (h), 136 (b), 138, 139 (h), 139 (b), 142 (h), 142 (b), 143, 144, 145, 146 (h), 148 (b), 152 (b), 154, 155 (h), 155 (b), 157 (b), 159, 175, 177 (h), 178 (h), 178 (b), 185 (h), 185 (b), 188, 191, 194 (h), 197 (h), 197 (b), 198 (h), 198 (b), 199, 201, 202, 204, 205, 206, 207 (h), 208 (h), 208 (b), 210 (b), 212, 213 (b), 214, 216, 218 (h), 223 (b), 225 (b), 228, 229, 230 (b), 231, 234 (b), 235, 236, 237 (h), 237 (b), M. Combier : page 10 (b), Jean-Luc Barde : pages 11, 27 (b), 29 (h), 30 (b), 31 (h), 42, 43 (h), 43 (b), 47 (h), 50, 52 (b), 64 (b), 65 (h), 67 (b), 67 (c), 67 (b), 68, 80, 88 (b), 89 (b), 90, 91, 92 (h), 92 (b), 99, 100, 106 (h), 106 (b), 108 (h), 116, 117 (b), 129, 130 (h), 130 (b), 131 (h), 137, 141, 147 (h), 147 (b), 148 (h), 158, 160, 165 (h), 165 (b), 167, 168, 169, 170 (h), 171, 173 (h), 173 (b), 174 (h), 180, 183, 189 (h), 194 (b), 203, 215 (b), 227 (b), R. Nourry : pages 22, 65 (b), 181 (b), 219, F. Lechenet : page 27, P. Desclos : pages 30 (h), 69 (b), 101 (h), 192, 215 (h), C. Bowman : page 32 (h), F. Jalain : page 53, M. Fineltin : page 63 (b), B. Galeron/VMF : pages 69 (h), 89 (h), 157 (h), 195 (h), N. Pasquel : pages 84 (h), 123 (h), 179 (b), 217 (h), 220 (h), J. Dubois : page 181 (h), P. Blondel : page 182, P. Beuzen : page 223 (h).
Eyedea : H. Champollion/Top : pages 6, 58, 82 (b), 83 (h), 156, 187, 195 (b), 196, 207 (b), 217 (h), 220 (h), 225 (h), 232, 234 (h), E. Sampers/Explorer/Hoa-Qui : page 8, Laski/Gamma : page 24, Gamma : page 35 (h), U. Andersen/Gamma : page 46 (b), T. Perrin/Hoa-Qui : page : 59. D. Repérant/Hoa-Qui : pages 78, 161 (h), 189 (b), J. Cedre/Grandeur Nature : pages 79, 133, 210 (h), 226, D. Scott/Age Fotostock : pages 82 (h), 150, M. Troncy/Hoa-Qui : page 105, Y. Guichoua/Hoa-Qui : pages 149, 152 (h), Y. Brioux/Grandeur Nature : page 174 (b), P. Stritt : page 200, F. Jalain/Explorer : page 218 (b), J. Roche/Grandeur Nature : page 230 (h)
Roger-Viollet : pages 14, 18, 19 (h), 19 (b), 20 (h), 20 (b), 23 (h), 23 (b), 70 (h), 85, 88 (h), 118, 123 (g), 193 (h), ND : page 17 (h), H. Martinie : page 17 (b), L. Mercier : page 45 (h)
Leemage : 16, 21, 25, 45 (b), 46 (h), 47 (b), 48 (h), 184, Fototeca : page 15, Lebrecht : page 26 (h), J. Bernard : page 28, Heritage Images : page 44 (b), Selva : pages 170 (h), 177 (b)
RMN Photos : Bulloz : page 73
Photononstop : G. Bouchet : page 94 (b), Yvon-Lemanour : page 166
Musée de la mine : page 146 (b)
Guédelon : pages 161 (b), C. Duchemin/DR : page 162 (h)
Florent Lamontage : pages 179 (h), 213 (h)
Hôtel-Dieu Musée Greuze : page 227 (h)